KB077488

참 나쁜 학교

참 나쁜 학교

초판 1쇄 인쇄일_2014년 09월 20일
초판 1쇄 발행일_2014년 09월 25일

지은이_제3의 카운슬러
본문 삽화 그린이_이주용
펴낸이_최길주

펴낸곳_도서출판 BG북갤러리
등록일자_2003년 11월 5일(제318-2003-00130호)
주소_서울시 영등포구 국회대로 72길 6 아크로폴리스 406호
전화_02)761-7005(代) | 팩스_02)761-7995
홈페이지_http://www.bookgallery.co.kr
E-mail_cgjpower@hanmail.net

ⓒ 제3의 카운슬러, 2014

ISBN 978-89-6495-072-2 03370

이 도서의 국립중앙도서관 출판시도서목록(CIP)은 e-CIP홈페이지
(http://www.nl.go.kr/ecip)와 국가자료공동목록시스템(http://www.nl.go.kr/kolisnet)에서 이용
하실 수 있습니다.(CIP제어번호 : CIP2014026423)

참 나쁜 학교

제3의 카운슬러 지음

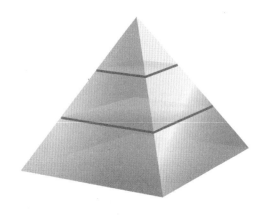

BG 북갤러리

들어가는 말

정(情)도 의리도 없고, 신바람도 나지 않는,
메마르고 삭막한 우리네 세상.
늘 무언가를 열심히 가르치지만,
정작 제일 중요한 가치는 배우지 못하는 참 나쁜 학교.
이제 현실을 직시해야 합니다.

아이들에게 학교와 학원을 전전하며 1등하기를 강조하지만 PC방·스마트폰 중독, 학교 폭력과 왕따, 성폭력 등의 문제가 왜 일어나는지, 어떻게 대처하는지는 아무도 가르쳐 주지 않는 잘못된 사회. 문제가 발생하면 근본 환경은 바꾸지 않고 문제 하나만 고치려드는 근시안적이고 모순(矛盾) 덩어리의 어른들과 그들이 만드는 교육 현실.

대한민국의 아줌마들은 이렇게 얘기한다. "그걸 왜 모르나요? 저도 처음부터 애들을 영어유치원과 국어·수학 과외에 피아노·미술·바둑·골프 학원까지 보내며 치열한 경쟁의 소용돌이에 억지로 밀어 넣을 생각은 없었어요. 하지만 현실에서 그게 마음대로 되나요? 다른 엄마들도 다 시키니까 똑같이 안 하면 우리 애만 뒤처지는 것 같아서……."

부모들은 김연아·박태환·최나연 같은 '엄친아'를 만들기 위해 피겨·수영·골프를 시키면서도 아이가 그 운동에 재능이 있는지, 아니면 공부를 좋아하는지조차 잘 모르고 있다. 좋은 중학교에 들어가기 위해서는 유치원·초등학교 시절부터 선행학습을 해야 하고, 특목고에 들어가기 위해 중학교 때부터 대학 전공서적을 갖고 과외를 받아야 한다. 아이들은 어려서부터 쉴 새 없이 달려야 하며, 방학이 되면 부족한 공부를 보충하기 위해 더 바쁘게 지내야 한다. 대부분의 어른들이 아이들 갈 길을 일률적으로 정해주면서 낙오하지 말고 부지런히 달려갈 것을 재촉한다. 그러나 그들의 꿈과 적성, 즐거움과 공부해야 하는 이유에 대해서는 아무도 얘기해 주거나 들으려 하지 않는다.

또한 고등학교 선생님들은 이렇게 아이들을 독려한다. "SKY 대학이나 미국 아이비리그에만 들어가면 네 인생은 100% 보장되며, 더 이상 고생은 없고 낭만의 대학생활이 펼쳐질 것"이라고. 그리고 고시를 통한 불변의 출셋길과 의사·변리사·회계사 등 고소득 전문직, 교사·공무원·공기업 등 정년이 보장되는 안정적인 직장을 청소년들에게 최고의 꿈으로 권장한다. 그래서 요즘 청소년들의 꿈은 창업과 같은 새로운 시도나 도전이 아닌 좋은 직장에 취업하는 것이 돼버리고 말았다. 이제 부모는 물론 대부분의 아이들도 이런 의식과 문화에 익숙해져 당연하게 받아들이고 있는 듯하다.

그러나 우스운 일이다. '마른장마'란 말과 같이 어찌 보면 그럴듯해 보이지만 가만히 속을 들여다보면 앞과 뒤가 맞지 않는 모순처럼, '초딩'시절 꼴찌 하던 아이가 사업가로 자수성가해 떵떵거리고, 서울대 졸업생들의 취업률이 2~3류 대학 출신보다 낮은 것이 작금의 현실이다. 정주영 회장이나 아인슈타인·스티브 잡스는 학교조차 제대로 다니지 못했거나 학교를 중도 포기했지만, 모두 성공하여 사람들로부터 많은 존경을 받고 있다.

이런 모순은 비단 대한민국에서만 벌어지고 있는 것이 아니다. 지구상의 절대강국, 자유·정의의 나라이자 배트맨과 스파이더맨, 아이언맨 등 영웅들이 즐비한 미국에서 9·11테러와 교실 총기난사가 횡행하고, 평화의 자손이자 예수의 나라 이스라엘이 가장 강력한 무기와 전투력으로 아랍인들에게 피의 복수를 하는 것은 누구나 알고 있는 사실이다. 인간은 현실을 좀 더 나은 곳으로 만들기 위해 애쓰는 존재이지만, 크나큰 이상은 현실 때문에 어쩔 수 없이 포기해야 하는 나약한 존재가 되고 말았다.

현실이 정말 잘못되었다고 생각할 땐 과감히 도전하고 변화해야 합니다. 그리고 나쁜 학교를 행복한 학교로 바꾸는 것이 무엇보다 급선무입니다. 주위를 잘 둘러보세요. 나와 함께 하는 이들이 얼마든지 있습니다.

어느덧 인생 중반에 접어든 나에게 있어 과거의 경험과 추억들을 되짚어 보면 이것만은 분명하다. 초등학교 시절 영재나 전교 1등이 가장 행복하게 살고 인생의 승자가 되는 것이 아닌 것처럼, 이 땅의 초등학생들이 예전의 고등학생이나 재수생 이상으로 학교와 학원, 과외 바다을 전전하면서 공부하는 것이 전부가 아니라는 사실을 잊으면 안 된다. 어른들로부터 올라가는 방법만 배우고 내려오는 순리는 배우지 못하는 반쪽짜리 교육 속에 방치되고 있는 것이 우리의 슬픈 자화상이지만, 지금부터라도 아이들이 즐거움과 적성을 먼저 알고, 인생이라는 어려운 선택의 굴레 속에서 왜 살아야 하는지를 배우게 해야 한다.

유교(儒敎)와 성현(聖賢)의 나라 중국에는 "자신의 명(命)을 모르면 군자가 아니다"라는 말이 있다. 장사에 소질이 있는 아이가 억지로 공부한다고 해서 의사·변호사가 될 수 없는데도 부모의 강요가 계속된다면 이들을 비행과 탈선, 외로움과 자살 등 극단적인 선택으로 몰고 갈 수도 있다. 아이들은 물론 모든 인간은 자기만의 운명(運命)과 신성(神性)이 있고, 세상만사 생로병사(生老病死)와 음양오행(陰陽五行)이라는 정해진 큰 틀과 자연의 규칙 속에서 자유의지를 갖고 선택과 도전이라는 체험을 하며 나아가는 존재인 것이다.

비록 이 책이 모두 다 아는 뻔한 이야기이거나 현실에서 이룰 수 없는 공상 같은 얘기라 말할 수도 있을 것이다. 그러나 필자는 이 땅의 학생과 부모·교사 등 당사자뿐만 아니라 대한민국의 많은 이들이 이 책을 보고 의식을 공유할 수 있게 된다면 이 사회의 많은 부분에서 변화를 이끌어낼 수 있다고 믿는다. 그렇지 않았다면 굳이 이런 책을 쓸 필요가 없었을 것이다. 다른 사람이나 환경만 탓할 것이 아니라 바로 내가 중심이 되어 충분히 바꿀 수 있다. 이미 시골의 작은 학교들과 뜻있는 부모들이 그것이 가능함을 몸소 보여주었다.

이것이 《내가 그리는 행복학교》의 개정판 《참 나쁜 학교》를 다시 낸 이유다. 누구나 잘못되었다고 인정하는 교육의 바탕을 초등학교부터 바로 세워 아이들이 정말 행복해 하고 참 가치를 배울 수 있는 학교로 바꿔야 한다. 공교육과 사교육, 정규학교와 대안학교로 갈라진 교육 현실 속에서 중심을 잡고 희망을 줄 수 있는 '제3의 학교'를 만들기 위해 이 책을 쓴 것이다. 교육계의 변화를 열망하는 부모와 교사의 마음을 진동하게 만들어 한곳으로 모으고 행동으로 이끄는 계기가 되었으면 한다. 여태까지 한 말에 공감하지 않는 사람은 더 이상 이 책을 들고 있을 필요가 없다.

큰 아픔을 겪었다고 해서 그 현실에만 집착하고 매달린다면 더 이상
인생을 살아갈 힘도 의미도 없습니다.
오히려 아픔을 이겨내기 위해서 더 행복하고 신바람나게 살아야 합니다.
아마도 그것이 사랑하는 사람들이 죽어서도 바라는 바일 것입니다.
우리가 똑같은 실수와 잘못을 되풀이하지 않기 위해서 역사를 배우는 것
처럼 더 이상 대한민국에서 억울하게 죽어가면서도 서로 물고 뜯는 한(恨)
과 비극의 역사가 반복되어선 안 됩니다. 그것이 새로운 희망으로 나가는
유일한 길이자 지금 우리의 막중한 소명입니다.
또한 아이들에게 반드시 가르쳐야 할 가치입니다.

영화와 요즘 세상에 대한 이야기로 '들어가는 말'을 마무리하고자 한
다. 영화 흥행 역사를 새로 쓰고 있는 '명량'을 보고 나서 많은 생각이
들었다. 주인공인 이순신 장군이 단지 12척의 배로 300여 척의 적선을
물리친 해전사(海戰史)에 길이 남을 전쟁의 귀재나 달인으로 생각되진
않았다. 그보다는 백성들의 코와 귀, 머리가 잘려나가고, 나라 전체가 잔
인무도한 왜놈들의 발밑에 있는 참담하고 또 참담한 상황에서 그리 할
수밖에 없었던 처절한 장수라고 느껴졌다. 만약 그렇게 암울한 상황이
아니었다면 이순신 장군도 그렇게까지 치열하고 혼신을 다해 싸우지는
못했으리라. 또 백성들의 믿음과 응원이 없었다면 부하장수마저 도망가
는 상황에서 이기지 못했으리라. 어쨌든 그렇게 많은 백성이 전란에서 죽
고, 부하들도 이순신 장군이 지휘하는 진도 울돌목에서 죽어갔지만, 우
리는 지금 그 사건에서 민족의 영웅을 떠올릴 뿐 사람들이 무참히 죽어

간 참사로 기억하지 않는다.

반면, 얼마 전 명량해전 전장의 바로 옆인 맹골수도에서 젊은이 등 300여 명이 무고하고 억울하게 죽은 세월호 사건은 국민 모두가 참사라면서 슬퍼하였다. 분명 무책임한 선장·선주 등에 의한 인재(人災)이자 대참사(大慘史)라 너무나도 가슴이 아프지만, 그것에 더해 우리 국민들을 분노하고 우울하게 만든 것도 모자라 분열하게까지 만들 수밖에 없었던 걸까? 그리고 특별법을 만들어 진상을 조사하고 책임자를 단죄하는 것은 당연하지만, 그것에 지나치게 매몰돼 있는 것 같아 안타깝다. 이러한 류의 사고가 다시는 일어나지 않게 하기 위해서 꼭 필요한 것이겠지만, 이제 사고의 원인들이 어느 정도 밝혀졌는데도 단지 누가 책임을 더 지느냐 때문에 계속해서 시끄러운 건 문제라고 생각한다. 책임자 전원을 찾아내 처벌한다고 해서 유족들 마음의 상처가 다 치유되는 것은 아니다. 만일 내가 그 배 안에서 죽어간 영혼이라면 모든 국민이 자기들 때문에 마음 아파하고 허망해 하는 것은 원치 않을 것이다. 가족들이 실의나 분노에 빠져서 다른 사람을 원망하며 사는 것은 더더욱 원치 않을 것이다. 이제 분열을 수습하고 국민을 한 덩어리로 묶어 미래로 나아갈 때다.

선장을 살인죄로 사형시키는 것보다 씻김굿으로 죽은 이들의 넋을 달래는 것이 더 중요할 지도 모른다. 필자는 이순신 장군과 같은 리더가 영화뿐 아니라 현실에서도 나오기를 간절히 기도한다. 그래서 유족들과 국민이 한 길을 걷게 된다면 더 이상 '세월호 참사'가 아니라 우리의 오래된 적폐를 바로잡은 '세월호의 날'로 기억될 것이다.

최근 군대에서 있었던 총기난사·자살 사건도 큰 파장을 낳고 있다. 이것은 비단 사건을 일으킨 당사자들만의 문제가 아니라, 잘못된 인식과 관행들에 동참하거나 묵과해 온 모든 이들, 즉 사회 전체의 문제이기 때문에 더 씁쓸하다. 그동안 우리 사회가 너무도 성과·능률주의에 치우쳐 사회 저변에 경직되고 폐쇄적인 분위기가 자리 잡았다. 관용의 문화가 점차 사라지고, 특히 기득권층은 자기 명성과 지위에 흠이 날까 두려워 잘못을 쉬쉬하거나 다른 사람에게 책임을 전가한다. 뿐만 아니라, 무슨 사건이 터지면 곧바로 해결책부터 찾아내려고 하는 '조급증'도 문제의 근본적인 해결을 방해하는 주범이다. 군(軍)뿐만 아니라 사회 도처에 우울한 사람과 자살자들이 상당하고, 엽기·변태적인 살인행각 등 이해할 수 없는 사건들이 늘고 있다. 다 '경제적으로 풍요하고 나만 잘 살면 그만'이라는 잘못된 인식과 풍토 때문이다. '의리'가 대박 히트를 치고 있지만, 진짜 의리 있는 사람을 쉽사리 찾아보기 어렵다.

'광해', '7번방의 선물', '신세계', '은밀하게 위대하게', '변호인', '용의자'. 이 영화들을 보았는가? 무슨 공통점이 있을까? 모두 비슷한 시기에 나와 흥행에 성공하였다. 또 영화의 주제와 직접 연결되는지는 잘 모르겠지만, 하나같이 모두 인간의 정(情)을 그리고 있다는 것이다. 주인공에게 원래의 현실과 본분이 있지만 다른 환경에서 살면서 그 주변의 사람들과 정이 들고, 그들에게 최소한의 도리를 지키기 위해 노력하며 어려운 현실을 이겨낸다. 난 이런 사실에서 우리에게 아직 희망이 있다고 생각한다. 우리 국민 대다수가 이런 세상이 오기를 강력하게 원하고 있다는 반증이기 때문에, 한 번 구심점만 생긴다면 다 같이 정과 의리가 넘쳐나는 곳으로 만들 수 있다고 굳게 믿고 있다.

끝으로 우리 학교와 세상이 '겨울왕국' 속의 '렛잇고' 노래와 같이 되었으면 좋겠다. 그 영화와 주제곡의 의미처럼 다른 사람이 하고자 하는 바가 짧은 시간 내지는 단편적인 시각에서 볼 때 다소 좀 이상하거나 다른 사람들에게 작은 피해를 주더라도 그냥 내버려두면 좋을 것 같다. 그렇게 타인에게 너그럽고 이타적인 성숙한 세상이 된다면 우리나라에는 여러 분야에서 숨어 있던 천재들이 속속 나와 사회에 큰 공을 세울 것이다. 우리 국민 전부를 먹여 살리고, 더 나아가 세상을 구원할 수 있는 구원자 같은 존재도 나올 것이다. 그 시작은 바로 나 자신부터 생각을 바꾸고 행동으로 실천하는 것이며, 학교의 변화를 통해서 본격화될 수 있을 것이다. '참 나쁜 학교', 우리 힘으로 '내가 그리는 행복학교'로 꼭 만들어 보자.^^*

2014년 8월
저자 씀

차례

들어가는 말 … 4

제1단원

가치 : "즐거우니까 초딩이다. ^^*" … 15

- 즐거움이 뭐예요? 궁금해요? 궁금하면 오백원~ / 19
- 공부 어렵지 않아요, 그냥 학교에서 제대로 놀기만 하면 돼요~ / 28
- 영어 대신 체육으로, 경쟁 대신 공생으로, 암기 대신 놀이로
  – 우리가 바로 용감한 학교들~ / 49

제2단원

현실 : "뭉치면 살고, 내 생각만 하고 흩어지면 죽는다" … 65

- 낙장불입(落張不入) : 한 번 '왕따'면 계속 왕따, '일진'도 계속 일진. 왜 그럴까? / 67
- 불편한 진실
  : 자꾸 궁금해지는 아이들의 성(性), 계속 쉬쉬하는 어른들의 성(性) / 96
- 힐링? : 무릎팍도사·힐링캠프 다 모여라, 아이들 제대로 치유해 보자~ / 112

제3단원

스승 : "새끼야, 가난한 게 쪽팔린 게 아니라 굶어서 죽는 게 쪽팔린 거야" … 123

- 선생님, 여기서 이러시면 안 됩니다! / 125
- 응답하라 1980, 인간성과 실력을 겸비한 스승들이 넘쳐났던 시절 / 136
- 1등만 기억하는 더러운 세상, '1등 만능주의' 더 이상 안 돼~ / 144

제4단원

대안 : "넝쿨째 굴러온 학습~" … 151

- 어른이 변해야 아이가 산다. 긍정은 심어주고, 고정관념은 빼고… / 157
- 칭찬은 고래도 춤추게 한다며? 그거면 다 돼? / 173
- 제3의 학교, '알랑가 몰라.' ^^* / 183

제5단원

신성 : "못 가본 길이 더 아름답다" … 203

- 늦었다고 생각할 때가 가장 빠른 때이다 / 205
- 가화만사성(家和萬事成) / 222
- 꿈은 이루어진다 / 238

제6단원

도전 : "그대, 왜 옳은 줄 알면서 아직도 주저하는가?" … 249

- 우물쭈물하다가 내 이럴 줄 알았지 / 253
- 학교 만들기 프로젝트 – '이렇게 시도해 보면 어떨까요?' / 256

맺는 말 … 267

초등학생들에게 가장
필요한 교육은 무엇일까?

교육의 진정한 의미는?

제1단원

가치 :
"즐거우니까 초딩이다 ~^^*"

어떻게 하면 학교가
즐거워질 수 있을까~?

차고 푸른 수평선을 끌고 바람과 물결의
경계를 넘어가는 북해를 바라보며 그는 울었다
내일 학교가는 날이라고 하면
신난다고 소리치는 볼 붉은 꼬마 아이들 바라보다
그의 눈동자에는 북해의 물방울이 날아와 고이곤 했다

폭 빠져서 놀 줄 알아야 집중력이 생긴다고 믿어
몇 시간씩 놀아도 부모가 조용히 해주고
바람과 눈 속에서 실컷 놀고 들어와야
차분한 아이가 된다고 믿는 부모들을 보며
배우고 싶은 내용을 자기들이 자유롭게 정하는데도
교실 가득한 생각의 나무를 보며
그는 피요르드처럼 희고 환하게 웃었다

아는 걸 다시 배우는 게 아니라
모르는 걸 배우는 게 공부이며

열의의 속도는 아이마다 다르므로

배워야 할 목표도 책상마다 다르고

아이들의 속도가 생각보다 빠르거나 늦으면

학습목표를 개인별로 다시 정하는 나라

변성기가 오기 전까지는 시험도 없고

잘했어, 아주 잘했어, 아주아주 잘했어

이 세 가지 평가밖에 없는 나라

친구는 내가 싸워 이겨야 할 사람이 아니라

서로 협력해서 과제를 함께 해결해야 할 멘토이고

경쟁은 내가 어제의 나하고 하는 거라고 믿는 나라

나라에서는 뒤처지는 아이가 생기지 않게 하는 게

교육이 해야 할 가장 큰일이라 믿으며

공부하는 시간은 우리 절반도 안 되는데

세계에서 가장 공부 잘하는 학생들을 보며

그는 입꼬리 한쪽이 위로 올라가곤 했다

가르치는 일은 돈으로 사고파는 상품이 아니므로

언제든지 나랏돈으로 교육을 시켜주는 나라

청소년에 관련된 제도는 차돌멩이 같은 청소년들에게

꼭 물어보고 고치는 나라

여자아이는 활달하고 사내 녀석들은 차분하며

인격적으로 만날 줄 아는 젊은이로

길러내는 어른들 보며 그는 눈물이 핑 돌았다

학교가 작은 우주라고 믿는 부모와

머리칼에서 반짝이는 은빛이

눈에서도 반짝이는 아이들 보며

우리나라 아이들을 생각하며

마침내 그는 울었다

흐린 하늘이 그의 눈물을 내려다보고 있었고

경계를 출렁이다가도 합의를 이루어낸 북해도

갈등이 진정된 짙푸른 바다를 바라보고 있는 이들의

가슴도 진눈깨비에 젖고 있었다.

- 《핀란드 교육혁명》 첫 부분에 쓰여진
도종환 님의 시 '북해를 바라보며 그는 울었다'

즐거움이 뭐예요?
궁금해요?
궁금하면 오백원~

인간에게 가장 중요한 것은? : 인생의 의미와 즐거움 알기

'금강산도 식후경'이란 말이 있다. 세상에 제아무리 중요한 일이 있다 하더라도 그보다 먼저 필요하거나 혹은 더 중요한 일이 있다는 뜻이다. 예부터 교육 문제는 백년지대계(百年之大計)라 하여 한 나라의 가장 근본적이고 중요한 것으로 보았으며, 특히 좁은 국토와 빈약한 자원을 갖고 있는 우리나라의 현실을 고려하면 가장 중요하게 생각해야 할 문제임에 분명하다. 요즘 우리나라가 경제 강국이 되어 후진국을 지원할 때 제일 먼저 학교와 병원을 짓는 것과 같은 이치다. 그리고 최근 우리 교육 현실의 심각성을 고려해 봤을 때 가장 먼저 개선해야 할 부분은 초등교육일 것이다. 왜냐하면 가장 근간이 되고 초등학교 문화가 바르게 정착되면 전체 교육문화에도 많은 영향을 미칠 수가 있기 때문이다. 우리나라는 정부정책 등이 위에서부터 내려오는 '하향식' 구조가 대세로 자리잡았지만, 앞으로는 제일 밑에 있는 단계에서부터 자리를 잡아가는 '상향식' 의사결정 구조가 더 중요해질 것이다.

그럼 어떤 교육 문화가 올바른 것일까?

필자는 미래의 재목인 초등학생들에게는 많은 공부를 하고 좋은 학교에 진학하는 것도 중요하지만, 그보다 삶의 즐거움을 알고 학교라는 첫 번째 사회에서 잘 생활해 나가는 방법을 배우는 것이 당연 우선되어야 한다고 생각한다. 사람이 인생을 살아가는 데 있어 가장 먼저 필요하고 중요한 것은 즐거움이기 때문이다. 물론 성인이 되어서도 즐거운 것만 추구하는 것은 문제가 있지만, 인생의 진정한 가치와 재미를 모르는 사람은 길고 험난한 인생을 잘 살아나가기가 힘들 것이다. 한 사람이 제아무리 공부나 일을 잘한다 해도 일평생을 1등만 하며 살 수는 없다. 그렇게 살다간 여차하면 조금의 실수와 실패에도 극심한 후회와 스트레스, 강박관념이 생길 것이며, 우울증과 공황장애에 맞서 싸워야 할 수도 있다. 따라서 우리 아이들은 무조건 영어와 수학을 배우기 전에, 또 학원과 학습에 길들여지기 전에 자기 몸을 쓰고 주위의 사람과 환경 속에서 어울리며 즐겁게 노는 법을 먼저 배워야 한다. 이것이 제대로 된 후에라야 청소년으로서 학습과 의무 등을 배울 수 있는 단계에 이르는 것이다.

최근 우리 아이들의 세태를 단적으로 알려주는 글이 인터넷에서 잠시 화제가 됐었다. 초등학교 4학년인 동준이는 "죽지 않고 영원히 산다면 어떨까?"라는 물음에 대해 "안 좋은 것!"이라 대답했다. 왜냐하면 "사

람은 살면서 안 좋은 일을 좋은 일보다 더 많이 경험하고 안 좋은 일
을 당하면 기분이 아주 나쁘고 짜증나며 당황스럽기 때문에, 오래 사
는 것은 안 좋은 일을 경험할 확률이 더 높다"는 것이다. 여기에서 우리
는 "나이어린 아이들조차도 인생에서 고통이나 즐겁지 않은 일이 더 많
을 것으로 생각하고 걱정한다"는 것을 분명히 알 수 있다. 더 슬픈 것
은 우리가 그 아이들에게 그것은 절대 사실이 아니라고 쉽게 단언할 수
없다는 것이다. 그러나 필자는 "인생은 고생과 고통이 많은 것은 사실
이지만 그래도 그것을 감내하고 겪을 만한 충분한 가치와 즐거움이 있

고, 안 좋은 일도 어느 정도 마음가짐을 갖고 예견한다면 즐길 수 있는 방법이 있다"는 것을 꼭 얘기해 주고 싶다. 인생에서 많은 경험을 한 선배나 가족, 선생님들이 고진감래(苦盡甘來)나 새옹지마(塞翁之馬)의 진정한 의미를 그들에게 깨우쳐 줘야 한다.

다음은 '인생의 즐거움'의 중요성에 대해 강조한 김홍신 작가의 강연 내용 중 일부를 발췌한 것이다.

양치질은 3분이 좋다는데, 옆에 시계를 놓고 양치질을 해본 사람이라면 그 3분이 얼마나 긴지 알 것이다. 그것은 양치질이 대개 억지로 하는 것이기 때문이다. 그러나 노래방에서 노래하고 춤추는 건 한 시간도 부족해 "시간 좀 추가해 주세요~"라고 외치지 않는 사람이 적지 않다. 즐거움이야말로 인생의 진정한 가치이며, 재미있고 없음의 근본적인 차이를 단적으로 알 수 있는 예다. 또 "인생은 재미있게 잘 놀다 가지 않으면 불법"이라면서 "한국인은 그동안 애타게만 살았을 뿐, 잘 놀지도 못하고 재미없이 살아야 했다"고 지적하며 그 이유로 '열등감과 비교의식'을 꼽았다.

남보다 잘 살아야 하고, 남의 아이들보다 잘 키워야 하고, 남들처럼 아파트도 있어야 하고, 차도 있어야 했다. 그렇게 늘 열등감에 휩싸여 비교만 하며 살다보니 한국인은 늘 애타게 살아야 했다.

"올림픽이 끝난 뒤 메달리스트들을 대상으로 행복감에 대해 조사한 결과, 가장 행복감이 큰 집단은 의외로 금메달이 아닌 동메달을 딴 선수들이었고 가장 불행하다고 느낀 집단은 뜻밖에도 은메달리스트들이었다. 동메달 선수들은 순위권 밖의 선수들을 보았고, 은메달 선수들은 자기보다 높은 단상의 금메달리스트만 보았다"는 미국 심리학계 논문을 그 예로 인용하였다.

그리고 손숙·안성기 등 친분있는 배우들과의 대화를 소개하며 "악역을 맡느냐, 착한 역을 맡느냐에 따라 실제 배우의 몸 상태가 악화되기도 하고 좋아지기도 한다"고 말했다.

그렇기 때문에 "다른 사람을 향한 미움·분노·열등감 등 부정적인 감정을 마음에 담지 말라"며 "음식쓰레기처럼 부패한 마음은 결국 자기에게 독이 되며, 행복하기 위해서는 남의 가슴을 아프게 하지 말고 한 살이라도 젊을 때 하고 싶은 일을 자유롭게 하고 살아야 한다"고 강조했다.

마지막으로 "이집트에서는 사람이 죽으면 천국과 지옥행을 결정하는 신이 단 두 마디만 묻는다고 합니다. 첫 번째는 '살아있을 때 기뻤는가?'이며, 두 번째는 '남도 기쁘게 했는가?'이다. 딱 두 가지로만 한 사람 인생의 과정과 결과, 가치까지 모두를 판단한다며 '나도 기쁘고 남도 기쁜 자유', 그리고 '보람 있는 일을 통한 진정한 행복과 평화'를 누리길 바란다"면서 강연을 마무리했다.

참으로 많은 공감이 가는 좋은 내용의 강연이다. 인생은 즐거워야 한다는 대전제와 함께 사람은 서로 간에 돕고 살아야 한다는 상생과 홍익의 정신을 강조하였다. 나의 즐거움이 가장 중요하지만 그만큼 다른 사람의 그것도 무게가 같기 때문이다. 또한 인생을 긍정적으로 바라보고 즐기기 위해서는 자기만의 가치관과 자의식을 갖춰야 한다. '춘매추국 각유시(春梅秋菊 各有時)'란 말처럼 남과 비교하지 말고 자신만이

꽃필 시기를 잘 알고 기다려야 하는 것이다. 물론 열등감과 비교의식이 자신을 자극하여 발전의 계기가 되기도 하지만, 진정한 변화·발전은 남이 아닌 자신과의 승부에서 결정되기 때문이다. 그래서 사람은 자기만의 방식을 찾게 되면 삶의 즐거움과 의미를 찾을 수 있고, 그렇게 되면 저절로 자기애(自己愛)와 자의식(自意識)까지 형성될 수 있기 때문에 이를 찾는 것이 매우 중요하다.

어쨌든 요즘 우리 사회에서도 즐거움을 찾는 트렌드가 급속히 확산되고 있다. '(펀)fun' 경영이니 '락(樂)' 문화니 하는 것들이 사회 곳곳에서 대세로 자리 잡고 있다. 국내 대기업들은 이러한 유행을 빠르게 읽고 "직원이 웃어야 기업도 웃는다"는 모토 아래 '즐겁고 일하기 좋은 기업 만들기'에 최선을 다하고 있다. 국내 최대기업 삼성전자는 직원·가족 간 소통을 강화하고 즐거운 직장을 만들기 위해 회사 내 문화시설과 놀이터 등을 확충하고, '출퇴근 자율화와 가족 초청행사·육아지원 프로그램'도 시행하고 있다. LG는 '우수부서 CEO 피자 돌리기·초등학생 자녀 축하선물 보내기', STX는 '신입사원 크루즈 연수·글로벌 파이어니어 등 즐거운 해외연수 프로그램'을 운영하고 있다. KB금융도 '사내 동호회올림픽'을 열고 야구·축구·농구 등 구기 종목을 포함한 다양한 동호회 활동을 적극 지원하여 직원 스트레스 해소와 기(氣) 살리기에 여념이 없다. 이처럼 우리 기업들도 구글·애플사와 마찬가지로 유쾌하고 안락한 기업문화가 회사 수익과 직결된다는 사실을 깨닫고 즐거운 직장문화 조성에 앞장서고 있다.

이런 기업문화 이외에도 즐거움을 추구하는 가장 대표적이고 오래된 국제행사가 있다. 바로 온 인류가 열광하는 올림픽이다. 우리는 2012년 여름 열대야와 함께 지구촌 축제인 '런던올림픽' 때문에 밤잠 설쳤던 기억이 생생하다. 우리나라는 종합 5위를 달성하였고, 축구는 한일전에서 승리하여 동메달을 목에 걸었으며, 1초의 펜싱 오심으로 가슴팍을 치기도 했다. 손연재·양학선 등 새로운 스포츠스타 탄생에 열광의 도가니가 되기도 했었다.

사람들은 왜 그토록 올림픽에 열광할까? 또 올림픽의 근본정신과 올림픽이 우리에게 시사하는 바는 무엇인가?

첫째로 가장 뛰어난 신체 능력에 대한 동경이자 존경이다. 개인전은 1대 1로 대결하거나 최고의 기록을 두고 경쟁하기에 개인의 역량이 최우선이다. 종목은 매우 다양하지만 자신이 가장 잘 할 수 있는 한 종목에서만 최고 실력을 갖추면 된다. 단체전은 개인 역량도 중요하지만 전체적인 구성과 화합 등 팀 분위기, 감독의 전략·전술도 매우 중요하다. 그리고 관중들은 최고의 인간과 팀들이 펼치는 경쟁을 지켜보는 것에 무한한 즐거움과 재미를 느낀다. 올림픽과 마찬가지로 우리 학교에서도 학생들이 인생에서 가장 잘 할 수 있는 한 가지 분야를 먼저 찾고 난다음 최고의 기량을 갖추도록 독려해야 한다. 또 올림픽에 단체전이 있고 학교에도 단체 생활·정신이 있듯이, 교사와 부모는 학생들이 개인적 공부·역량 발휘 외에도 사회와 교류·화합하는 방법을 배울 수 있도록 올바른 인도와 지시를 해야 한다.

둘째로 도전 정신과 스포츠맨십이다. 신기록을 세우기 위해 끝까지 노력해 인간의 한계를 극복하지만, 단지 결과만을 얻기 위한 반칙·약물 등 부정수단 사용은 엄중히 규제하고 퇴출시킨다. 이런 의미에서 최근 국내 프로스포츠 및 국제 축구계에서 있었던 '승부조작' 사건은 스포츠계 최악의 반칙이자 범죄이다. 스포츠 존립 이유 자체를 부정하는 것이기 때문에 절대 반복되어서는 안 된다. 반면 유도 종목에서 금메달을 딴 김재범 선수의 상대였던 올레 비쇼프 선수가 결승에서 지고도 웃음과 포옹으로 축하해줬던 것은 최선을 다하고 그 자리에서 결과를 깨끗이 인정한 '따뜻한 스포츠맨십'의 대표적인 사례라 할 수 있다. 스포츠뿐만 아니라 인생에도 반드시 지켜야 하는 룰이 있으며, 공정한 경쟁을 할 때만 진정한 보람과 자기 발전을 가져올 수 있다. 이것을 모르면 언젠가는 반드시 실패하거나 부당함·불공정에 대한 결과를 돌려받게 될 것이다. 이것이 바로 인과응보이다.

셋째로 둥근 공이 어디로 튈지 모르는 것처럼 불확실성이 있다는 것이다. 지난 대회 우승자 등 유력한 금메달 후보가 있고 세계 랭킹도 1위부터 순서대로 존재하지만, 그렇다 해도 똑같은 결과는 단 한 번도 나오지 않는다. 항상 변수가 생기게 마련이다. 이런 것들로 인해 스포츠는 생방송을 지켜보는 특별한 맛이 있고 즐거움도 배가된다. 이것은 올림픽뿐 아니라 모든 스포츠 종목에서 마찬가지다. 이렇게 뒤집기와 반전이 가능한 것은 바로 선수들의 지속적인 연습과 자기계발 노력, 프로정신 때문이다. 이것이 바로 우리가 어려서 배웠던 '토끼와 거북이' 우화가 얘기하는 단순하지만 강력한 교훈이다.

이렇게 세 가지 정신이 어우러져 올림픽은 올림픽만의 즐거움이 있고 4년마다 전세계 국민들의 큰 사랑을 받고 있다. 학교에서도 세상이 아무리 불확실하고 힘들더라도 이런 올림픽 정신과 삶의 룰을 제대로 배움으로써 어려움을 이겨내고 공부하는 맛과 재미를 느끼게 되길 바란다. 또 우리 아이들이 자신의 적성 찾기와 자기계발에 제대로 집중할 수 있도록 어른들이 신경 쓰고 토대를 만들어 줘야 한다. 그런 것들이 정착되어야만 즐거운 사회로의 도약이 가능할 것이다.

그럼 이제 현실의 초등학교에 대해 살펴보고 학교가 어떻게 바뀌어야 하고, 또 왜 그렇게 되어야 하는지를 구체적으로 살펴보자.

공부 어렵지 않아요,
그냥 학교에서
제대로 놀기만 하면 돼요~

아이들에게 학교란? : 공부하는 곳이 아니라 노는 곳이어야~

1. "엄마, 나 학교가기 싫어~" : 학교 = 공부하는 곳 또는 재미없는 곳

"예솔아~ 약 먹자", "예솔아~ 공부해", "예솔아~ 병원가자", "예솔아 ~ 그만 일어나", "예솔아~ 학교가자."

엄마들이 흔히 하는 말들인데, 공통점은 무엇일까? 그렇다. 모두 아이들이 하기 싫어하는 일들이고 자발적으로 하기 힘든 행동들이다. 약은 쓰니까 그렇고 달콤한 잠은 어른들이라도 5분 더 자고 싶은 것이라 이해가 가지만, 마지막에 학교가자는 말을 왜 싫어하는 것일까? 4년제 대학까지 교육을 마친 대한민국 국민을 예로 들었을 때, 초등학교부터 대학교까지 모두 16년을 학교에서 보낸다. 인생을 80년이라고 볼 때 학교에서 보내는 기간은 전체 인생의 20%에 해당되는 상당히 긴 시간이다. 우리는 왜 인생의 5분의 1을 보내는 학교에서 즐거운 마음으로 지내지 못하는 것일까?

고등학생이라면 입시 스트레스와 공부에 대한 중압감 때문에 학교 가는 것이 그리 즐거운 일이 아니라는 것은 공감한다. 하지만 100%는 아니겠지만 많은 초등학생들도 학교에 가는 것을 싫어한다. 이유는 학교가 재미있는 곳이라 느끼지 못하기 때문이다. 따라서 초등학교 입학 시의 첫인상을 바꾸는 것이 매우 중요하다. 학교는 공부하는 곳이라는 선입견을 갖고 입학한 꼬마아이도 학교가 재미있는 곳이라는 느낌을 가질 수 있도록 바꿔주는 것이 어른들의 몫이다. 16년이라는 긴 시간을 보낼 학교, 그중 첫 단추인 초등학교에 대해 첫인상이 재미없고 지루한 곳이라고 생각한다면 너무 갑갑하고 우울하지 않은가?

사람은 누구나 재미를 느끼는 일에는 관심을 기울이고 자발적으로 참여하려 한다. 반대로 직장인이 일요일 밤만 되면 다음날 출근 중압감과 스트레스로 인해 '월요병'이라는 말이 생겨난 것처럼, 의무적으로 해야 하는 일엔 흥미가 떨어진다. 심지어 어떤 이는 일요일밤 '개그콘서트'를 보면 주말이 다 끝난 것 같아 일부러 보지 않는다고 한다. 웃기는 개그 프로를 보면 오히려 우울해진다니 진짜 웃기는 일이다. 또 평일날에는 출근 시간에 맞추기 위해 이부자리를 걷어차고 나오는 것이 매우 힘들지만, 주말에 자기가 원하는 취미생활을 하는 사람들은 아침 일찍부터 휴대폰 알람이 울리기도 전에 저절로 눈이 떠지곤 한다. 어쨌든 요즘은 월요병이란 말이 초등학생에게도 해당되는 것 같아 서글프다. 따라서 학교를 친구들과 선생님이 기다리는 세상에서 제일 재미있는 공간으로 만드는 것이 가장 시급한 숙제가 아닐까 생각한다.

2. 아이들의 일 = 공부 > 놀이

"학교가 뭐하는 곳이니? 왜 학교에 입학했지?"라고 초등학교 1학년에게 물으면, 십중팔구 "학교에 공부하러 왔다"고 대답할 것이다. 아이들은 공부가 왜 필요하고 명확히 무얼 하는 것인지는 잘 모르지만, 어른이나 부모가 '학교 = 공부하는 곳'이라는 인식을 무의식중에 심어주고 있다. 물론 30년 전 필자가 학교를 처음 들어갔을 때도 지금과 마찬가지로 학교는 공부하는 곳이라는 고정관념을 가졌던 걸로 기억한다. 이유는 어른들은 아이들이 입학하기 전에 미리 책이며, 노트며, 연필까지 모두 공부에 필요한 도구들을 사주면서 "학교 들어가서 공부 열심히 해라~" 또는 "이걸로 공부 잘하는 학생이 돼야 한다~" 등의 격려로 아이들에게 미리부터 선입견을 주입시키기 때문이다.

현재 우리나라 초등교육은 6년제로 중·고등학교에 비해 교육 기간이 배로 길다. 그 이유는 초등교육이 중학교 과정 이수에 필요한 기초를 튼튼히 닦는 것은 물론, 사람으로서 배워야 할 기본을 배우는 가장 중요한 기간이기 때문이다. 요즘 학부모들은 무조건 공부를 많이 해서 높은 수준에 이르길 원하지만, 필자 생각으로는 초등학교에서 쌓아야 할 지식수준은 한글로 읽기·쓰기 등 의사 표현하기와 덧셈·뺄셈·곱셈·나눗셈 등의 사칙연산, 사회·자연 현상의 기본적인 이해 정도면 충분할 것 같다. 그 이상의 지식은 중·고등학교 과정 중 반복되는 내용이므로 얼마나 빨리 아느냐는 그렇게 중요치 않다. 친구들과 어울리는 법과

사회성 향상을 가장 먼저 배워야 하고, 그러고 나서 배워야 할 것이 음악·미술·체육 등 자신이 좋아할 만한 취미나 특기를 찾는 일이다. 따라서 초등학교에서 공부의 비중은 너무 크지 않아야 하며, 저학년의 경우는 더더욱 그렇다. 대학·대학원까지 20년 넘는 긴 세월동안 공부해본 사람이라면 '학생의 일은 무조건 공부다'라는 단순 논리를 머릿속에 넣고 학교생활하는 것이 상당히 기계적인 발상이며, 실제로 장기적인 관점에서 실패할 확률이 크다는 것을 잘 알 것이다. '공부만 하고 놀지 않으면 바보가 된다'는 미국 속담이 말하는 바와 같다. 특히 초등학생은 공부가 일이라고 생각하면 안 된다. 아무리 내가 좋아하는 것도 일이라고 생각하면 좀처럼 재미없고 힘든 법이다. 옛 어른들 말씀처럼 애들은 애들답게 놀면서 커야 한다. 아이들의 일은 잘 노는 것이며, 즉 놀이가 그들의 일이라고 해도 무방하다.

3. 놀이의 정의, '참된 놀이'의 뜻을 잘 몰라요~

초등학교 아이들에게 놀이란 말을 알고 있는지 물어보았다. 몇 가지 대답이 나왔지만 대부분 놀이라 하면 그냥 노는 것, 친구들과 장난하기 등 별 의미 없이 시간을 보내는 것으로 이해하고 있음을 알 수 있었다.

그럼 놀이란 무엇일까? 국어사전에는 놀이란 개념을 '여러 사람이 모여서 즐겁게 놂', '인간이 재미와 즐거움을 얻기 위해 행하는 모든 활동'이라고 정의하고 있으며, 백과사전에는 아래와 같이 설명하고 있다. "놀이란 신체·정신적 활동 중에서 식사·수면·호흡·배설 등 직접 생존에 관계되는 활동을 제외한 '일'과 대립하는 개념을 가진 활동이다. 일은 어떤 목적 달성을 위한 수단이므로 일 자체는 고통이 따르게 되고 강제성도 있다. 반대로 놀이는 활동 자체가 즐거움과 만족을 주고 어떠한 강제성이 없이 자발적으로 행해지므로 일반적인 어떤 목적이나 목표와 독립된다. 그러나 아이들의 영역에서는 일과 놀이의 구분이 따로 없으며, 아이들에게는 놀이가 곧 일이다. 건전한 놀이 활동을 통해서 새로운 기능을 얻으며, 사회의 관습을 익힘으로써 일도 할 수 있게 되는 것이다. 그러므로 아이들에게 있어서 놀이는 심신의 발달에 중요한 역할을 하는 것임에 반해, 성인에게는 일상생활이나 일에서 생기는 스트레스와 피로를 해소하고 기분을 전환하며 새로운 생활의욕을 높이기 위한 방법으로서의 효용이 있다"고 나와 있다.

여기서 우리가 주목해야 할 점은 '애들에게는 놀이가 곧 일'이기 때문에 학교에서 스트레스를 받지 않아야 한다는 점이다. 하지만 현재 아이들은 자신의 일이 공부라는 것을 너무나 자연스럽게 받아들이고 있으며, 이 과정은 의무로서 부담감과 강제성이 따르기 때문에 스트레스를 받을 수밖에 없다. 학생으로서 공부를 잘 해야 우등생이 되고, 우등생이 사회에서도 앞서간다는 믿음이 아이와 초등학교 사이에서도 통용되고 있기 때문에, 아이들에게 공부 이외의 다른 모든 활동들이 우선순위에서 뒤로 밀려나고 있다. 또 공부는 잘하지만 인성이 부족한 아이들이 자라서 사회의 리더가 되고, 그 외의 아이들은 초등학교 때부터 소외감을 느끼며 사회의 주변인으로 맴도는 악순환이 되풀이될 수 있다. 그래서 소득에 비해 교육비가 너무 많이 들어 생활에 어려움을 겪는 '에듀-푸어(edu-poor)'라는 신조어가 나올 정도로 학부모들이 엄청난 빚을 내고 사교육을 해서라도 아이들을 공부시키려 하는 것이 우리의 현실이어서 너무나도 안타까운 심정이다.

재밌게 공부할 수 있는 방법은? : 놀이와 학습은 별개가 아니다

1. 공부 대신 놀이로 학습이 가능하다

아이들이 스트레스를 받지 않고 자발적으로 재미있게 공부할 수 있는 방법은 없는 것일까? 문제를 다른 각도에서 한 번 바라보자. 대부분의 아이들은 공부를 싫어하며, 당연히 공부보다는 노는 걸 좋아한다. 그렇다면 답은 간단하다. 학교에서 공부의 효과를 얻을 수 있는 놀이를 적용하는 것이다. 그리고 저학년 아이들에게 공부 대신에 '재밌는 놀이'로 아이들에게 각인시키는 것이다. 공부라는 것은 그 자체가 목적보다는 수단이다. 살아가는 데 기본적으로 필요한 도구, 이를테면 읽기·쓰기·말하기, 숫자 연산 능력 등을 습득하기 위한 도구로서 공부를 하는 것이다. 특히 한창 놀기 좋아하고 먼저 사회성을 길러야 하는 초등학교 저학년의 경우라면, 왜 해야 하는지도 모르는 공부를 억지로 강요하여 사회생활 첫걸음부터 스트레스를 평생 받게 할 필요가 없는 것이다.

2. 단지 예체능 과목만이 놀이가 아니다

요즘은 놀이라 하면 음악·미술·체육 등 예체능 과목에 국한된 의미로 받아들이는 경우가 많다. 음악놀이·미술놀이라 하면 예전부터 들어온 말이라 거부감이 없지만, 말하기 놀이·숫자 놀이·관찰 놀이라고 이름을 붙이면 깊이가 없고 초등학교 입학 전 유아들의 장난처럼 가벼워 보이는 것이 사실이다. 하지만 아이들에게 공부에 대한 스트레스를 줄

여주고 학교가 재미있는 곳이라는 인식을 심어주기 위해서는 최대한 아이들의 눈높이에 맞춰줄 필요가 있다. 예를 들어 국어수업에 놀이를 적용해 보자. 놀이 이름을 붙이자면 말하기 놀이, 좀 더 편안하게는 '친구들과 수다하기 놀이' 정도가 될 것이다. 쉬는 시간에 삼삼오오 모여 잡담을 나누는 것과 형식상 큰 차이는 없다. 차이점은 공통의 주제가 있고 다른 사람의 의견을 경청한다는 규칙이 있다는 정도이다. 그러나 기존의 국어수업과는 확실히 다르다. 현재 초등학교 학생들은 한국말로 의사 표현을 할 수 있다는 전제 하에 국어 문법과 읽기·쓰기를 바로 시작하지만, 수다놀이는 먼저 듣는 연습부터 가르쳐야 한다는 것이다. 놀이니까 가르치기보다 방법을 일러주는 것이라고 해야 더 맞을 것이다. 초등학교 국어교육의 목적은 한글 맞춤법이나 자음동화·구개음화 등의 문법이 중요한 것이 아니라, 자신의 생각을 말과 글로써 얼마나 구체적이며 정확하게 표현할 수 있느냐다. 하지만 아직까지도 초등학교 저학년 국어라 하면 받아쓰기 시험 등의 맞춤법 위주로 진행되고 있는 것이 현실이다.

현재 우리 아이들은 이미 가정과 유치원 등에서 한글을 익히고 초등학교에 입학하고 있어 한글을 모르고 입학한 아이들이 오히려 이상하게 느껴질 정도이며, 교사들은 반에서 극소수의 '까막눈'인 아이들 때문에 골치가 아프다고 한다. 그러나 앞서 언급했지만 얼마나 빨리 한글을 읽고 쓸 줄 아느냐 하는 것은 중요한 것이 아니다. 우리 글자는 말하고 듣는 소리를 글자로 표현하는 표음문자이기 때문에 한자처럼 많은 노력을 들이지 않고도 누구나 쉽게 한글을 익힐 수 있다. 때문에 단순히 읽고 쓰는 능력보다는 정확하게 듣고 이해한 후 생각을 정리하여 내 의견을 조리 있게 말하는 방법을 습득하는 것이 훨씬 더 중요하다. 언어는 듣기 → 말하기 → 읽기 → 쓰기 순으로 진행하는 것이 효과적이지만, 우리는 초등학교에 입학하면 읽고 쓰기에 치중하고 있다. 그런 결과로 대한민국의 성인 중 많은 수가 대중 앞에 서서 말하는 것을 매우 두려워하고, 직장이나 가정에서도 구성원 간 소통이 잘 되지 않는다. 오죽하면 최근 정부나 정치권에서도 소통을 강조하겠는가? 따라서 초등학교 1학년 기간에는 듣고 말하는 연습을 충분히 하고, 친구들의 이야기를 듣고 느낌이나 의견을 공유하는 연습을 통해 경청의 자세를 배워야 한다. 내 의견이 친구나 선생님과 다를 수 있음을 이해하고, 어떤 방법으로 내 의사를 전달하는 것이 효율적일지 자연스럽게 터득해야 한다. 주제는 어떤 것이든 상관없다. 아이들이 흥미를 가질 만한 것이면 되고, 또 집에서나 일과 중에 있었던 일을 편하게 얘기해도 좋다. 다른 사람의 이야기를 집중해서 들어봄으로써 친구의 사고방식이나 가정환경이 나와 어떻게 다른지 간접 체험하고 정보습득 능력도 기를 수 있기 때문이다. 입학하자마자 무조건 '철수야 안녕, 영희야 안녕' 등을 열 번씩 노트에 쓰고 점수를 매기는 것보다 훨씬 유익하지 않은가?

처음엔 개인의 능력 차에 따라 듣고 말하는 능력도 차이가 생기겠지만 1년 정도 반복하면 익숙해져서 어느 정도 이상은 가능할 것이다. 이후에 읽고 쓰는 능력을 길러주는 데 주력해도 늦지 않을 것이라 생각한다. 이제 듣기·말하기·쓰기·읽기 기본 능력이 웬만큼 갖춰진 후에는 독서 습관을 길러주는 것이 좋다.

독일의 '헬레네 랑에 학교'에는 '책 읽는 밤'이라는 정기 행사가 있다. 이 행사에 대해 간단히 소개하자면, 학생들이 저녁식사를 한 후 교실에 이부자리를 만들어 누운 다음, 선생님이 우선 책을 낭독하고 일정시간 경과 후 릴레이로 학생들이 이어서 읽는다. 아이들은 누워서 친구가 읽어주는 책의 내용을 상상하며 잠이 들고, 모든 아이가 잠들 때까지 지속된다. 대단한 아이디어도 아니고 모든 아이들이 독서에 흥미를 갖는 것은 아니지만, 많은 아이들이 독서라는 활동에 편안함과 흥미를 발견하게 된다. 교내에 자연스럽게 독서 분위기가 형성되어 말로 강조하는 독서 예찬보다 훨씬 긍정적인 효과가 있다고 한다. 더불어 수업시간에 들었던 책의 내용이나 감명 깊었던 부분을 친구들 앞에서 표현해 봄으로써 효과를 배가할 수 있다. 읽기·쓰기·말하기·듣기 등 언어로 할 수 있는 모든 것을 활용하면서, 머리가 아닌 몸으로 체험하는 입체적이고 효과적인 교육 방법인 것이다. 국어 이외의 다른 과목도 기본적인 원리는 동일하다. 핵심은 아이들이 지루해하거나 어려워하지 않고 흥미를 느낄 수 있도록 해 주는 것이 중요하다는 점이다. 특히나 이제 막 학교에 들어온 저학년 아이들일수록 이런 놀이의 비중을 높여 주어야 할 것이다.

3. 놀이를 활용한 교육에 대한 공감대가 형성되고 있다

근래 초등학교 입학 전 유아들을 대상으로 유럽형 놀이 유치원의 인기가 점점 올라가고 있다. 킨더슐레, 위버지니어스, 베베궁, 러닝트리, 리틀소시에 등등…. 이름도 생소한 유치원들이 대도시를 중심으로 3세

~7세까지 어린이들을 대상으로 확장해 나가고 있다. 대개 독일식 유아 교육의 형태인데, 놀이 중심의 교수법 위주로 인성교육과 사회성 교육을 중요시하고 있다. 또 암기 중심의 주입식 교육보다 아이들의 창의력 개발에 중점을 두는 등 좋은 점이 많다. 하지만 부모의 기대치 대비 효과가 미지수이고, 교육비용이 상당히 비싸다는 현실적인 단점도 있다. 요즘 '에듀-푸어'가 양산될 정도로 자녀 교육에 온 정성을 쏟아 붓는 어머니들의 영향으로 사교육 시장은 점점 더 고급화되고 교육 시작 연령은 낮아지고 있어 씁쓸한 점도 있지만, 한편으로는 이런 교육 형태의 진보를 통해 우리 부모님들의 교육 변혁에 대한 의지를 확인할 수 있어 희망도 볼 수 있다. 지금까지 우리가 추구했던 일방적인 주입식 교육이나 경쟁에서 벗어나 유럽과 같이 진일보한 교육제도를 원하고 있다는

반증이기 때문이다.

따라서 우리도 아이들이 즐겁고 학부모도 원하는 이런 유럽 스타일의 교육을 우리 환경에 맞게 초등학교 저학년부터 단계적으로 하나둘 적용해 나가야 한다. 물론 교육시스템 자체를 바꾸려면 신중해야 하고 막대한 예산도 소요될 것이다. 그러나 지금처럼 학생들에게 소모적이고 단편적인 공부를 위해 막대한 노력과 기회비용을 지불하게 만드는 것보다는 나을 것이다. 또 현실적으로 막대한 수준의 사교육비 지출을 조금만 줄인다면 충분히 가능하리라 생각된다. 단 놀이를 활용한 교육이 우리 아이들에게 한 번에 도움이 될 것이란 맹목적인 믿음보다는 지속적인 프로그램 개발과 검증 노력이 필요할 것이다.

잘 놀면 뭐가 좋아요? : 적성 발견, 사회성과 학습효과 향상

1. 놀이의 효과 : 어떤 분야에 소질이 있는지 파악 가능

한국의 학부모들은 교육의 의미를 단순히 공부를 잘하느냐, 못하느냐 하는 이분법으로 치부해 버리는 경향이 있다. 내 아이의 소질은 무엇이고, 무슨 과목을 좋아하고 싫어하는지, 꿈이 무엇인지는 중요하게 생각하지 않는다. 또 '국어·영어·사회·과학 등 모든 과목에서 좋은 성적을 받아야 우리 아이가 올바로 교육받고 있구나'라고 생각하기 때문에, 학교 정규수업이 끝나면 영어·수학·논술 학원 등 사교육 현장으로 아이들을 내몰고 있다. 수학·과학은 100점을 받아 오는데 국어·영어 과목은 평균 이하의 점수를 받아 온다면, 이 아이는 수학·과학 등 자연계열 과목에 특기가 있는 아이라고 판단하지 않고 어떡해서든 국어·영어를 보충해서 평균 점수를 올리려 무진장 애를 쓴다. 만일 이런 아이들에게 수학·과학 분야와 관련된 좀 더 심도 있는 교육이나 특성화된 교육을 실시하는 시스템이 진작부터 정착되어 있었더라면 아인슈타인 같은 천재 과학자가 우리나라에서도 한두 명 나오지 않았을까? 그래서 지난 대선 때 새 바람을 일으켰던 안철수 교수(이제는 정치인이 되었지만.^^)도 "사람은 자신의 단점을 보완하는 것보다 강점을 발견하고 계발하는 것이 훨씬 더 중요하다"며 자신의 소질·강점 파악을 강조하지 않았던가? 전 과목을 두루 잘하는 아이들보다 이렇게 한두 과목을 특출하게 잘하는 아이가 향후 진로 계획을 수립할 때 훨씬 더 용이하고 관련 분야에서 성공할 확률이 높다. 하지만 우리 학교의 현실은 아직 그렇지가 못하다.

　필자의 친한 '초딩친구' 중 한 명은 학창 시절 모든 과목에서 상위권을 유지하며 공부를 잘했다. 어문계열에 소질이 있어 글짓기 대회에서 상도 많이 받았고, 수학경시대회에 나갈 정도로 수학도 잘 했으며, 음·미·체 모두에 능해 '만능맨', 요즘말로 '엄친아'라는 별명을 얻을 정도였다. 물론 전 과목에서 시험 성적이 다 고르게 좋다 보니 늘 부러움의 대상이 됐었다. 대학을 졸업한지 10여 년이 지난 지금 그 친구는 국내의 한 유명 기업에서 성실하게 사회생활을 하고 있는데, 얼마 전 술자리에서 그 친구와 나눈 대화 중 기억에 남는 말이 있다. '만능'이라 일컬어질 정도로 모든 과목을 잘했던 그 친구는 "내 인생에 있어 지금까지 가장 아쉬웠던 점을 하나 들라고 하면, 내가 진정 좋아하고 잘할 수 있는 것을 알지 못했다는 거야. 차라리 학창 시절에 여러 과목 중에서 잘하고 못하는 분야가 명확했더라면 지금 좀 더 전문적이고 내가 좋아하는 분야에서 꿈을 펼쳐가고 있지 않을까?"라고 토로했다. 그는 평범한 대기업 샐러리맨인 지금도 나쁜 건 아니지만, 여타 과목에 비해 어떤 특정한 과목에 소질이 있는지 알지 못해서 가장 잘 맞는 분야의 직업을 가져야겠다고 생각한 적이 없다는 것이다. 그때 당시의 교육제도나 분위기에 맞추는 데에만 급급하여 앞으로 무엇을 어떻게 하며 살아야겠다는 구체적인 비전을 세우지 못했기 때문에 결국 "내 인생에 있어 나 스스로 주인 역할이 부족했다"라고 인정했다. 아마도 그 친구는 "다방면에 걸쳐 소질이 있다는 장점이 오히려 한 분야에 몰입하거나 두각을 나타내지 못하는 단점으로 작용한 것 같다"며 자신의 인생을 아쉬워하고 있었다.

사실 일상적인 놀이를 통해서 내가 잘 할 수 있거나 소질이 있는 일을 찾는 것은 그리 어려운 일이 아니다. 취미로 시작한 음악, 미술, 체육 활동에서 재미를 느끼다가 자신의 특기나 소질을 찾아 꾸준히 연마한 결과 세계 최고가 된 사례는 생각보다 많다. 조수미·강수진·김연아 등이 그런 대표사례가 아닐까 싶다. 다만 우리 부모님들이 장기적인 안목으로 내 아이의 교육에 대해 신념과 주관을 갖고 꾸준히 지켜볼 수 있는 인내심과 교육에 대한 새로운 시각을 갖고 있어야 한다.

아이의 성공을 기대하는가? 그렇다면 일단 우리 아이가 어느 분야에 소질이 있는지 잘 보면서 "잘한다, 잘한다~" 계속 칭찬을 해주자. 단기적인 성과에 연연하지 말고 아이를 믿고 참을성 있게 기다리는 부모가 결국 큰 아이를 만든다.

예전의 학교 운동회를 '특별올림픽'으로 개최해 보는 것은 어떨까?

필자가 초등학교 다닐 때에는 봄과 가을에 운동회가 있었다. 달리기 등의 개인종목에서 1등을 하면 팔뚝에 도장을 찍고 연필을 받고, 종합 점수에서 우리 팀이 이기면 또 노트를 받았던 기억이 난다. 물론 요즘에도 비슷한 형식으로 운동회가 열릴 테지만, 또 다른 아이디어로 이런 것을 생각해 봤다. 종목은 달리기·줄다리기·씨름·박 터트리기 등 전통적인 종목은 물론 최근 유행하고 있는 오디션 프로를 본 따 현장에서 즉석으로 노래나 춤, 미술 등을 경연하는 장기자랑도 괜찮다. 그래서 특별올림픽이다. 딴거 다 못하더라도 딱 하나만 잘하거나 좋아하는 게 있으면 그만이고, 1등도 좋지만 꼭 1등이 아니어도 상관없다. 종목을 잘해도 좋지만 장기자랑이나 응원을 잘해도 그만이고, 단체종목만 열심히 해도 괜찮다. 다만 종목이 매번 똑같지 않고 바뀐다. 왜냐하면 인간은 어떤 것 하나라도 잘하게 되어 있기 때문에 많이 체험해 볼수록 자신의 장점을 찾기가 쉬워지는 법이다. 가장 중요한 것은 아이들이 참여를 주저하지 않는 것이며, 그것이 좀 어렵고 귀찮더라도 바로 초등교육과 교사가 할 일이다.

상품을 수여하는 방식도 좀 독특하다. 1등에게만 상품을 줄 수도 있지만 1등과 꼴찌에게 똑같은 것을 줄 수도 있고, 선물을 친구에게 수여할 수 있는 권한을 줄 수도 있다. 정말 운동능력이 뛰어난 학생에게 해당종목 경기를 직접 관람하거나 운동 수강권을 지급해 미래의 꿈을 직접 보고 키워갈 수도 있다. 내용이나 구성에 미흡한 것들이 많지만, 중요한 것은 정형화된 틀을 벗어나 아이들에게 다양한 마당을 제공하느냐와 새로운 시도를 해보고 얼마나 실천하느냐이다. 우리 아이들의 즐거운 학교생활을 위해 가정과 학교, 정부를 포함한 모든 기성세대가 새로운 패러다임으로 접근해 볼 필요가 있다.

2. 놀이의 효과 : 놀이를 통한 사회성 향상

유년기의 놀이 활동은 아이들의 지능발달과 사회화 훈련뿐만 아니라 신체 감각 및 근육 발달에도 중요한 역할을 한다. 아동놀이로는 구슬치기와 공놀이·연날리기·숨바꼭질·자치기·고무줄놀이·썰매타기 등 많은 종류가 있다. 이것 말고도 오자미·말뚝 박기·허수아비·지렁이·짬뽕·다방구·육해공군 등 필자가 초등학교 시절 친구들과 했던 수많은 운동장 놀이들이 더 있다. 여기서 후자의 놀이들은 대부분 남녀 구분 없이 다 같이 할 수 있고 공격조와 수비조로 나뉘어 진행된다. 공격조는 게임별로 주어진 목표를 완수하면 수비로 전환하지 않고 계속 공격할 수 있고, 반대로 수비조는 공격조의 목표를 저지하고 공격수를 다 제압해야 공수를 교대할 수 있다. 물론 놀이와 인간의 특성상 수비보다는 공격이 재미있다. 지역과 세월에 따라 놀이 이름이 다르기도 하고 마치 유행처럼 생겼다가 없어지곤 하는데, 지금은 잘 모를 것 같은 일부 놀이에 대해 대략적인 설명이 필요할 것이다.

'지렁이'는 운동장에 지렁이 모양의 선을 약 7~10m 길이로 그려 놓고 그림을 경계로 공격은 안쪽, 수비는 바깥쪽에 위치한다.

공격조의 목표는 그림의 시작부분과 끝부분을 2~3회 정해진 횟수만

큼 왕복하는 것이다. 수비조는 선 안쪽을 왕복하려는 공격자들을 공격해 바깥쪽으로 끌어낸다. 선을 밟거나 밖으로 끌려나온 공격자는 아웃되어 남아있는 자기편을 응원해야 하고, 공격자 중 한 명이라도 목표를 달성하게 되면 공격조 전체가 살아나고 다 죽으면 공수가 전환된다. 놀이가 다소 거칠어 옷이 찢어지거나 상처가 나는 아이들도 발생할 수 있지만 상대 수비를 피해가며 자기 몸을 컨트롤하는 스릴 만점의 인기 놀이였다. 지역에 따라 해골바가지나 안경 등 다른 이름으로도 불렸지만 놀이방식 및 특성은 동일하다.

'짬뽕'은 '콘티찐빵'이라고도 불렸으며, 역시 공격·수비조로 구분한 후 운동장에 6개 또는 8개의 사각형을 그려놓고 2개의 나뭇가지를 하나는 시계방향으로 다른 하나는 반시계 방향으로 옮겨 원래의 자리로 돌아오는 것을 목표로 한다.

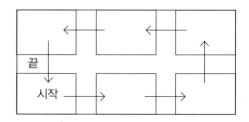

지렁이 놀이와 마찬가지로 공격인원 중 한 명이라도 목표를 완수하게 되면 공격을 계속할 수가 있다. 공격은 물론 수비도 금을 밟거나 규칙을 어기면 게임에서 아웃되어 공격이 끝날 때까지 지켜봐야 한다. 점심시간마다 재미있게 아주 많이 했던 기억이 아직도 선하다.

그 당시 놀이 상황을 회상하면서 지금에 와 가만히 생각해 보니 신기하면서도 중요한 점들이 몇 가지 있었다. 첫째, 놀이가 심판 없이 자율적으로 진행되었다는 점. 둘째, 놀이 시작 전 리더를 따로 선정하지 않았으나 놀이를 진행하면서 자연스럽게 누군가 한 명이 대장 역할을 하고 나머지 친구들은 지시에 따라 움직였다는 점. 셋째, 매뉴얼화된 규칙이 없었지만 모든 아이들이 규칙을 금방 인지하고 놀이가 원활하게 진행되었다는 점. 넷째, 나이나 성별·신체조건 등에 대한 차별 없이 모두 평등하게 룰에 따라 놀이가 진행된다는 점이다. 그리고 마지막으로 일단 놀이가 시작되면 모든 아이들이 집중하고 한 가지 목표를 향해 전원이 일치단결 한다는 점이다. 초등학교를 졸업한 지 20여 년이 지났지만 아직까지도 필자의 뇌리에 기억으로 남아있다는 것은 그만큼 놀이가 즐거웠고 필자의 잠재의식에 많은 영향을 주었음을 의미한다.

이처럼 초등학교 당시에는 잘 몰랐지만 필자와 친구들은 놀이를 통해 사회적응 훈련을 연습한 셈이다. 위에 열거한 다섯 가지가 그냥 지나치기에는 많은 의미를 가지고 있는데, 지금의 일반적인 조직사회나 회사생활의 모습이 그 당시 놀이 속에서도 발견할 수 있다는 것이다. 그 중에 세 번째 항목에서 어떤 놀이든지 규칙이 있으나 누가 만들었는지 모르고 인쇄되어 매뉴얼로 나와 있지도 않다는 점이 놀랍다. 그럼에도 불구하고 참여자들은 모두 규칙을 지키는 것을 당연하게 알고 규칙을 어기지 않으려고 무던히도 애를 쓴다. '규칙은 반드시 지켜져야 한다' 또는 '규칙을 어기면 놀이에 참여할 수 없다'는 규칙 준수에 대한 통념이 아이들 머리에 기본적으로 깔려 있기 때문이다. 게다가 가끔은 놀이 시작 전 기존에 준수하던 규칙을 상황에 맞춰 구성원들의 합의를 거쳐 바꾸기도 한다. 아이들은 놀이 만들기 선수다. 자기들 스스로 놀이의 특성과 규칙을 만들어갈 줄 알기 때문이며, 그렇기 때문에 규칙을 더 잘 지킬 수 있는 것이다.

무엇보다도 하나의 팀이 리더의 지시에 맞춰 목표를 완수하려는 노력은 학교교육 자체만으로는 겪을 수 없었던 중요한 경험이다. 마지막까지 남은 우리 팀원 한 명이 목표를 달성하느냐, 실패하느냐에 따라 우리 팀 전체가 계속 공격조로 남느냐, 수비조로 교대할 것이냐가 결정되기 때문에 임무를 완수한 한 명은 순식간에 영웅이 된다. 그리고 나머지 팀원은 그 친구 덕에 부활했음을 감사하고 다시 목표를 향해 최선을 다할 것을 다짐도 하면서 이번엔 내가 영웅이 되어 보겠다는 목표도 세우게 된다. 사회생활의 핵심 요소인 협동과 경쟁의 의미를 놀이를 하면서 자연스럽게 배운 것이다. 즉, 놀이에서 죽었다 살아나기를 수없이 되풀이하고 또 이기고 지는 것을 무한 반복하면서 '내가 죽더라도 팀을 위해 너를 도와준다'는 협동과 '이번엔 네가 이겼지만 다음번엔 더 노력해서 너보다 더 잘 하고 이길 것'이라는 경쟁의 개념을 분쟁이나 편법 없이 정정당당하게 배우는 것이다.

3. 놀이를 통한 학습효과 극대화

어린 아이들의 성향을 자세히 살펴보면 '학습도 인간의 본성 중 하나가 아닐까?' 하는 생각을 하게 한다. 어린 딸아이가 18개월 정도부터 걸음마가 점점 익숙해지면서 계단·소파 등 오를 것만 보이면 올라가려고 애를 쓰곤 했다. 처음엔 계단을 오르고 내려갈 때 두 손을 꼭 잡아주어야 했는데, 어느 순간 한 손만 잡고 다른 한 손으로 난간을 잡은 채 오르락내리락하더니, 한두 달 정도 지나서는 나머지 손도 뿌리치고 혼자서 올라가는 것이었다. 이것을 보면서 아이들이 도전·학습 과제를 찾아서 해결해 나가려는 본능이 누구에게나 있고 특정 기능이 특정한 시기에 집중 발달한다고 생각했다. 또 좀 더 완벽한 걷기 능력을 익히기 위해 수천 번 넘어지는 시행착오와 반복학습을 통해 한 단계 발전하고, 평지보다 어려운 계단에 도전함으로써 걷기 능력을 완성시켰던 것이 아닐까? 학습도 마찬가지로 초등학교 입학 전후에 주로 반복적인 놀이를 통해 쉽게 시작하고 숙달하는 것을 볼 수 있다. 미끄럼틀을 반복해서 타거나 엄마아빠가 하는 말을 앵무새처럼 반복해서 따라함으로써 언어 구사력을 완성시킨다. 누가 시키지 않아도 진행하는 본능적이고 자발적인 학습활동이다.

그러나 부모나 누가 이것을 강제로 시키면 아이의 학습을 오히려 방해할 수도 있다. 따라서 이러한 인간의 기본 성향에 따라 학교 입학 전과 초등학교 저학년 시기에는 학습·교육을 시킬 때 가급적 강제성을 띠면 안 된다. 아이들에게 여러 가지 환경과 기회를 만들고 제공해 줌으로써 스스로 해결할 수 있도록 도와주는 것이 학교의 주된 역할이 되어야 한다. 그리고 다양한 기회를 제공하는 수단 중의 하나로 '놀이'라는 것을 최대한 이용하자는 것이다.

예전에는 이렇게 직접 몸을 쓰고 움직이는 아웃도어형 놀이를 많이 했지만, 요즘은 아이들의 놀이문화가 실외활동에서 실내활동으로 많이 옮겨졌고, 운동장에서 거친 숨을 몰아쉬는 축구 대신에 PC나 게임기로 하는 FIFA 게임을 더 좋아하게 되었다. 친구들과 팀워크를 이뤄 몸을 부딪치며 놀 수 있는 기회가 적고 모든 플레이어를 자신이 손안에서 직접 조종하다 보니 아이들이 활동 부족으로 비만이 오고, 사고 면에서도 '우리'보다는 '나' 위주로 생각하는 개인주의가 자연스레 몸에 배는 등 많은 청소년기 문제가 양산되는 것 같아 마음이 씁쓸하다. 물론 필자도 어릴 적에 갤럭시·올림픽·고릴라쿵후·원더보이·슈퍼마리오·스트리터파이터 등 수많은 오락실 게임을 좋아했었고 잠시 미치기도 했지만, 그래도 밖에서 친구들과 함께 몸으로 부딪히며 하는 놀이에는 감히 재미를 비할 수가 없었다.

서두에서 설명했듯이 놀이를 통한 학습이 가능하면, 학교가 재미있어지고 아이들 또한 학습능력이 향상되어 공부로 인한 스트레스를 받는 부분이 줄어들 것이다. 따라서 놀이를 통한 학습이 가능하도록 신선한 교육프로그램을 개발하는 것이 무엇보다 시급하다.

영어 대신 체육으로,
경쟁 대신 공생으로,
암기 대신 놀이로 –
우리가 바로 용감한 학교들~

그럼 어떻게 즐겁게 만들지? : 학교 시간표를 바꾸자

초등학교에서 아이들은 음악, 미술, 체육 등 우리가 흔히 예체능이라 말하는 3가지 유형의 즐거움을 배워야 하며, 이것은 반드시 저학년 단계부터 집중적으로 시작되어야 한다. 그래서 초등 1~2학년 시기에는 다양한 유형의 즐거움들을 직접 체험함으로써 인생이 재미있고 살만하다는 것을 맛보는 것과 동시에, 자신의 선호를 알아가면서 적성의 큰 줄기를 파악해야 한다. 물론 현재 학교에서도 수업시간에 가르치고 있지만, 적은 수업 시수와 프로그램 다양성 부족 등의 문제를 해결해야 한다.

① 체육과 스포츠 활동 : 야구·축구·농구 등 공을 가지고 플레이하는 구기 종목, 줄넘기·뜀틀·철봉 등 도구를 활용하는 종목, 지렁이·짬뽕 등 주로 자기 몸을 쓰며 뛰어다니는 놀이를 병행한다.

⇒ 체육 교육은 자신의 몸을 이용하고 건강을 지키는 법을 배우는 가장 기본적인 것이므로, 주 3회 총 3시간 이상 실시해야 하고 부족한 시간은 점심시간과 방과 후 놀이로 보충하면 된다.

② 음악 : 노래 부르기, 악기 배우기, 음악 듣고 해석해 보기, 율동·댄스를 모두 포함한다.

⇒ 음악 교육은 표현력과 공감력을 키우고 정서적인 안정을 꾀할 수 있다. 영화 '어거스트 러쉬'를 보면 한 소년이 음악을 통해 세상과 소통하며 내적 자아와 부모를 찾아가는 이야기가 나오는데 음악이 얼마나 위대한 것인지 그 힘을 보여준다. 그래서 우리 아이들이 노래 부르기를 생활화하며, 1인 1기로서 악기다루는 것을 배우고 또 전체적으로 합주도 해봐야 한다. 소리와 리듬으로 자신을 표현하면서 타인과의 협동·배려심도 터득할 수 있다. 율동도 표현도구만 다를 뿐이지 효과는 마찬가지다. 음악수업의 비중은 체육시간과 비슷하다.

③ 미술 : 그림 그리기, 만들기, 모래놀이 등 몸을 써서 형상이나 형태를 만드는 종합 예술이다.

⇒ 미술은 에너지를 써서 자신의 대리물을 창조하는 일로서, 아이들에게 자아 존중감과 자신감을 고취시킨다. 또 내 마음이 주위 자연환경이나 세상과 만나는 일이기 때문에 대상을 표현하면서 세상에 대한 경이와 생명 존중의식도 갖출 수 있다. 본연의 기능을 잘 살리기 위해서는 학업이나 과제가 아닌 '놀이 같은 미술 교육'이 되어야 한다. 최근 미술이 자폐아나 정서 미발달 아동 대상 심리치료로 많이 활용되고 있는데, 모래놀이 치료도 유사하면서도 독특한 장점이 많아 아동 보육시설

등에서 자주 활용된다. 필자가 어릴 때에는 모래놀이를 대신해 '땅따먹기' 게임을 많이 했는데, 둘 다 모래 위에 자기 세계를 만들고 넓혀나간다는 공통점이 있다. 미술시간은 1주일에 2시간씩 2회 이상 실시하는 것이 바람직하다.

④ 자연 탐구는 인간과 인간을 둘러싸고 있는 자연환경 전체와 그 속에서 살고 있는 동·식물에 대해 배우는 것이다. 이론 학습은 물론 직접 키우고 관리하며 느끼는 체험 학습이 병행된다. 구체적인 방법은 뒷장에서 논의해 보자.

⑤ 자원봉사 및 지역 체험 : 자원봉사나 산행, 농장 등 주변의 직장 탐방 등 자기가 살고 있는 사회적 환경에 대해 배운다.

⑥ 생활 체험 : 예쁜 옷 고르기·코디하기, 간단한 바느질, 요리 만들어 먹기, 자기 방 꾸미기, 인형놀이 등 재미있으면서도 실생활에 도움이 될 만한 것들을 교육으로 배워야 한다.

〈초등학교 1학년 수업모델 예시〉

* 1교시 시작 전 40~50분은 명상·체조를 하는 시간, 단 피곤하면 단잠을 자도 된다.

	월	화	수	목	금
1	노래 부르기	숙제 발표	도덕과 규칙	말하기 놀이	숫자 놀이
2	말하기 놀이	숫자 놀이	노래 부르기	자연 탐구	말하기 놀이
3	운동과 놀이	그림 그리기	운동과 놀이	만들기 / 모래놀이	운동과 놀이
4	자연 탐구	말하기 놀이	숫자 놀이		율동하기
5	방과 후 놀이	생활 체험	방과 후 놀이	자원봉사 / 지역체험	방과 후 놀이
6	방과 후 놀이		방과 후 놀이		방과 후 놀이

초등 3~4학년 단계에서는 세상의 규칙과 그 속에서 살아가는 방법

을 배운다. 이들이 배워야 할 것은 영어나 수학보다 훨씬 더 중요한 것으로서 자기 표현하기, 세상 이해하고 룰 배우기, 대인관계 맺는 방법, 행동 선택하기 등이다. 이런 것들은 현재의 학교 스타일이나 교과 과목에서 가르치기는 어려울 것이고, 유대인들의 교수법 '헤브루타'를 원용해 새로운 과목을 만들고 가정교육에도 포함시켜야 할 필요가 있다. 우리는 앞서 국어교육 중 듣고 말하기의 중요성에 대해 언급하였는데 헤브루타 교육이 바로 이런 자기주도형 국어교육의 대표적인 방법이다. 헤브루타는 바로 '대화와 질문을 통한 사고의 힘'을 키우는 교육 방법으로, 신문을 활용하는 NIE교육과 함께 요즘 우리 사회에도 많이 알려져 시행되고 있다. 물론 헤브루타 형식의 토론식 수업은 1학년부터 시작되지만 기본적인 언어학습이 완료되는 3~4학년에 본격화되며, 이후 중·고교까지도 꾸준히 시행되는 것이 좋다. 교사는 단지 수업 전반을 진행하면서 아이들이 고르게 참여할 수 있도록 분위기만 잡아주면 된다. 헤브루타 수업의 진행방법과 유의점은 이렇다.

1. 학생들에게 설명이나 지시보다는 질문을 많이 한다.

2. 틀린 답을 말해도 괜찮고, 이때 정답을 바로 말해주지 않고 다시 한 번 질문한다.

3. 대답에 대해서는 구체적인 노력·근거를 들어 칭찬·격려함으로써 기운을 북돋아준다.

4. 모르는 것은 가정학습이나 책, 인터넷 검색을 통해 스스로 찾게

한다.

5. 아이들끼리 얘기 중에 쟁점을 만들어 토론과 논쟁을 하게 만든다.

6. 잠자기 전 수업내용을 스스로 복기해 보도록 한다.

질문은 이런 식이다. "버스나 지하철에서 떠드는 것은 사람들에게 어떤 반응을 불러올까요?", "학교 등굣길에 만 원이 떨어진 것을 보았어요. 어떻게 할까요?", "갑자기 내 학용품이 사라졌다면 어떤 생각이 들까요?", "TV에 나오는 정치인들은 왜 매일 싸울까요?" 등 신변잡기적인 것에서부터 공중도덕, 사회현안에 이르기까지 다양한 주제와 제목을 다루면 된다. 그리고 수업을 이끌어가는 가장 쉬운 방법으로는 꼬리에 꼬리를 무는 질문법이 있다. 만약 학교에 등교하는 길에 무단 횡단하는 아저씨를 봤다고 치고 그것을 물어보면 된다. 차가 다니는 도로를 건널 때는 어디로 건너야 하나요? → 왜 그렇게 해야 되죠? → 그럼 왜 아저씨는 위험한 곳으로 건넜을까요? → 원래 교통질서를 잘 안 지키는 사람일까요? 아님 급한 일이 있어서일까요? → 그럼 만약 여러분이 그 아저씨 옆에 있었다면 어떻게 해야 할까요? 여기서 수업을 이끄는 세부적인 기술이나 방법을 다 논할 필요는 없겠지만, 쉬운 예를 들자면 그렇다.

어쨌든 이런 과정이 꾸준히 반복된다면 이것만은 분명하다. 우선 아이들이 자신의 의견을 스스럼없이 제시할 줄 알게 되고 다른 사람의 의견을 끝까지 듣는 경청의 자세도 배울 수 있으며, 비록 틀리거나 너무 엉뚱한 얘기라 하더라도 이해하고 왜 그것이 틀린지, 어떻게 답해야 하는지까지 배우는 것이다. 그런 과정에서 아이들의 호기심을 자극해 아이들 스스로 탐구능력과 창의성을 키울 수 있도록 돕고, 교사나 다른 학생과 질문·대답이 오가는 과정 속에서 인내심과 포용력도 함양된다. 이런 것들이 잘 실행된다면 최근 중요한 덕목으로 평가받는 소통·공감 능력과 리더십까지도 자연스럽게 배울 수 있으며, 가족·사회 구성원에 대한 평가와 자기 가치관 배양까지 가능하게 된다. 우리나라 사람들은 학생 때부터 남 앞에서 손을 들거나 대답하고 나서는 걸 주저한다. 그래서 헤브루타식 수업을 통해 이러한 어린 시절의 좋지 않은 태도를 긍정적으로 바꾸고 사회를 살아가는 데 가장 기본이 되는 중요한 능력들을 터득할 수 있으므로 서둘러 우리 학교에 도입·확대해야 한다. 이것이 바로 헤브루타 수업의 가장 중요한 가치이자 의미다.

<초등학교 3학년 수업 모델>

	월	화	수	목	금
1	노래 부르기	숙제 발표	사회탐구	대화와 질문	사회탐구
2	대화와 질문	숫자 놀이	노래 부르기	자연 탐구	말하기 놀이
3	운동과 놀이	그림그리기	운동과 놀이	만들기 / 모래 놀이	운동과 놀이
4	숫자 놀이	말하기 놀이	숫자 놀이		율동하기
5	자연 탐구	생활체험	대화와 질문	자원봉사 / 지역체험	자연탐구
6	나머지 공부				나머지 공부
7	방과 후 놀이	나머지 공부	방과 후 놀이	나머지 공부	방과 후 놀이

5~6학년에는 국어·수학·사회·과학 등 현재 정규학교에서 배우는 과목들을 중점 학습하면서, 다양한 직업과 어른들의 세계를 간접 체

험하고 자신의 꿈과 직업을 연결해 보는 시간을 갖는다. 요즘 생활에서 절대적으로 쓰이고 있는 '컴퓨터와 스마트폰' 관련 수업도 있다. 이런 기기의 사용법에 대한 설명은 물론, 인터넷 사용 시 예절과 도덕 등에 대해서도 배운다. 직업의 세계에 대해서는 우선 담임교사가 대강의 종류를 설명해주고, 나중에 별도의 시간을 잡아 학부모님들이 자기 직업을 직접 소개하는 시간을 갖는다. 이런 시간을 통해 학부모들은 우리 아이들에게 자신이 살아온 경험과 하고 있는 일에 대해 상세하게 소개하는 시간을 가진 후, 교사와의 상담을 통해 내 아이의 장단점 및 성향이 어떠한지도 듣고 간다. 일석이조가 아닐 수 없다. 대신 교사는 사전에 충분히 어떤 직업에도 부귀빈천이 없다는 것을 아이들에게 설명해주어야 한다. 그리고 사회과목 시간에는 교과 내용과 실제 현실이 연결되는 부분을 설명하고 의문을 해소하는 교과 내용이 반드시 포함되어야 한다.

TIP 학생들에게 필요한 수업구성 방식과 방과 후 숙제들

학생들의 수업구성 방식은 획일화되어 있지 않다. 위에서 제시한 필수과목들은 모든 학생이 공통으로 듣지만, 그 외 과목은 학생 본인이 고민하여 선택한다. 저학년일수록 필수로 듣는 과목이 많고 고학년이 될수록 본인의 재능과 필요에 따라 과목을 선택할 여지가 많아진다. 물론 학기 시작 전 담임교사와 면담해서 조언을 들은 후에 선택해야 된다.

한편 아이들은 학교생활이 끝나면 다음과 같은 숙제를 부여받는다. 이 숙제들은 모든 아이들에게 연중 고르게 부과되는 것들로서, 의무감으로

하는 것보다는 자신의 생활과 습관을 살펴보고 정체성을 만들어가는 과정으로서 필요하다. 매일보다는 1주일에 한 번씩 숙제점검 시간을 갖고 반 전체 아이들이 숙제 결과와 숙제에 대한 느낌을 발표하고 서로 얘기하며, 선생님은 같이 의견을 개진한다.

① 생활계획표 짜기, 일기 쓰기 : 이 2가지 과제를 통해 평소 자신들의 학습·생활 태도나 습관들을 살펴본다. 상시 과제지만 늘 하게 되면 귀찮고 부담만 되는 과제물이 되기 때문에 반드시 기간을 정하여 부과해야 한다.

② 자기 성향과 장단점 파악하기, 자서전 써보기 : 위 숙제와 취지는 비슷하지만 자기의 과거부터 미래까지 좀 더 크고 연속적인 흐름에서 자신에 대해 생각해 볼 수 있다.

③ '나의 부모님' 및 '자신의 뿌리' 알고 발표하기 : 자신의 부모와 조상들에 대해 생각해 봄으로써 내가 어떻게 태어났고 우리 국민들이 대한민국이란 나라에서 어떻게 살아왔는지를 공부하여 자신의 정체성과 역사의식을 조금이라도 갖게 된다.

④ '공부는 왜 해야만 할까?', '생활 속 좋은 관습·나쁜 관습 찾아내기' 등 발표 : 헤브르타 교육이나 〈조선일보〉의 NIE교육과 마찬가지로 집에서 혼자 고민하거나 부모와 대화를 통해 답을 찾아보면서 자신과 사회 현상에 대해 분석·평가해 보는 기회를 갖게 된다.

⑤ 소풍이나 야외수련회 시 즐겁거나 유익할 숙제들(사전과제 부여)
   – '1박 2일'이나 '런닝맨'처럼 목적지를 설정하고 퀴즈·단서를 몇 단계로 주고 문제풀이나 미션수행 등을 통해 답을 찾아가는 놀이
   – 역사적으로 유명한 사적지 등을 탐방할 경우 순례 코스의 해당 유적이나 인물에 대해 문제풀이 형식으로 진행하여 상벌이나 벌칙을 줌으로써 놀이도 되고 역사공부도 될 수 있는 놀이

단, 이런 것들이 가능하려면 초등학교 선생님이나 교직원 분들이 방송국 예능 PD처럼 기발하면서 노력도 많이 해야 할 것이다. 여기서 '제

3의 학교'가 추구하는 것이 바로 이것이다. 아이들이 즐거운 학교생활 속에서 잘하는 것이나 좋아하는 것을 재빨리 찾고 → 그로부터 세부 적성을 파악하여 → 구체적인 꿈을 갖도록 하고 → 이것을 직업이나 취미로 반드시 연결하는 것이다. 아이들에게 잘하는 것이 무엇인지 계속 질문해서 스스로 답을 찾도록 하며, 또한 많은 직·간접적 체험을 제공하고 두려움을 갖지 않도록 격려하여 다양한 세계를 맛보도록 하는 것이다. 특히 이때 가장 중요한 것은 누구나 다 한 번에 완벽한 정답을 찾기 힘들다는 것이다. 처음에 너무 쉽게 또는 너무 크게 성공하면 나중에 더 큰 실패나 좌절을 경험하고 쉽게 포기할 가능성도 크기 때문에 체험 자체가 인생의 보약이자 제일 좋은 공부라는 것을 가르쳐 주어야 한다.

또 무엇을 바꾸지? : 방과 후 학습을 방과 후 놀이로

이웃집의 초등학교 3학년생 초롱이는 학교생활보다 방과 후가 더 바쁘다. 교과목을 보충해 주는 보습학원을 시작으로 피아노, 태권도, 영어회화 등 과외 활동만 6개를 수행하느라 저녁 9시가 되어야 집으로 돌아온다. 물론 매일 6개의 학원을 다 가는 것은 아니지만 아빠 퇴근 시간보다 늦는 날도 많다. 다행히 초롱이가 모든 방면에 조금씩이나마 소질이 있고 흥미를 느끼고 있기 때문에 학원가는 것이 아주 괴로운 것은 아니지만, 가족과 함께 하거나 친구들과 어울릴 수 있는 시간이 부

족하다.

한편 바쁜 일상을 매일매일 소화하다 보니 반대로 학원을 가지 않는 휴일에는 무엇을 해야 할지 모른다. 지난해 한 조사에서는 서울지역 초등학생의 평일 여가시간은 3시간으로 고등학생과 별 차이가 없다고 나와 있다. 그 이유는 학원과 방과 후 학습 때문이며, 그나마 여가시간도 운동이나 게임보다는 숙제나 학습시간이 많이 차지하였다. 그래서 아파트촌 주위의 상가를 가장 많이 채우고 있는 것이 바로 아이들을 대상으로 하는 학원들이다. 서울 강남 일대를 중심으로 영어, 수학, 과학, 논술, 피아노, 미술, 바둑, 체육 등 학교 교과목 숫자보다 많은 학원 간판들이 거리를 가득 채우고 있다. 다들 '공교육만으로 우리 아이들을 소외감 없이 잘 키울 수 없나?'라는 문제에 공감하고 있지만, 실상은 아이가 무엇이든 배우고 있지 않다고 생각하면 아무 이유 없이 불안하기만 한 것이 우리 부모님들의 솔직한 마음이다. 아이들 마음도 어쩔 수 없이 따라갈 수밖에 없다. 이게 우리네 아이들의 불쌍하고 슬픈 현실이다. "학교에 가면 다 할 수 있는데 학원이 왜 필요해?" 우리 아이가 초등학교에 다니고 있을 4~5년 후에는 세상이 그렇게 바뀌어 있었으면 좋겠다. 어떻게 하면 가능할까?

최신 교육용어 중 '자기주도 학습'과 함께 많이 사용되고 있는 말이 '방과 후 학습'이란 말이다. '방과 후 학습'은 말 자체에서 느낄 수 있듯이 예전 보충수업의 분위기가 풍긴다. 의미를 더 축소시켜 보면 정규 수업으로 진도를 쫓아가지 못하는 학생을 위한 나머지 공부 수준으로 받아들이기 때문에 학생들 사이에서 반응이 좋은 편은 아니다. 그래서 필자는 방과 후 학습의 개념을 좀 더 확장시켜 방과 후 놀이라는 표현을 사용하고 싶다. 당연히 활동영역도 확장되어야만 한다. 선생님에 의해 주도적으로 이뤄지는 학습활동이 아닌 학생 중심으로 선생님이 보조 역할을 하는 방식으로, 쉽게 얘기하자면 학교 내 서클이나 동아리 활동을 진행해 보자는 것이다. 모든 과목별로 동아리를 만들고 학년 구분 없이 가입과 탈퇴가 언제든지 가능하도록 하여, 방과 후 시간에 자기가 하고 싶은 것을 자유롭게 해보는 것이다. 이를 통해 아이들이 진정 좋아하는 것을 알아갈 수 있고, 방과 후 자유로운 시간을 효율적으로 활용할 수도 있다. 물론 방과 후 학습처럼 미진한 과목에 대한 보충수업도 같이 포함하여 실시한다. 실제 일부 학교에서 시행되고 있지만, 요즘처럼 우리 아이들을 맘 놓고 놀게 하지 못하는 상황에서 공교육에 대한 투자를 과감히 늘리고 방과 후 놀이로 인식을 전환해야 한다. 이것을 효과적으로 운영한다면 공교육의 기능 강화를 통해 교육기회 평등 및 사교육비 감소, 교육의 질적 향상 등 세 마리 토끼를 모두 잡을 수 있지 않을까 기대해 본다.

TIP   '놀토'에 학교가는 즐거운 아이들(기사 인용)

주5일제 시범학교인 서울 대청초등학교에서 2개의 '토요 스포츠데이' 프로그램이 운영되고 있다. 1·2교시는 플로어볼(Floor-ball)이, 3·4교시는 티볼(Tee-ball) 수업이 진행되며, 한 달에 2~3회 서울 시내의 다

른 학교 학생들과 친선경기를 갖는다.

* 티볼 : 야구형 스포츠의 흥미를 그대로 살리면서 남녀노소 누구나 즐길
  수 있도록 고안한 스포츠로, 투수 없이 배팅 티에 공을 얹어놓고
  치고 달리는 방법으로 진행
* 플로어볼 : 남녀노소 누구나 하키의 재미를 즐길 수 있도록 만든 스포츠
  종목으로 하키 형식을 변형하여 하키의 빠른 스피드와 박진감 넘
  치는 게임을 그대로 재현

이에 대한 아이와 교사, 학부모의 반응이 모두 좋았다. 학생들은 특별히 일이 없는 주말에 학교에 나와서 친구들이랑 재미있는 운동을 할수 있어 좋았고, 특히 플로어볼은 쉽게 접할 수 있는 운동이 아니라 더재미있다고 했다. 어차피 토요일에 학교에 나오지 않으면 TV를 보거나게임이나 하면서 지낼 것이라며, 토요일마다 정기적인 운동으로 재미는물론 옛날보다 체력도 좋아져서 아주 만족한다고 했다.

토요 스포츠데이를 진행하는 담당 선생님들은 학생들이 평소 접해보지 못한 스포츠 종목 위주로 수업을 집중적으로 실시하면서, 건전한 경쟁 활동에 대한 학생들의 흥미와 요구를 충족시킬 수 있다고 하였다. 타 학교와의 친선경기를 통해서는 협동심과 공정한 경기진행, 스포츠맨십을 체득할 수 있고, 달리기, 던지기, 공치기 등을 통해서 종합적인 운동능력을 키운다. 또 근력, 순발력, 지구력, 균형성 등을 키우고아이들의 신체발달에 효과적이며, 집중력 향상에도 도움이 된다. 특히주말에 애들 보기가 마땅치 않은 맞벌이 부부에게 호응이 매우 좋았다. 예전에는 토요일에 아이 혼자 있거나, 일부 토요일 운영되는 프로그램에 참석해도 단편적 학습이나 잠깐 돌봐주는 정도였기 때문이다. 평일 내내 학습적인 부분은 많이 하니까 주말에는 신체적으로 활동하

물론 보완해야 할 점들도 있었다. 전국 모든 학교에서 활성화된 것이 아니기 때문에 다양한 학교·친구가 동참하지 못했고, 체육관·학생 운송차량 등 전체 운영 관련 미흡한 부분도 있었다. 그래서 좀 더 체계적이고 내실 있는 연구와 수업으로 진행되기 위해서는 정부의 예산 지원이 더 필요했다.

최근의 사례에서 주5일 수업 시행에 따른 주말 방과 후 놀이는 여러 부분에서 긍정적인 요소를 발견할 수 있었고 점차 증가하는 추세다. 이는 맞벌이 가정 등 주말에 아이들 위탁이 어려운 가정에 큰 도움이 되며, 스포츠·레저 활동을 통해 아이들의 스트레스를 해소하고 건강을 증진시켜 학교폭력을 감소시키는 효과까지 있었다. 체육활동을 통해 튼튼한 체력과 건전한 정신건강을 만들고, 스포츠맨십과 협동심을 길러주어 올바른 인성을 갖추게 하는 등 원활한 사회 적응에 큰 도움을 주기 때문이다. 또 적절한 운동을 통해 두뇌활동을 촉진시키고 학업성적 향상에도 기여했다. 앞으로 우리 학교와 사회가 어떻게 변해야 하는지, '방과 후 학교'제도가 어떻게 활용돼야 하는지를 보여주는 재미있는 기사였다.

심리학자들은 "유년 시절의 체험과 정서가 인생 전체 행로에 깊은 영향을 미친다"고 강조하고 있다. 요즘 아이들의 뽀통령 '뽀롱뽀롱 뽀로로' 오프닝 곡에 나오는 "노는 게 제일 좋아, 친구들 모여라~ 언제나 즐거워"라는 가사처럼 우리 아이들이 매일 가는 학교, 사회에 대한 인식이 생기는 그곳에서 아이들이 놀고 친구들을 만나는 게 즐거워 늘 가고 싶은 곳이 된다면 정말 더 바랄 게 없을 것이다. 그러나 학교가 아무리 즐거워지려고 해도 학교폭력과 왕따, 성폭력 등에 시달린다면 그것은 불가능할 것이다.

요즘 아이들 학교에서 무슨 일이
벌어지고 있는 거지?
 - 왜 '두사부일체'·'도가니' 등의
영화와 같은 일이 초등학교 현실에서
벌어질까?

어떻게 하면 왕따를 줄일 수 있을까?
 - 왜 그렇게 됐을까?

제2단원

현실 :
"뭉치면 살고, 내 생각만 하고 흩어지면 죽는다"

올바른 성교육 및
학교폭력 대처법은 무엇일까?

낙장불입(落張不入) :
한 번 '왕따'면 계속 왕따,
'일진'도 계속 일진. 왜 그럴까?

학교가 왜 흔들리는가? : 학생들의 정서적 부분에 대한 무지

학교가 개판 5분전이다. 지금 대한민국 초등학교에는 조기교육·선행학습 유행에 따른 사교육 광풍과 대입제도·무상급식 논란 등 제도적인 문제와 함께 학교폭력에 따른 왕따·자살 문제, 어린이 대상 유괴·성폭력 등 너무나 다양하고도 심각한 현상적 문제들이 미해결된 채로 계속 이슈화되고 있다.

9시 뉴스에도 정치기사를 제외하면 학교 관련 이슈와 범죄들이 하루가 멀다 하고 단골메뉴로 등장하는 실정이다. 우리나라의 대들보이자 미래인 아이들이 교육을 받고 뛰어노는 현장에서 이러한 일들이 심심치 않게 일어나는데 대해 그 심각성과 폐해에 공감하지 않는 이는 드물 것이다. 그럼에도 이런 문제들을 해결하는 방법을 알고 있거나 진심으로 고민하는 사람들이 얼마나 될까? 물론 이런 문제들이 서로 얽혀 있어 한 번에 해결하기에 너무 복잡하고 어려운 것임은 분명하지만, 힘들다는 이유로 포기할 수 없다. 그리고 우리 모두는 이런 문제들이 왜 여리고 순수한 어린이들 주위에서 자꾸 발생하는지, 막을 수 있는 방법은 없는지를 조금이라도 고민해야 할 의무가 있다. 만약 한 번에 완벽한 답을 찾는 것이 어렵거나 불가능하다면 가장 심각한 문제부터 생각해 보고, 대책을 찾아내야 할 것이다.

우리 학교현장의 실태를 살펴보기에 앞서 아이들의 '회복탄력성'과 이와 밀접하게 연관되어 있는 아이들의 감정과 욕구에 대해 먼저 살펴보자. 《회복탄력성》의 저자로 유명한 연세대 김주환 교수는 요즘 아이들의 문제를 지적하기 위해 회복탄력성을 얘기한다. 회복탄력성이란 시련과 고난을 딛고 일어서는 힘으로, 이 지수가 높은 사람들은 긍정적인 마인드를 갖고 있다. 반면 요즘 젊은이들의 잇따른 자살은 마음의 병에 기인하는 것으로서 회복탄력성이 낮기 때문이라고 말한다. 이것은 현대 한국사회가 미래의 목적을 이루기 위해 현재 어떠한 고통과 희생이라도 참고 이겨내야 한다는 '잘못된 고진감래(苦盡甘來)'식 사고방식을 강요한 것이 원인이 되었다고 강조한다. 고진감래란 나중의 값진 보람과 기쁨을 위해 자기 스스로 현재의 고통을 감내한다는 뜻인데, 최근 어른이나 부모가 이것을 억지로 강요하면서 문제를 야기한다는 것이다. 특히 6·25 전후의 베이비부머세대 시절에 강조됐던 가치관으로, 인생의 전체적인 굴곡이나 흐름을 미리 조언해 주는 차원에서는 괜찮다. 그러나 아이들처럼 아직 좋고 나쁨이나 즐거움과 슬픔 등 가치 판단이 단순하고 감정 조절이 성숙되지 않은 경우에 지나치게 강조하는 것은 폭탄처럼 매우 위험한 발상이 될 수 있다. 그보다 먼저 어린 학생들에게 가정과 학교에서 생활하는 것 자체가 유익하고 재미있다는 것을 깨우쳐 줘야 하며, "힘들어도 참아, 무조건 열심히 해야 훌륭한 사람이 될 수 있어~"가 아닌, "재미있지? 하나하나 알아가는 것에 기쁨을 느껴봐~"라고 현재를 즐길 수 있도록 말하는 것이 좋다. 이런 즐거운 학교생활과 긍정적인 마인드의 중요성은 앞 단원에서 줄기차게 얘기했던 부분이다.

어른들에게 '오욕칠정(五慾七情)'이라 하여 식욕, 수면욕, 색욕에 재물·명예욕 등 5가지 욕구과 희노애락애오욕과 같은 7가지 기본 감정들이 있듯이, 아이들도 마찬가지로 욕구와 감정을 갖고 있다. 이중 식욕·수면욕은 어른들의 욕구와 다르지 않을 뿐 아니라 가장 중요한 부분이므로 좋은 습관이 형성될 수 있도록 도와주어야 한다. 색욕은 아직 물리적 성장을 마친 성인은 아니지만 엄연히 존재하며, 요즘 아이들은 신체 성장이 빨라 더욱 무시할 수 없다. 재물·명예욕도 아이들이 욕구를 느끼는 대상과 방식이 다소 차이가 날 뿐이지 분명히 있다. 좋은 학용품이나 옷에 대한 소유욕이 있고, 공부 잘해서 교사나 부모에게 인정받고 싶어 하는 욕구도 있다. 그리고 기쁘고, 슬프고, 화나는 감정들도 어른과 똑같다. 따라서 아이들이라 해서 이를 하나라도 무시해서는 안 되며, 그들의 감정과 정서를 잘 알고 이해하는 것이 무엇보다 중요하다. 하지만 요즘 부모들은 아이들의 학습적 욕구나 특기개발 부분에만 집중하면서 기본 욕구와 정서에 대해서는 잘 모르고 있는 듯하다.

아이들에게 있어 가장 중요한 욕구는 뭐니 뭐니 해도 역시 잘 먹고, 잘 자고, 잘 노는 것이다. 이보다 더 중요한 것이 무엇이겠는가? 특히 다양한 놀이를 통해서 여러 욕구를 충분히 느끼고 해소하면서 그 속에서 해야만 하는 과제와 지켜야 할 규칙들을 배워야 한다. 또한 이런 과정 속에서 자연스럽고 긍정적으로 희노애락애오욕의 기본 감정들을 차례차례 깨달아야 한다. 그러나 즐거움 체득의 과정 없이 공부해야 하는 의무와 등수 경쟁에서 살아남아야만 하는 부담감을 먼저 배운다면 아이들은 다양한 감정보다는 단지 승자·패자의 이분법적 판단과 정서만 배울 것이다. 그렇게 단절된 감정 구분과 결과만을 강조하는 사고방식은 잘 먹고 잘 자는 기본적인 생활 리듬마저 무시하기 쉬우며, 결국 아이들이 삶을 살아가면서 겪는 즐거움과 성취, 인내의 과정을 통해 역경을 견디고 이겨내는 힘이 충분히 채워지지 못하는 것이다. 이 힘이 바로 앞서 얘기한 회복탄력성이자 창창한 미래를 헤쳐 나갈 수 있는 근본적인 바탕이 되는 것이다. 그리고 이것은 즐거운 체험과 믿을 수 있는 인간관계, 자기 사랑과 미래에 대한 긍정적인 시각에서부터 나온다. 결국 우리 아이들은 3가지 기본 욕구에 충실하는 것과 학교생활 중에 즐거움을 비롯한 다양한 감정을 느끼는 것이 가장 중요하다.

미국 심리학자 매슬로우의 '욕구 5단계'를 보더라도 1단계의 생리적인 욕구가 가장 강력하고 기본이 되는 것으로, 유아 시절부터 그것이 충분히 충족이 되어야 그 다음 단계로 나아가 자신의 안전과 학습 등에 대한 욕구를 제대로 이해할 수 있는 것이다.

그럼 이러한 전제를 바탕으로 요즘 초등학교에서 가장 심각한 문제인 학교폭력 심화와 왕따·자살 문제, 어린이 대상 성범죄 등에 대해서 하나씩 살펴보자.

왕따, 누구의 책임인가? : 각박한 사회와 돈 벌기에 바쁜 가정

먼저 왕따 현상과 원인을 보자. 왕따는 학교에서 급우들로부터 집단으로 따돌림이나 괴롭힘을 당하는 것을 말한다. 그 현상이나 결과 위주로 바라본다면 물론 왕따를 만드는 집단 또는 개인 등 가해자에게 문제가 있다고 보는 것은 당연하다.

그러나 필자는 그보다 먼저 왕따가 되는 아이에게 1차적인 원인이 있다고 생각한다. 학교에서 왕따를 당하는 아이들의 성격이나 성향에서 공통점이 발견되는 것이 이를 뒷받침한다. 직접 왕따를 시키는 가해자들의 문제성이 있음을 인정한다 해도 대다수의 동료 아이들이 그것을 묵인하고 방조하는 사실을 볼 때 왕따를 당하는 아이들이 원인 제공의 책임이 가장 크다는 것이다. 물론 그들이 원인을 스스로 제공했다는 얘기이지 그들에게 전적인 잘못이 있다거나 가해자보다 책임이 더 크다는 얘기는 아니다. 어쨌든 피해 학생의 관점에서 왕따 문제를 바라보았을 때 피해 학생들은 요즘 말로 '비호감' 유형이다. 애정 결핍과 원활치 못한 의사소통·대인관계 등 사회성 결여가 공통적으로 발견된다. 그런데 이런 문제들은 개인 차원보다는 최근 경제·사회적으로 불안한 우리 사회와 부모·가정의 역할 미흡에서 기인한다. 우선 부모들이 먹고사는 문제를 해결하기가 쉽지 않고 양육·교육비 부담이 매우 크다. 게다가 요즘 맞벌이 가정이 매우 많은데, 이런 경우 부모가 가정 내에서 자녀와 자주 커뮤니케이션을 하고 가정교육을 시킬 수 있는 물리적인 시간이 매우 부족하다. 게다가 아직까지 보육제도나 교육시스템이 국가정책이나 사회제도로서 제대로 완비되지 못해 가정교육의 부족한 부분을 메워주길 기대하기도 힘들다. 특히 높은 이혼율로 인해 결손·조손가정 등의 아이들이 비정상적인 가정환경에서 성장하면서 정서적으로 불안한 경우가 상당하다. 그래서 이런 아이들이 초등학교에 들어가게 되면 자기표현에 서투르고 동료들과 잘 어울리지 못하게 되며, 자신감을 상실하고 자기 방어조차도 어려워하게 되는 경우가 많다.

더 큰 문제는 경제적으로 안정적인 중산층 이상의 부모들이 자기 자식들에게 '왕따 성향이 있는' 또는 '왕따 직전'의 동료 아이들과 어울리지 말라고 가르친다는 것이다. 그런 교육을 받은 아이들은 왕따를 만드는 데 직접 참여하지는 않아도 그들과 어울리는 것을 꺼리면서 알게 모르게 왕따 만들기에 동참하는 상황을 만든다. 결국 이렇게 되면 가정환경이 좋지 못한 아이들이 학교폭력이나 집단 괴롭힘의 타깃이 되어 왕따와 자살 문제로 연결되는 것이라 생각한다. 그래서 한 번 왕따가 되면 본인이 노력한다 해도 쉽게 벗어날 수 있는 가능성이 적은 것이다.

다음은 최근의 불안한 교육 현실을 토로한 아이가 있는 맞벌이 부부의 하소연이다.

초등학교 1학년 아들을 둔 내 친구 민수가, 아들이 학교에서 왕따를 당하게 되었다고 문제를 토로했다. 내 아들이 뭐가 문제일까? 사회성 결여? 애정 결핍? 여러 이유가 있을 수 있겠지만, 어른세계에서의 왕따 문화가 아이들에게도 영향을 준다고 했다. 워킹 맘인 그 친구 와이프에 의하면, 청주 OO초등학교에 자녀를 보내고 학부모회에 가입을 했는데, 직장 때문에 모임에 몇 번 참석 못했더니 연락도 안 해주고 소풍 때 준비물을 알려주지도 않더라는 것이다. 결국 회장과 총무라는 엄마가 자신을 왕따시킨다는 말이다.

같은 반의 전업주부는 "우리가 전부 학교 일 도맡아서 하고, 워킹 맘들은 숟가락만 얹으려는 거냐? 함께 일하고 의논해야지, 우리는 시간이 남아도는 줄 알아?"라고 말했단다.

할 말이 없어지는 상황이다. 그러니 부모와 학생이 함께 모이는 상황에서 엄마가 왕따면 우리 아이들은 눈치가 100단이라 다 안다. 그러면 아이도 자연스레 왕따가 되는 것이다. 결국 부모의 적극적인 학교활동만이 우리 아이를 지킬 수 있는 듯하다. 허나 맞벌이 부모에게는 현실이 그렇지 않아 큰 고민이다.

그럼 이런 식의 뿌리 깊은 문제를 과연 어떻게 해결할 수 있을까? 결국 초등학생 왕따는 학생 개인의 문제라기보다 가정환경에 의한 책임이 훨씬 크고 사회적인 문제이기도 하다. 물론 사회가 안정되고 정부가 정책적으로 좋은 제도를 마련하면 더할 나위 없겠지만, 그것이 어렵다면 결국 올바른 초등교육으로 차차 바로잡아 나갈 수밖에 없다.

초등학생들에게 가장 필요하고 왕따를 예방할 수 있는 가장 훌륭한 방법은 바로 '제1단원 가치' 부분에서 언급했던 '즐거움 찾기'와 '자기 의사 표현하기'에 대한 적절한 교육이다. 즐거움 찾기를 통해서 자신의 스트레스를 긍정적으로 해소하고, 어려운 일에 대한 인내력과 적응력을 배가할 수 있다. 그리고 자기감정이나 의사를 명확히 표현하는 방법을 배워 학교생활 중의 어려움이나 부당함 등을 호소할 수 있어야 한다. 물론 그 이전에 부모와 교사, 상담 전문 인력들이 이를 받아들일 수 있는 분위기를 조성하는 것이 중요하고, 학생들이 '옳고 그름' 등 정의와 도덕의 기준에 대해 제대로 배워야만 가능할 것이다. 또 담임교사가 편부모나 불우가정 등 가정환경이 특수한 아이에 대해서는 별도로 관리하는 방법도 필요할 것이다.

학교에서 최고의 힐링은 바로 애정과 책임을 다하는 선생님들이다. 담임이 제자들을 정말 자기 자식처럼 생각하고 한 명, 한 명 지속적인 면담을 해야 하며, 문제 학생을 포함한 자기반 학생 모두에 대해 열정을 가져야 한다. 가정방문도 하고, 모자란 아이들을 위해 학교에서 특화된 수업도 해야 한다. 공부가 아닌 다른 형태의 수업 말이다. 노인복지관·고아원 봉사, 운동 등 여럿이 함께 어울려 할 수 있는 활동, 미술·심리치료 등 개인에게 직접적인 효과가 있는 것들을 시키고 챙겨주어야 한다. '담임선생님이 나를 특별히 신경 써 주는구나!' 또는 '나도 학교에서 특별한 대접을 받는 소중한 존재구나!'라는 느낌을 받게 되면 행동을 바꿀 수 있는 계기가 될 수 있다. 이렇게 아이들에게 특별한 노력과 인정감 부여를 통해 치유의 장을 마련해 준다면 스스로 회복할 수 있는 힘을 기르게 된다.

그리고 무엇보다도 기성세대가 '무조건 자기 애를 위한다'는 일념 하에 아이들 편가르는 것을 중단하고 다 같이 어울릴 수 있도록 가르쳐야 한다. 어려서 왕따가 되었던 아이들의 미래는 대개 뻔하다. 외톨이·우울증·자살 등의 외로운 길이나 깡패·조폭·묻지 마 범죄의 반사회적인 길 뿐이다. 너무 극단적인 결론으로 보이겠지만, 충분히 그럴 개연성이 크다. 그래서 아이들에게 '뭉치면 살고 흩어지면 죽는다'란 말을 자기 자식에게 교육할 수 있는 부모들이 많아져야 한다.

요즘 학교 행태를 보면 아이들의 보신적 이기주의와 개인주의, 이분법적 사고를 타파하지 않고서는 학교가 바로서기 어렵다. '부자 아이 vs 가난한 아이'로 나누는 편향적인 선글라스를 벗지 않는다면 미래 꿈나무들의 새싹을 살리고 우리 학교와 사회를 밝게 만드는 길은 요원할 것이다. 그리고 부모들이 아이들을 잘못 교육시키면 그 폐해는 고스란히 아이들에게 돌아간다. 그것 또한 인과응보(因果應報)이며, 정의가 바로서야만 비로소 왕따 문제도 해결될 수 있는 것이다.

갈수록 심각해지는 학교폭력, 그 대책은? : 정부 대책만의 한계

그 다음 학교폭력 문제를 살펴보자.

2012년 2월 학교폭력에 대한 정부종합대책이 시행된 이후 1년 동안 관련 범죄가 하루 평균 218건이 신고되고 2만 3,000여 명이 검거되는 등 많은 성과를 냈다. 그럼 학교폭력 문제가 점차 개선되고 있는 걸까?

꼭 그렇지만은 않은 것 같다. 이후에도 학교폭력과 그에 따른 청소년 자살 문제가 끊이지 않고 보도되고 있으니 말이다. 특히 물리적 폭력이 줄어 든 대신 언어폭력과 은근한 왕따가 증가하는 등 수법이 교묘해지고 폭력성이 더 짙어지는 풍선효과가 발생해 심각성이 더 커지고 있다. 정부는 학교에 경찰을 배치하고 CCTV를 설치하며 또 복수담임제·학교폭력 생활기록부 기재 등 가해자 처벌 강화를 필두로 한 다양한 대책들을 내놓고 있지만, 교사나 학부모들은 그 실효성에 대해 의구심을 제기한다. 경찰과 CCTV 수는 부족하여 종합적인 감시감독이 안 되고, 교사들은 권위 추락과 행정업무 과중 등으로 생활지도 자체를 기피하고 있다.

피해 학생들은 정부와 어른들의 입장에서 세운 여러 대책에 대해 불안감이 여전하다. 이는 학교가 돌아가는 생리와 학교폭력이 생기는 이유를 정확히 알고 깊게 고민하지 않았기 때문에 처음부터 부적절한 처방에 지나지 않았다. 마치 벼룩 잡는다고 초가삼간 태우는 '사후약방문'식이고 너무 과도한 대처란 생각이 든다. 과거 군대에서 구타나 가혹행위가 쉽게 끊이지 않고 이어졌던 것과 비슷한 이유이다.

어쨌든 폭력행위가 성장하는 기반은, 학교는 물론 가정과 사회도 포함된다. 학생들이 폭력적으로 되는 것은 학생들 본인은 물론 가정과 사회도 많은 원인을 제공한다. 최근 폭력행위가 점점 더 어린 나이로, 여학생에게로 확대되는 양상을 보이고 있는데, 피해자는 대개 신체적으로 허약하거나 소심한 학생, 인기가 없고 조용한 학생 등이다. 빠르게 증가하고 있는 다문화가정의 아이들도 학교폭력의 피해자가 되거나 오히려 폭력집단화되기도 해 그 심각성이 점차 커지고 있다.

왜 우리는 이런 일들이 일어나는 근본적인 이유나 사고 이전의 환경을 살펴보지 않을까? 교육 선진국 핀란드의 초등학교를 들여다보면 분명 우리와는 다른 교육환경이 두드러진다. 아이들은 1, 2학년 때부터 남녀를 가리지 않고 흙에서 뒹굴며 과격한 놀이를 한다. 아이들의 정신건강은 놀이와 운동을 하면서 발산되는 에너지를 통해 유지되며, 바로 아이들의 오욕칠정을 적절히 풀어줌으로써 스트레스가 해소되고 건강한 상태가 유지된다는 것을 아는 것이다. 또한 아이들이 문제를 하나 더 푸는 것보다 아이 전부와 눈을 마주치며 관심을 주고 신뢰감을 쌓는 것에 신경을 더 기울인다. 그리고 겉모습을 갖고 사람을 차별하지 않으며 다양성과 개성을 존중하도록 계속 교육시킨다. 학교에서 폭력이 생겼을 때 그 결과만을 갖고 근시안적으로 대책을 세우는 우리의 현실과는 차이가 크다.

우리도 조금만 내부로 들어가 살펴보면, 폭력 행위의 가장 직접적 원인은 스트레스를 주는 학교환경과 함께 아이들이 합리적인 스트레스 분출구나 대응방안을 갖고 있지 못하기 때문이다. 소년 폭력범죄의 절반 가까이가 순간의 화를 참지 못하고 욱해서 벌어진다. 앞서 누누이 얘기한 것처럼 아이를 공부만 하는 기계로 보면서 억누르는 분위기를 조성하고 제대로 된 놀이문화가 없는 것이 직접적인 원인이다.

간접 원인으로는 핵가족화와 가족이 함께하는 시간 부족에 따른 정서 결핍, 부모의 빈부격차와 사회성 결여에 따른 불만 심화 등이 있다. 앞의 왕따의 원인과 일치하는 부분이 상당히 많다. 그래서 요즘 아이들은 적절한 해방구가 없기 때문에 온라인 게임·채팅에 탐닉하거나 음주·흡연·폭력 등 직접 탈선으로 조기에 빠지는 경우가 많고, 그 두 가지가 연결되는 경우도 쉽게 볼 수 있다. 특히 맞벌이나 결손가정의 아이들은 혼자만의 시간이 많아지면서 PC방이나 컴퓨터 과다 이용에 따른 게임 중독과 현실감각 상실에 빠진 경우를 많이 볼 수 있는데, 이들이 싸움을 잘하는 아이들이라면 학교폭력을 저지르고 일진이나 깡패·조폭이 되는 경우가 많다. 자신과 성향·환경이 비슷한 아이들과 집단을 이뤄 주변 아이들을 괴롭히기 시작하고 폭력까지 가하게 되는 것이다. 물론 어려운 환경에서 자라더라도 올바르고 모범적으로 크는 아이들도 많지만, 그렇지 않은 경우도 많다는 것이다.

얼마 전 폭력서클 활동을 경험했던 학생의 얘기에 따르면, PC방 등을 통해 폭력성이 조금씩 생기던 아이들이 학교 내에서 싸움을 하게 되고 그를 통해 서열이 정해지며 일진을 형성하게 된다고 한다. 또 입소문을 통해 주변 학교 일진과도 나름의 서열을 정하게 된다. 이후 아이들의 돈이나 옷 등을 뺏게 되면서 깡패로 변질되고, 학교에 대한 애정도 떨어져 점차 다니기 싫어하게 된다. 요즘은 이런 현상이 빨라져 초등학교 고학년부터 증상이 나타나고, 중학교 진학 후에는 조직 깡패로 변질된다고 하니 기가 막힐 노릇이다. 참고로 조직 깡패는 중심 상권에 거점을 두고 활동을 하고, 조직이나 선배의 엄격한 규칙을 지켜야 하며, 구역을 나눈 후 자기 영역을 지키기 위해 세력다툼 활동까지 전개한다. 어쨌든 그렇게 삐뚤어져 나가는 아이들은 초등학교 3학년이면 눈에 띄게 되어 있고, 아이들의 돈을 뺏고 여자를 만나고 동네에서 싸우면서 그렇게 대충대충 산다고 한다. 대부분 깡패 단계에서 맘 잡는 경우는 거의 없기 때문에 학교폭력도 초기 단계에서 해결하는 것이 중요하다. 학교는 물론 가정과 사회까지 어우르는 근본적인 대책 마련이 시급하다.

이렇게 학교폭력 문제가 사회·구조적인 문제에서 기인한 부분이 많아 개선하는 것이 쉽진 않겠지만, 학교교육과 교육현장의 환경을 제대로 바꾸는 것이 학교폭력을 해소할 수 있는 가장 근원적이고 좋은 방법일 것이다. 그렇다고 해서 감시감독만 강화하는 것이 좋은 방법이 될 수 없다. 학교를 둘러싼 당사자들이 직접 해결할 수 있도록 신뢰하고 환경을 만들어 주어야 한다. 학생들 스스로가 1차적으로 해결하고, 2차로 교사가 잘 다독이고 가르치면서 해결해야 한다. 학교가 신뢰가 없어지면 학생도 교사도 방관자가 될 수밖에 없다. 또 자기만 별탈 없이 지내면 그만인 현실은 참으로 낭만도 없고 대책도 없는 세상이다. 학교 안에서 아이들이 자기 의사와 감정을 표출하고 스트레스를 해소할 수 있도록 활기찬 놀이문화를 조성하는 것이 무엇보다 시급하다. 그런 관점에서 예체능 교육과 특별활동, 방과 후 수업이나 놀이를 확대·강화하는 것이 필요하다.

학교폭력, 어떻게 예방할까? : 아이들에게 정의감을 심어줘야~

다음은 한 언론이 예전 학교를 주름잡았던 소위 '짱' 출신 연예인들의 경험담과 대책을 정리한 것인데, 위의 문제들에 대한 대책 마련에 좋은 참고가 될 것 같아 간단히 소개해 본다.

'전원일기'의 최불암 아저씨 : 교실에서 가끔 애들 푼돈이나 뜯고 밥이나 간식을 뺏어먹긴 했어도 정신적으로 핍박하거나 한 아이를 집중적으로 괴롭히지는 않았지. 그때는 연극·문학·운동반 같은 동아리들과 함께 낭만이 있었고, 이런 활동이 폭력보다 재미있었기 때문에 아이들 정서를 순화시키고 교내 분위기도 정화시켰지. 근래 사복경찰관의 등장이 오히려 학생들의 분노를 자극할 거야. 무조건 그럴 것이 아니라 정의라는 개념과 불의의 원인부터 생각하도록 가르쳐야 해. 정말 남자다운 게 뭔지를 일깨워주는 영웅 이야기를 책이나 문화생활을 통해 많이 접하게 해야 돼. 왕따나 학교폭력 피해자들을 막기 위해선 피해 학생 스스로가 미운 꼴을 보이지 않도록 그 아이 스스로 깨닫고 더 잘해야 해. 그래서 밥상머리 교육이 절실하지. 부모가 자주 대화하며 아이 성향에 맞게 인도해줘야 하는데, 요즘은 부모님과 밥 먹으면서 얘기할 시간이 없어. 그게 가장 큰 원인이야.

'변강쇠'의 이대근 아저씨 : 그 당시 운동이나 싸움 잘하는 애들은 의협심이 강해서 약한 애들을 먼저 건들진 않았어. 대신 정상적으로 싸워서 친구 건드리고 나쁜 짓하는 애들 평정했지. 그래서 선생들이 날 좋아했어. 우리시대 다음에 칼의 문화가 왔고, 건달이 아니라 깡패 조직이 생겨났어. 건달은 깡패와 달라서 불의를 못 봤고, 반 아이를 괴롭혀봐야 도시락 뺏어 먹고 버스표 뺏고 꿀밤 때리는 정도였어. 지금은 양심의 가책이란 게 없어. 요즘 학교폭력 양상이 잔인해진 건 첫째는 부모가 모범을 보

이지 않는 게 문제고, 둘째는 매스컴 책임이야. 텔레비전과 게임에서 폭력과 잔인성을 배우니까 가정교육이 철저해야 해. 매를 폭력으로 생각하면 안 돼. 매는 교육이야. 자식을 책임지고 반듯하게 길러내는 건 엄마 몫인데, 엄마들이 돈 벌고 먹고사는 데 바빠 집안일에는 신경 쓰지 못하게 되는 사회구조가 큰 문제야.

'서울뚝배기'의 주현 아저씨 : 그때 학교폭력은 방과 후에 애들 다 나와 구경하는 데서 웃통 벗고 싸우는 거였지. 누가 세다고 그러면 일대일로 붙기는 했어도 말야. 약한 애들을 먼저 때리질 않았어. 고등학교 3년 내내 반장을 했는데, 공부 잘해서가 아니라 힘 좋고 인기 좋아서였지. 그 당시는 선생님들이 무서워서 대드는 건 인생 끝나는 거야. 깡패도 선생님한테는 함부로 못했어. 부모한테 말하면 뭐해, 네가 잘못해서 맞았다고 하지. 그때처럼 낭만이 있어야 맞아도 학교에 다니지. 요즘 폭력 성향이 점점 잔인하고 야비해지는 것은 부모와 사회 탓이야. 또 경찰이 나서면 학교폭력이 해결될 거라고 여기는 건 잘못된 발상이야. 애들 잘못했을 땐 사랑의 매가 꼭 필요한데, 자기 자식이 누굴 때리면 냅두고 누구한테 맞으면 혼내니 문제가 커질 수밖에. 학교폭력을 효과적으로 예방하려면 운동과 서클활동이 필요하지, 운동을 하면 페어플레이 정신과 단체생활의 매너가 자연히 몸에 배고, 서클활동에서 강으로, 산으로 캠핑을 많이 가고 조그만 텐트에서 여럿이 쭈그려 놀고 자야 돼, 그게 재미지. 요즘은 이렇게 사회정의를 배울 데가 없어.

'왜 하늘은'의 이지훈 씨 : 중학교 때까지 학교 대표끼리 '맞짱' 뜬 결과에 따라 학교의 서열을 정하는 전통이 있었어요. 그렇게 짱이 되면 불량한 아이들의 돈을 뺏는 양아치 짓을 못하게 해서 힘없는 아이들을 도와줬어요. 대신 힘없고 약한 아이들이 덩치 큰 아이들 따라다니면서 심부름을 하는 '꼬붕(부하)'을 하면서 보호를 받긴 했지만, 왕따 없었어요. 저희때도 부모가 모두 바쁜 맞벌이나 이혼한 가정, 결손가정의 아이들이 탈선하는 경우가 많았어요. 그나마 다행이었던 건 당시에는 그런 친구들을 애정을 갖고 바로잡아주는 선생님들이 계셨어요. 비뚤어졌던 아이들도 제자리로 돌아올 기회가 있었죠. 시퍼렇게 멍들 정도로 때려도 두말 않고 맞았는데, 지금은 선생님 권위 자체가 무너진 게 크죠. 무엇보다 가정교육이 잘못된 게 가장 큰 원인인 것 같아요. 자식에 대한 애정이 과하다보니 체벌이 금지되고 선생님 권위도 땅에 떨어졌죠. 선생님의 학생에 대한 애정도 예전만 못한 것 같고요. 학교폭력 예방은 강요보다는 자율에 맡겨야 하고, 청소년 자살과 왕따 문제를 해결하려면 대화만큼 좋은 방법이 없죠. 마음을 털어놓을 수 있는 창구와 가정환경이 가장 필요해요.

개그맨 황승환 씨 : 요즘은 부모가 너무 오냐오냐 키워서 선생님에 대한 존경심은 없어졌고, 미디어가 부추긴 탓에 폭력성은 커졌어요. 인터넷·뉴스·드라마 등에서 학교폭력 사건이 여과 없이 나오는데, 아이들은 모방심리가 강해 다 따라해 보려고 해요. 매체에서 이런 점을 고려해서 적절히 걸러서 보도해야 되죠. 학생들에게 건전한 취미·단체생활을 경험하게 하고 무엇보다 인성교육을 강화해야 되죠. 생활 속의 인성교육은 부모 몫인데, 국·영·수 점수 경쟁과 사교육으로만 내모니 아이들이 자기 이익만 챙기고 악해지죠. 그러다 공부 못하는 애들은 나보다 약한 친구를 괴롭히는 데서 희열을 느끼게 되고, 그런 악순환이 반복돼요. 학교에는 소설 《완득이》의 담임선생님처럼 무뚝뚝하지만 학생들을 애정을 갖고 가르치는 선생님이 필요해요. 저도 고등학교 때 사고 쳐서 퇴학당할 뻔했는데, 선생님께서 책임지고 절 똑바로 가르치겠다는 조건을 달고 그것을 막아주셨어요.

이들처럼 소위 학창 시절에 좀 놀았던 연예인들의 얘기에서 훌륭한 시사점들을 발견할 수 있다. 이를 바탕으로 과거 깡패와 현대 조폭간의 확실한 비교가 가능하다. 이것을 보면 오늘날 학교에서 무엇이 중요한지, 학교폭력과 왕따를 막기 위해 어떻게 대책 마련에 나서야 하는지를 느낄 수 있을 것이다. 과거로 똑같이 회귀할 수는 없다 하여도 과거의 의감을 회복하는 것은 충분히 가능할 것이다.

〈학교세태 신(新) vs 구(舊)〉

	과거	현재
환경 평가	아이들이 나쁜 길로 빠지지 않았던 이유는 좋은 선생님과 선생님을 믿는 부모들 덕분	아이들이 폭력·탈선에 빠지거나 왕따가 생기는 이유는 열정 없는 교사와 온정주의적 부모 때문
학교 분위기	낭만이 있고 건전한 문화·체육활동이 많음	성적 만능주의에 무분별한 매스컴과 막장드라마, PC방까지 유해한 환경이 가득함
쌈장들의 특성·혜택	의협심, 보호본능과 자부심, 약간의 혜택(도시락·심부름)	왕따 만들기, 돈 뜯기, 조폭과의 커넥션, 남을 갈취해서 얻는 잘못된 기쁨
싸움 문화	1:1 맞짱 뜨기	1:1이나 1:다(多)도 상관이 없고 다구리(여럿이 한 명을 때리는 것) 행위도 자주 활용

〈과거 건달 vs 현대 깡패 비교〉

	건달	깡패
가치관	대의나 의협심이 있고, 어려운 계층은 보호하려는 마음이 있음	그냥 싸움 잘하고 힘 잘 쓰는 애들의 모임, 힘없는 사람은 호구로 생각하고 벗겨먹음
보스	맨주먹으로 일대일 싸움을 제일 잘하는 사람, 부하들로부터 존경받음	조직에서 맨 위에 있는 사람으로서, 부하들이 무서워서 따르는 존재
무기	맨주먹(가끔 각목 사용)	연장(회칼, 손도끼, 심지어 총까지 사용)
세력 간 싸움	두목 간의 일대일 싸움을 많이 하며 집단 결투 시 서로 칼질은 안하는 게 원칙	칼을 쓰고, 함정을 파고, 치사할 짓을 하더라도 적의 핵심세력을 무찌르면 그만
팀워크	위계가 확실하고 서로간의 의리가 강함	자신의 이익을 위해 상관을 배신하는 일이 다반사며, 늘 불신과 불안감이 팽배해 있음

정부가 세운 대책들은 폭력이 발생하고 난 후 범인을 잡기 위한 조치에 불과하다. 경찰과 CCTV를 늘린다고 해도 물리적으로 한계가 있어

교실·화장실 등에 사각지대가 발생할 수밖에 없다. 따라서 학생과 학교가 자율적으로 학교폭력을 예방하는 것이 중요하다.

위에서 학생 스스로가 규칙을 세우고 교실 분위기를 정화할 수 있는 방법을 얘기했다. 그 다음은 지금의 교사들을 빨리 예전의 선생님들로 바꿔야 한다. 교사를 믿고 그들에게 권한을 주어서 그들이 교내 곳곳을 순찰하며 학생들을 지도·감독할 수 있게 해야 한다. 그러려면 정부가 학부모와 합의하여 학교와 교사에게 정당한 권한을 부여해야 한다. 학부모는 교사들을 믿고 자기 자식을 맡겨야 하며 자식이 맞더라도 이를 이해해야 한다. 교사가 학생을 과도하고 이상하게 또는 형평성에 맞지 않게 때리는 것은 사진·동영상 촬영과 인터넷이 손쉬운 요즘 아이들에게 쉽게 들통 날 수밖에 없기 때문에 학부모는 일단 담당교사를 믿어야 한다. 동시에 앞서 얘기한 것처럼 교사가 학생 단속·지도에 전념할 수 있도록 학사일정이나 잡무 등을 줄여주어 교사 스스로가 학교폭력 예방·단속에 책임을 지도록 해야 한다. 거기에 교사들이 손발 걷어붙이고 열성을 갖고 지도업무에 매달리려면 인센티브도 필요하다. 담임이나 학생주임 등 직접 학생 지도를 하는 교사들의 수당을 늘리고 학교폭력 방지·해결에 대한 유공이 있을 경우 보너스 지급이나 해외연수 등의 가시적인 혜택을 줘야 한다.

TIP : 대한민국 '제3의 학교 선도부'가 나가신다, 길을 비켜라~

왜 싸움 잘 하는 애들은 꼭 문제아가 되어야만 할까? 영화 '친구'나

'써니'를 보면 싸움을 통해 학교를 휘어잡고 교실 분위기를 좌지우지 하는 보스와 어울리는 친구들이 같이 나온다. '친구'에서는 F4가 있고, '써니'에선 칠공주가 등장한다. 이들은 학교에서 싸움을 하면서 면학 분위기에는 악영향을 끼치지만, 그들 나름의 정의와 원칙을 갖고 아이들을 규제하기 때문에 긍정적인 역할도 한다. 다른 학교 아이들의 침범으로부터 방어하기도 하고, 반에서 껄렁껄렁 거리는 아이들이 쓸데없이 약한 아이들을 때리고 괴롭히는 걸 막으며 학급 분위기가 이상해지지 않도록 단속도 한다. 유아들의 영웅 뽀로로가 등장하는 '고래의 놀이'에서도 바다에서 상어가 뽀로로와 친구들을 괴롭힐 때 고래가 나타나서 친구들을 지켜주고 상어를 교화시키기까지 한다. 힘세고 싸움 잘한다고 반드시 친구들을 괴롭히는 문제아가 되란 법은 없다.

요즘 범죄가 매일매일 발생하고 수법도 다양해지면서 사이코패스와 무차별 흉기 난동처럼 비정상적인 범죄 유형들이 나오는 등 사회가 점점 더 살벌해지고 있다. 그러나 한편으로는 길 가던 시민이 맨손으로 흉기를 든 범인을 검거하거나, 중학생들이 단체로 도둑을 쫓아가 잡는 흐뭇하고 희망적인 소식들도 많이 나온다. 아직 우리 사회의 시민의식이 살아있다는 증거이며, 범죄가 늘고 흉포해지는 만큼 정의감이 많고 용감한 시민들도 늘어나고 있다는 것을 느낄 수 있다. 따라서 우리도 이런 점들에 착안해서 학교에서 일어나는 학교폭력 같은 일들을 학생들 본인이 해결할 수 있도록 학급 분위기와 규칙을 만들어 보았으면 한다. 그들을 더 이상 가해자와 피해자, 방관자로만 만들어서는 안 되며, 학내에서 스스로 규칙을 만들어 준수토록 하고 안 되는 경우 직접 정화할 수 있도록 어른이나 학교가 도와야 한다. 그것이 바로 '제3의 학교 선도부'다.

우선, 담임교사와 학생부장 선생님은 학급마다 건전하고 건장한 학생들 3~4명으로 선도부를 구성한다. 예전의 쌈짱 정도면 될 것이다. 싸움을 잘한다고 해서 꼭 불량스러울 필요는 없다. 이들은 학교 기강을 바로잡고 친구간의 괴롭힘이나 폭력 등을 단속한다. 선생님이 직접 확실한 역할과 자긍심을 부여해야 하며, 정말 중요한 것은 학생들의 자발적인 참여와 함께 학급 전체가 학급규칙 제정에 적극 참여해야 한다는 것이다. 그리고 선언하고 실천하는 것까지 포함된다. 예를 들면 이런 내용이다. 1. 친구를 괴롭히지 않고, 괴롭힘 당하는 친구를 보면 어떤 식으로든 돕는다. 2. 교사나 선도부에게 이런 상황을 얘기하는 것은 고자질이 아닌 학생으로서 임무이다. 3. 학생 전체에게 왕따나 폭력을 예방할 의무를 부과하되, 그 핵심적인 역할은 선도부가 수행한다. 4. 선도부와 어려운 학생을 돕고 학급의 정의를 세운 학생에게는 학생평가 가산점 등에서 인센티브를 주고 공개한다. 5. 만약 교내외에서 싸움이나 시비가 붙을 경우에는 선도부의 참관 아래 정정당당하고 반칙이 없는 싸움이 되도록 심판을 본다. 6. 선도부는 교사의 지시에 무조건 복종하는 타의적 규율반장이 아니라 스스로의 판단과 결정에 따라 행동하는 모범학생이다.

이것이 바로 앞단원에서 얘기한 올림픽 정신을 살리고 대선배 연예인들의 경험담을 재현하는 일일 것이다. 바로 '1대(對) 1 승부제'를 준수하는 지킴이로서의 역할 말이다. 모든 싸움을 다 참관하고 말릴 수는 없기 때문에 불가피하게 싸움을 해야 한다면 꼭 '다이다이(1:1)'로 붙는 것이다. 예전 "바람처럼 스쳐가는 정열과 낭만아~"라는 노래와 함께 브라운관으로 이끌었던 '야인시대'에서 볼 수 있었던 것처럼 김두한과 시라소니 등이 1대 1로 맞짱을 뜨는 시대가 다시 왔으면 한다. 사람을 죽이기 위해 칼을 쓰는 것이 아니고 무도정신이 살아있는 검으로써 사용해야 하고, 1대 1이 아닌 1대 다(多)라면 무기를 거두고 맨주먹만으로 붙는 최소한의 매너는 지켜지는 사회 말이다. 여기에 있어 가장 중요한 것은 이러한 규칙은 아이들 스스로가, 학급 전체회의 등을 통해서 논의하여 만들어 가야 한다는 것이다. 이들은 단순히 싸움을 잘하는 아이가 아닌, 교실 내 화합과 면학 분위기를 조성하고 주변 친구들을 선도하고 정서적인 영향도 미치는 리더 계층이다. 싸움 잘하는 능력도 좋은 쪽으로 해석하고 이끌어 준다면 좋은 능력으로 발휘될 수 있다. 학교와 선생님들이 우리 아이들을 이렇게 이끌어 준다면 학교가 다시 밝아지지 않을까?

과거 청주의 덕벌초등학교 어린이회 임원들이 '덕벌 지킴이'를 만들어 스스로 지각생 지도와 생활지도 활동을 한 적이 있기 때문에, 필자는 이 이야기가 허구나 가상이 아닌 충분히 실현 가능할 일이라고 확신한다.

이렇게 아이들 스스로 학교폭력 해결을 위해 노력하고, 교사들도 적극적으로 학생 지도·관리에 나서는 동시에 정부가 폭력 신고전화 통합·원스톱 상담기관 설치·학원폭력 대응 매뉴얼 정비 등의 종합적인 대책 세우기에 나선다면 좀 더 효과적이고 확실한 대책이 되지 않을까 싶다.

견물생심(見物生心)이란 말이 있는데, 이는 '사람은 좋은 물건을 보면 탐하는 마음이 생긴다'는 뜻이다. 즉, 호기심이 생긴다는 얘기인데, 알고 싶고 해보고 싶어 한다는 것이다. 인간의 호기심은 이성으로 완전히 억누르거나 통제하는 것이 거의 불가능할 정도로 원천적이고 강하다. 잘 컨트롤하여 긍정적으로 쓴다면 탐구정신과 창의성을 무한하게 발전시키고 자기 발전의 원동력이 될 수도 있다. 그러나 왕성한 호기심이 부정적인 쪽으로 쏠리면 자꾸 그 쪽으로만 에너지가 커지고 점차 제대로 제어하기 힘들어진다. 만약 물리적인 강압 등에 의해 억지로 제지당할 경우 폭발하는 성향까지 보이는데, 그렇게 되면 그 폐해는 이루 말할 수 없다.

요즘 아이들의 스마트폰 중독이 심각하다는 보도를 접하곤 하는데, 이처럼 어려서부터 조절 능력이 떨어지게 되면 어른이 돼서도 도박이나 술, 담배 등에 중독될 가능성이 크다고 한다. 음주운전이나 마약 중독도 마찬가지로 모두 견물생심을 무시하거나 잘 조절하지 못해 생긴 무시무시한 결과다. 주변 환경이 어쩔 수 없는데 처음부터 무조건 막고 사용하지 못하게 하면 결국 호기심을 막지 못하고 어긋난 방향으로 나가기 쉽다. 그래서 처음부터 그들 스스로 시간을 관리하거나 좋은 행위들과 병행하는 방법을 써야지, 아이가 무엇을 잘못했는지 느끼지 못하는 상황에서 무조건 잘못한다고 몰아세우게 되면 오히려 반발심만 자극해 나쁜 행동을 지속·강화하게 만들게 된다.

　필자도 어려서 도둑질을 해본 경험이 있는데, 초등학교 3학년 때 오락실에서 쓸 돈을 구하기 위해 친누나의 지갑에서 돈을 빼내갔다. 그것으로 일주일동안 오락실에서 맘대로 오락하고 간식까지 사먹으며 즐거운 시간을 보냈지만, 그 행복은 결국 오래가지 못했다. 어머니한테 걸려서 몽둥이로 죽을 만큼 맞고 아픔의 눈물을 흘렸다. 그 일로 누나가 나 때문에 문제집을 사지 못했고, 오히려 자기가 돈 관리를 제대로 못해 동생이 도둑질하게 된 것 같다며 미안해하는 것을 보고 반성의 일침을 받았다. 그래서 필자는 그때부터 도둑질은 하면 좋지 않다는 것을 느끼고 결심을 했다. '바늘도둑이 소도둑이 된다'는 속담처럼 도둑질이 습관이 되는 것은 물론, 만족감을 채우기 위해서는 점점 더 비싸고 좋은 것을 훔치고 싶어지는 것이다. 그리고 점점 더 죄의식은 작아지고 도둑질하는 것이 무감각해질 것이다.

　요즘 청소년들의 주변 환경을 살펴보면 크게 가정·학교와 함께 인터넷 가상세계도 큰 영향을 끼친다. 그리고 최근 컴퓨터와 스마트폰, 인터넷은 빠른 발전 하에 우리 생활에 너무나도 가깝게 침투해 있는데, 이들은 손만 누르면 원하는 것이 나오는 손쉬운 환경을 만든다. 현실에서 가능한 것은 물론 하지 못하는 것까지 해줄 수 있는 신기한 공간이지만, 진짜 현실과는 차이가 있어 실생활에 오히려 안 좋은 영향을 끼치기도 한다. 어른들에게 핸드폰 사용이 보편화되면서 자기 집 전화번

호를 기억하지 못한다거나, 차량용 내비게이션의 습관적인 사용으로 자주 가는 길도 잘 모르는 길치로 만드는 것을 쉬운 예로 들 수 있다. 그러나 현대사회에서 컴퓨터와 첨단 기기를 아예 사용하지 않는 것은 불가능하기 때문에 아이들에게 처음부터 이런 기기들을 쓰지 못하게 막는 것은 바람직하지 않다. 대신 쓰더라도 부모의 감독 하에 조금씩 하게 하면서 그 부작용을 알도록 해야 하며, 아이들이 스스로 조절하는 습관을 들일 수 있도록 부모가 도와주어야 한다. 특히 인터넷을 하다 보면 허위 정보이거나, 지나치게 과장되거나, 과도하게 선정적인 경우가 많기 때문에 어려서부터 세심한 지도가 필요하다.

요즘 인터넷에는 성적 정보는 물론 폭탄 만드는 법·금은방 터는 법·고통 없이 자살하는 법 등 각종 범죄와 불건전한 정보들이 아이들에게 쉽게 노출되어 아이들의 호기심을 자극하고 있다. 뉴스나 인터넷에서 이런 내용들을 접할 때마다 어른들이 아이들에게 차분히 설명하고 위험성을 주지시켜 줄 필요가 있다. 필자는 이것이 바로 우리가 어려서 많이 맞는 '예방주사'라고 생각한다. 무서운 병에 걸리지 않게 하기 위해 어려서 약한 병원균을 주사로 주입시켜 살짝 맛보는 것이다. 그러면 체내에 항체와 면역력이 생긴다.

유해한 것이 너무나도 많은 컴퓨터 사용과 PC방 출입도 처음부터 말리지 말고 집안에서 시간을 정해주거나 사용을 허가하되 문제가 있는 것들은 이유를 차근차근 설명하고 하지 말도록 유도하는 것이다. 이렇게 하면 아이들이 게임 속의 가상현실에 중독되거나 한 쪽만의 극단으로 빠지는 최악의 상황을 막을 수 있다. 그래서 요즘 부모들이 아이들에게 해야 할 말은 단지 "숙제 다 했어?"나 "공부했니?"가 아니라 "게임 재밌었니? 그건 어떤 게임인데? 음, 게임 그 정도 했으면 이제 네가 할 일들을 챙겨야지~" 또는 "이런 게임은 너무 폭력적이고 야해서 네가 하면 좀 안 좋을 것 같아~" 등이 되어야 한다.

지금은 정보 홍수의 시대이자 광고와 홍보를 통해 사람을 현혹하는 시대이다. 그리고 앞으로는 더욱 심화될 것이 분명하기에 우리 아이들이 어려서부터 이런 원리를 제대로 알지 못한다면 그들의 미래는 그런 정보들을 제어하지 못해 휘둘리고 지배당하며 살 수밖에 없게 될 것이다.

아이들이 감기 걸리지 않게 하기 위해 무조건 더러운 곳에 가지 말라고만 할 것이 아니라, 예전처럼 흙도 먹어가며 뒹굴고 더럽혀질 수 있도록 놔둬야 한다. 예전에는 아이들이 흙장난을 하다가 자주 흙을 먹었었고, 기생충이나 병원균에 약한 임신 초기 여성과 어린이가 일부러 먹게 하는 경우도 있었다. 현대의 깔끔한 부모들이 보면 기겁할 노릇이지만, 난 오히려 그때가 요즘보다 잔병치레 없이 훨씬 더 튼튼했다고 본다. 흙을 먹으면 그 속에 있는 작은 균들이 몸속에 들어와 면역이 생기면서 나중에 기생충·병원균·독소 등이 들어와도 이를 막아준다는 것이다. 최근 우리나라에서 40대 이상의 어른들은 A형간염 항체가 있지만 그보다 어린 사람들은 항체가 없다는 실험 결과들이 이런 사실을 증명하고 있다. 교육 선진국 핀란드에서도 이런 것들을 초등교육에서부터 적극 반영하고 있다.

사랑의 매도 똑같이 보아야 한다. 어려서 부모나 교사에게 사랑의 회초리로 교육받은 아이는 같은 실수와 잘못을 사회에서 되풀이하지 않는다. 근데 요즘 부모들은 바쁘기도 하지만 애들이 한두 명뿐이기 때문에 너무 오냐오냐 키우면서 사랑의 매를 잘 들지 않는다. 그러나 이것은 아이를 매우 허약하게 키우는 것이다. 부모들이 아이들 어릴 때 좋은 음식 먹이고 좋은 옷만 사주려고 하지 말고, 따끔한 교육을 통해 스스로 반성할 수 있는 기회를 주어야 한다. 그렇게 부모가 자기 자식들에게 과감히 매를 드는 것이 바로 '병 주고 약주는 예방주사법'이란 말이다. 그래야 아이들의 정신이 건강해져 자기 삶을 스스로 끌고 갈 수 있게 되고, 더불어 '나만 아니면 돼~~'라는 이기주의적인 사고방식도 옅어지지 않겠는가?

정부도 학교폭력에 대해 '범인잡기'식 대처나 기성세대가 모든 걸 대신 해결해 주는 방식으로는 한계가 분명하고 아이들의 면역력을 떨어뜨리는 결과만 자초한다는 것을 알아야 한다. 부모가 학교폭력을 해결하기 위해 심부름센터나 조폭을 부르면 된다는 발상은 더 이상 안 된다. 아이들이 스스로 대처하고, 그래도 안 될 때 주위의 어른에게 도움을 구할 줄 아는 지혜를 가르쳐야 한다. 그것이 바로 교육의 효과, 예방주사의 필요성이다.

아이들 '멘붕'은 어떻게 막나? : 심리적인 어려움을 풀어야 한다

요즘 유행하는 말 중에 '멘붕'이란 신조어가 있다. '멘탈 붕괴'의 줄임말인데 과연 그 뜻은 무엇이며, 왜 이런 말이 유행하고 있을까? 사전적으로는 '어떤 큰 충격이나 고통 등으로 인해 마음이나 정신이 깨진 것'을 말한다. 즉, 어떠한 외부적인 요인에 의해 정상적인 인지나 사고, 판단이 되지 않는 정서적·정신적으로 매우 불안정한 상태를 말한다. 보편적으로 보면 이때의 외부적인 요인은 한 사람이 감당할 수 없을 만큼 아주 큰 충격이거나 상황이 더 이상 호전될 가능성이 없는 최악의 안 좋은 상황에 빠졌을 때일 것이다. 쉽게 설명해서 사람이 물에 빠졌을 경우를 예로 들었을 때, 가장 안 좋은 상황은 바다나 강처럼 파도와 급류가 몰아치는 곳에 혼자 있는 경우이다. 그 다음은 흐름이 많지 않은 물이나 수영장에서 수영을 못해 서서히 물속으로 가라앉고 있지만 도움 청할 곳이 없는 상황이다. 반대로 말하면 아무리 수영을 못한다 하더라도 주변에 도움을 요청할 수 있거나 개헤엄으로 가까운 곳까지만 가면 살 수 있다는 희망만 있다면 괜찮다. 최소한 최악은 아닌 것이다.

청소년들의 멘붕도 마찬가지라 생각한다. 어린 학생들이 갑작스레 가족의 죽음·이별을 맞고 보금자리를 잃어 파도에 휩쓸리는 최악의 상황에 빠질 수도 있겠지만 이 경우는 흔치 않다. 필자가 여기서 강조하고 싶은 것은 위의 두 번째 상황이다. 아이들이 수영을 잘 못하는 것처럼 학교에서 공부를 못하고 숫기나 사교성이 좀 없거나, 이름이나 외모 때문에 놀림을 좀 받는 상황이 지속되고 있는데, 어디 하소연하거나 도움을 요청할 데가 없는 것이다. 인간은 누구나 살면서 문제가 발생하면 행동이 위축되고 내적인 부담감이 커지는 동시에 살기 위한 방어기제가 작동되는데, 그러한 상황이 오래되면 주위와 단절되고 고립감이 심화되며 이내 일시적인 기제가 무너져 포기에 이르게 된다. 즉, 막막한 상황이 해소되지 않고 지속될 때 멘탈이 붕괴되는 것이다. 과연 이런 상황에서는 어떻게 하면 극복할 수 있을까?

실제 치유하는 방법은 첫째로 가족이나 교사들의 '멘붕 대처법' 교육이 필요하다. 아무리 어려운 상황이라도 쉽게 포기하거나 또 너무 한 번에 무리하는 것도 안 된다는 것을 가르쳐야 한다. 물에 빠졌을 때에도 처음부터 힘을 주고 헛힘만 쓰면 오히려 익사할 가능성이 크기 때문에 힘을 주~욱 빼고 몸을 띄우는 것이 낫다. 그렇게 되면 안 좋은 상황에 휩쓸리지 않고 사태를 관망할 수 있다. 물론 쉬운 것은 아니지만 이것을 교육시켜야 한다.

둘째로 도움을 청할 수 있는 대화 창구를 만들고 도움을 요청하는 방법을 배워야 한다. 가족이나 담임교사, 친구들까지 모두가 대상이 될 수 있는데, 이것만 제대로 돼도 극단적인 상황까지 가는 것은 막을 수 있다. 그러나 멘붕이 오는 아이들은 실제로 학교와 가정에서 대화창구가 막혀있는 경우가 대부분이어서 안타깝다. '학교폭력 신고전화 117'이 있지만 이걸로는 조금 부족한 것 같다. 경남 거창군에 설치된 '희망 우체통'처럼 아이들이 신뢰하고 속 얘기를 할 수 있는 진실된 창구를 조속히 마련해야 한다.

셋째로 회복탄력성을 복원하는 것인데, 회복탄력성을 두텁고 튼튼하게 하는 방법은 앞에서 얘기한 바 있다.

끝으로는 자살을 최대한 막는 것이다. 우리나라에서 자살을 하는 경우 대개 비참한 방법으로 죽으면서 유서나 문자메시지, 또는 신발 등을 남겨 놓는다. 이것은 심리학적으로 자신이 힘들고 억울한 입장을 마지막에라도 표출하고 죽겠다는 것으로 해석된다. 그러나 그런 식으로 죽는다고 해서 자신의 억울한 형편이 바뀌거나 좋아지지 않는다. 다만 남아있는 사람들에게 씻을 수 없는 아픔과 상처만 주고 힘들게 할 뿐이다. 그런 식으로 너무도 억울하게 죽으면 귀신이 되는 것이다.

한 번 죽어보라~. 그게 정말 자신이 현실에서 마지막으로 하고 싶었던 일이었는지…. 자살로 죽게 되면 본인도 억울하고 남은 사람에게도 폐만 끼치며 이 생을 마무리하는 것이다. 정 그렇게 하고 싶다면 자신이 죽기 전에 꼭 해보고 싶었던 일 단 하나라도 하고 죽어라. 그래야 자기 삶이 조금이라도 덜 억울하지 않겠는가? 자신의 속 얘기를 빽빽한 대나무 숲에 가서 외쳐보든지, 외제 스포츠카를 렌트해서 마구 질러보든지, 백두산이나 히말라야같이 순백의 곳으로 돌아가 죽든지, 학생이라면 정말 맘에 들지 않는 놈을 몽둥이로 흠씬 두들겨 패고 죽든지, 자기가 하고 싶었던 것 딱 한 가지만이라도…. 그것도 못하겠다면 '제3의 카운슬러'에게 하소연이라도 해보라.^^ '두려울 것도 없고, 억울할 것도 없다'는 영화 '타짜'의 대사처럼 죽을 때 죽더라도 과감하게 시도해 봐야 저승으로 떠날 때 미련 없이 갈 수 있지 않겠는가? 그러나 그마저도 못하겠다면 죽는 것을 재고해 보라. '자살'을 거꾸로 하면 '살자'다. 죽을 용기가 없다면 다시 한 번 열심히 사는 것도 다른 방법이 될 수 있다. 죽음과 자살에 대한 짧은 소견이었다.

불편한 진실 :
자꾸 궁금해지는 아이들의 성(性),
계속 쉬쉬하는 어른들의 성(性)

성이란 무언인가? 성교육은 어떻게 하지?
: 너 자신의 성 정체성을 알라~

요즘 뉴스와 인터넷에 하루가 멀다 하고 거론되는 기사는 성폭행·성추행과 관련된 것들이다. 성은 인간에게 있어 매우 근원적이며 아름답고 고귀한 것이지만, 이런 문제들로 점철되어 있어 자꾸 어둡게 가리다가 매우 치명적인 병리 현상을 야기하고 있다. '성(性) = sex'라는 오해와 어른 위주의 잘못된 성 가치관이 아름다워야 할 성을 항상 불편하고 어려워해야만 하는 것으로 왜곡해 버렸다. 특히 요즘 어린 아이들과 연관된 성범죄들이 많아지는 걸 보면서 그에 따른 폐해가 이루 다 말할 수 없을 정도로 성에 대한 경외감과 존중의식이 사라져 가고 있는 것을 볼 수 있었다. 또 성이란 것은 어느 누구도 부인할 수 없는 강력한 것이라 더 치명적이라는 것도 알 수 있다. 그래서 성 문제는 우리 사회의 가치관부터 바로잡아야 하며, 인간의 성 정체성이 형성되기 시작하는 초등학교에서부터 제대로 바로잡지 않으면 근본적으로 해결이 되지 않을 것이다.

결국 아이들의 성과 관련된 문제는 학교에서 성교육이 충분히 되지 않음으로 인해서 일어나는 것으로, 이제는 학생 본인은 물론 어른들의 성범죄나 성폭력, 미혼모 문제 등과도 연관되어 있다. 우리가 성교육이라 하면 단순히 성관계나 임신·출산 문제 등 표면적인 것들만 생각하는데, 이것이 큰 문제로 진화하여 심각하고도 다양한 사회적 문제들을 양산한다.

필자가 생물이나 성과 관련된 전문지식이 많지 않기에 이러한 문제들을 성문화 전문가 단체인 '탁틴내일'의 주장을 인용해 얘기해 보려 한다. 탁틴내일은 찾아가는 청소년 성교육 버스 '탁틴스쿨 와~'를 운영하면서 청소년 성 문제에 대한 전문지식과 애정 어린 관심을 갖고 활발히 활동하는 단체이다. 이들을 통해 우리들의 성에 관련된 진솔한 현실과 문제들, 합리적인 대책까지 살펴보자.

1. 수위 높은 요즘 아이들의 성 궁금증

대다수 부모들은 '성교육' 하면 먼저 아이들에게 아기 탄생의 과정과 성관계에 대해 어떻게 설명할지를 생각한다. 생물시간에 배운 정자·난자의 결합을 통해 아기가 어떻게 수정되고 나오는지, 남녀 사이의 성행위는 어떻게 이뤄지는지 등 극단적인 설명을 할지, 말지를 고민한다. 그러다 엉뚱하게 '사랑하는 부부가 손 꼭 잡고 자면 아기가 생긴다'거나

'아기는 엄마 다리 사이에서 주워온다'는 식으로 설명하기도 한다. 물론 성관계를 설명하면서 '섹스·피임·콘돔' 등을 언급하는 진취적인 부모도 있겠지만, 그렇다 해도 대부분 정작 사용법이나 주의사항 등에 대해 구체적으로 설명하지는 않는다.

반대로 요즘 아이들의 성에 관한 궁금증은, 부모들은 인정하려 하지 않겠지만 생각보다 상당히 구체적이고 현실적이다. '섹스하면 좋아요?', '포르노를 보면 왜 흥분돼요?', '자위행위는 해도 괜찮아요?' 등 준비가 없으면 당황스러울 수밖에 없는 질문이 대부분이다. 탁틴스쿨은 요즘 아이들의 성에 관한 개념이 '생식기'와 '섹스' 위주의 행위 중심으로 잡혀 있다고 강조하였다. 특히 남학생들은 대개 포르노를 통해 성에 눈을 떠서 그로부터 왜곡된 성문화가 자리 잡은 경우가 많았다.

그러면 과연 우리 부모들은 이런 아이들의 성 궁금증과 고민을 알게 된 후 아이들의 질문에 대답하고 설명해 줄 수 있는가? 대부분의 부모들이 자식들을 어리게만 보고 그들 앞에서 성에 관한 얘기 꺼내는 것을 낯 뜨겁기 때문에 미루고 있었을 것이다. 노골적으로 말하기 쑥스러울 뿐 아니라, 미성년자에게 피임법 등 구체적인 성 지식을 가르쳐주는 것이 옳은 일인지도 헷갈린다. 요즘 같은 인터넷시대에 음란물을 완벽하게 차단시키는 건 아예 불가능하고, 그렇다고 함께 포르노를 관람할 수도 없다. 우리나라 말에 '부끄럽다'와 '쪽팔리다'란 말이 있는데, 비슷한 말이긴 해도 약간의 뉘앙스 차이가 있다. 필자는 우리 부모들이 자기 자식들에게 성에 대해 이야기하면서 '부끄러워'하기는 해도 '쪽팔려서' 아예 시도조차 않는 것은 제발 말았으면 한다. 학교 선생님이나 드라마 속 대사처럼 멋들어지게 잘 얘기하라는 말이 아니다. "에이, 뭐 어때" 하면서 관두는 것보다는 부끄럽고 어렵더라도 참고 얘기하는 게 훨씬 낫다는 얘기다. 중요한 건 부모의 경험과 진심이 들어가느냐다. 자식에 대한 진심만 담기면 어떻게든 잘 전달되게 돼 있다.

2. 조기 성교육이 필요한 이유

요즘 TV를 켜면 여자 아이돌과 연예인들의 노출 경쟁으로 속옷 패션이나 시스루 룩·란제리 룩 등이 유행할 정도여서 아이들과 함께 보기 민망하다. 컴퓨터를 켜면 이런 야한 장면을 캡처한 뉴스나 블로그가 널려있으며, 이제는 식상하지만 처음엔 보기 민망한 영상들이 배너 광고로 가득 올라와 있다. 이처럼 아이들이 성에 대한 올바른 정체성을 갖기 이전부터 각종 매체나 인터넷을 쉽게 접하고 무방비로 성적 유해물에 노출되는 경우가 많은데, 이 문제는 매우 심각하다. 이런 선정적이고 왜곡된 영상들은 아이들의 호기심과 말단 신경을 자극하기에 충분하며, 올바른 성교육이 되기 전에 이런 것들에 잘못 길들여지면 관음증·성 도착증 등 왜곡된 성 가치관이 형성될 수도 있다.

요즘 남학생들의 경우 보통 초등학교 고학년 시기에 처음 포르노를 접한다고 하니, 성교육시 아이에게 전혀 모르는 것을 알려주어야 한다고 생각하는 것은 착각이다. 부모나 선생님, 전문가가 아닌 다른 불법적인 경로를 통해 배운 성 지식은 왜곡된 성 가치관을 심어주고, 왜곡된 성 가치관은 수많은 성 문제나 불행한 결과를 초래한다. 따라서 아이들이 불법적인 경로에서 성 정보를 접하기 전에 바른 성 가치관을 갖도록 해야 하며, 그것이 성교육이 조기에 시작돼야 하는 이유다. 어떤 것이 올바른 정보이고 어떻게 행동하는 것이 바른 선택인지, 혼란스러워하는 아이들이 스스로 판단할 수 있도록 도와야 한다. 다만 조기교육의 필요성을 말하지만 성교육이 필요한 정해진 시기가 따로 있진 않다. 올바른 성 가치관은 자신을 소중히 여기는 자세에서 시작되기 때문에 성교육은 바로 자존감과 정체성을 세우는 교육이다. 자존감은 엄마의 자궁 안 태아 시절 사랑받는 느낌으로부터 출발하며, 무엇보다도 어린 시절 충분히 사랑받고 자라는 것이 중요하다. 성교육에는 부모와 학교의 적절한 역할 분담이 필요하다.

3. 성, 거짓보단 사실이 낫다

조금 극단적으로 말하면 아이들의 성교육은 음란물을 접한 아이와 그렇지 않은 아이로 나눠서 해야 한다. 왜냐하면 성교육은 지극히 수준별 학습에 해당되며, 아이가 알고 있는 성 지식에 상응하는 답을 해주어야 교육 효과가 있기 때문이다. 실제 성 경험이 있거나 실제 성관계를 재현한 음란물을 접한 아이들과, 자신을 엄마 다리에서 주워 왔다고 생각하는 아이가 같을 수는 없다. 특히 "성교육은 거짓보다는 사실이 낫기 때문에 아이의 연령이 아닌 성 지식 수준에 맞춰 답을 해주어야 한다"고 강조한다. 이것은 성교육을 담당하는 학교나 기관뿐 아니라 가정에도 고스란히 적용되는 원칙이다.

아이들에게 성교육을 해줄 때 혹은 아이의 성에 관한 질문에 답을 할 때 가장 먼저 할 것은 바로 '되묻기'다. 가령 아이가 '임신'에 관해

물어왔다면 설명을 해주기 전에 "네 생각에는 아기가 어떻게 생길 것 같니?"라고 되물어보는 것이다. 황새나 삼신할머니, 산타할아버지 선물 같은 답을 한다면 그 소재들을 이용해 비유해주면 좋다. 반대로 정자와 난자와 같은 구체적인 단어를 사용한다면 음경이나 질 같은 생물학적 단어들을 이용해 남녀 성기의 특징과 다른 점들을 설명해주며 구체적으로 이야기해야 한다. 만일 성관계에 대해 알고 있다면 주사기의 피스톤 운동을 예로 들어 이해시켜 주어도 괜찮다.

성교육은 일방적으로 지식과 정보를 전달하는 것보다는 질의응답식으로 묻고 답하는 편이 보다 효과적이다. 특히 삽입이나 음경, 질이나 피스톤 운동과 같은 적나라한 표현이 당혹스럽게 느껴진다는 부모들도 있지만, 그것이야말로 지극히 성인의 입장임을 알아두어야 한다. 아이들은 순수해서 그저 과학적인 지식으로 받아들인다. 아무리 포르노와 같은 음란물을 접해본 아이일지라도 실제 경험이 없기 때문에 어른이 느끼는 감정만큼 민망해하거나 난처해하지 않는다. 아이들에게는 단순 정보에 불과하다는 것을 인지하고 부모가 좀 더 용기 내어 과감하게 말할 필요가 있다. 만일 성에 관한 전문적인 용어나 지식을 모른다면 아는 만큼만 명확히 하면 된다.

가장 중요한 것은 '아이가 접하는 많은 성 정보 중에 가장 믿을 수 있는 제공자는 부모나 담당선생님이어야 한다'는 것이며, 이를 아이들에게 잘 이해시켜야 한다.

4. 아이들의 성 대화 파트너가 되자

유아기의 자녀에게 성교육을 시작한다면 가급적 음경, 고환, 음순, 질, 자궁 등 정확한 명칭으로 부르는 것이 좋다. 오히려 이를 통해 자연스럽게 인체에 대해 이해하고 더럽거나 부끄럽다는 편견을 자연스럽게 없앨 수 있다. 특히 주의할 점은 아이가 자신의 성기를 만진다고 해서 무조건 '지지'라던가 '벌레가 갉아 먹는다' 등의 표현은 삼가는 것이 좋다. 아이가 성인이 된 뒤 성에 대해 지나치게 위생에 집착하거나 반대로 아주 더럽게 생각하는 잘못된 편견을 심어줄 수 있기 때문이다.

초등학교 저학년 자녀라면 단어와 개념에 대해 이해시키고 남녀의 차이는 생식기의 차이일 뿐 인격적으로 같다는 것을 강조하자. 무엇보다 남자아이들이 자신들에게는 재미있는 장난이지만, 여자아이들에게는 폭행이 될 수 있다는 것을 설명해주고 여성을 보호해야 한다고 알려주어야 한다. 실제 요즘 초등학교 고학년은 발육 상태가 좋아 초경·몽정을 하고 임신 능력도 있기 때문에 성관계에 대해 생리적 현상으로 말해줄 필요가 있다. 임신과 출산에 관해서는 구체적으로 설명하고 실제 일어나는 성폭행에 대해서도 다각도로 접근해 교육시켜야 한다.

끝으로 꼭 알아두어야 하는 점은, 부모는 아이들이 성이라는 주제를 가지고 스스럼없이 대화할 수 있는 상대로 자리 잡을 수 있도록 자신을 개방해야 한다는 것이다. 과거 우리는 성을 아예 얘기하지 않거나 부끄럽게 생각하면서 아이들에게 성을 수동적이고 폐쇄적인 태도로 바라보도록 교육해 왔다. 자발적이고 열린 관계 정립이 어렵다면 제아무리 효과 좋은 성교육 방법과 기술이 있다 할지라도 유명무실해질 게

불 보듯 뻔하다. 우리 아이 생애 첫 성교육은 반드시 스스럼없는 대화로 시작해야 한다. 묻고 답하는 가운데 한층 성장한 아이의 모습을 발견하고, 어른들도 우리 아이 성교육을 통해 스스로 성숙해짐을 느낄 것이다.

성교육과 관련한 또 다른 전문가의 얘기가 있다. 한남대 김영민 생명과학과 교수는 '성의 생물학' 교양강의로 큰 인기를 얻고 있다. 연수강생이 2,400여 명으로 한남대 최고의 인기 교양과목으로 꼽히며, 2010년 《성의 생물학》이라는 책까지 출간했다. 그는 분자 유전학 분야에서 선도적 연구자인 동시에, 강의에서는 한국 사회에서 터부시되고 있는 성을 특유한 입담을 곁들여 솔직담백하게 학생들에게 까발리는 것으로 유명하다. 그는 남녀의 성기, 성 관련 각종 질병, 피임 방법, 출산 그리고 남녀 성관계에 대한 각종 오해와 진실까지 성의 모든 것을 의학적 사실에 근거해서 해부해 준다.

"누구나 성에 대한 호기심은 있습니다. 하지만 한국 사회의 특성상 모두들 '쉬쉬' 하는 경향이 많습니다. 기껏해야 음란비디오나 잡지에서 배우는 게 성 지식의 전부죠. 제 수업시간에는 성에 대한 올바른 지식을 배웁니다. 올바른 지식은 결국 올바른 인식으로 이어지죠. 학생들이 이런 부분에 만족을 하는 것 같습니다."

김 교수 강의의 인기 비결은 그동안 성에 관한 전문 지식이 없는 학생들에게 신선한 충격을 주면서 꼭 필요한 성 정보를 정확하게 알려주기 때문이다.

결국 전문가들의 조언에서 얻을 수 있는 공통점은 "성은 덮어놓고 쉬쉬 할 것이 아니라, 솔직하게 오픈하고 얘기해야 한다"는 것이다. 성은 무조건 덮어놓고 나쁜 것으로 몰아갈 때 음성화되고 더 욕구를 자극할 수 있기 때문이다. 우리 아이들이 바로 어른들의 성을 통해 태어났는데 부모가 아이들이 어리다고 계속 성을 숨기고 어둡게 포장한다면 그 태생부터를 부정하는 모순이 되어버리는 것이다. 우리 사회가 이런 식으로 성을 모순되게 보는 것이 바로 '불편한 진실'이며, 이는 반드시 깨지고 고쳐져야 할 악습이다.

성폭력은 어떻게 예방하지? : 올바른 성교육과 도움 요청법

올바른 성교육법에 이어 성폭력 예방 및 대처법을 소개한다. 역시 탁틴내일 이현숙 대표가 제안하는 연령별 성교육 가이드 팁인데, 나이 때에 적합한 성교육을 통해 성폭력을 예방 또는 최소화할 수 있을 것이다. 또한 아이들이 성에 대한 올바른 지식을 갖게 되고 자신의 성적 욕구를 잘 조절할 수 있게 되어 밝은 세상이 다시 찾아오길 바란다.

1단계 유아기 : 성교육은 태아 때부터 시작

진정한 성교육의 가치는 바로 아이가 자신을 소중한 존재로 인식하고 자존감을 갖는 것이며, 부모는 아이들이 올바른 성 가치관을 가질 수 있도록 아이들을 절대적으로 지지하고 사랑해 주어야 한다. 이것이 성교육의 시작이다. 그리고 어른들이 성교육을 너무 어려워하면 오히려 아이들에게 잘못된 성 인식이 생기게 되며, 성교육만 제대로 해도 스스로에 대한 사랑이 생겨 자살을 예방할 수도 있다.

2단계 초등 저학년 : 성폭력으로부터 자신을 지키는 안전교육에 중점

이 시기의 아이들에게는 성폭력으로 대표되는 외부 위험 요소로부터 자신을 보호할 수 있도록 안전교육을 시작한다. '좋은 아저씨'와 '나쁜 아저씨' 구분법을 알려주고, 정상적인 어른이면 절대로 아이에게 도움을 요청하지 않는다는 점을 확실히 인식시킨다. 모르는 사람을 따라가지 않도록 평소에 반복적으로 말해주고 어른이 베푸는 호의에 무조건 따를 필요가 없음을 교육한다. 이는 가슴 아픈 현실이지만 어쩔 수 없다. 가정에서 부모가 드라마나 영화를 보다가 스킨십 등이 나오면 그때그때 성교육을 조금이라도 해야 하고, 학교에서는 사회나 도덕 선생님이 사회인식 교육의 일환으로 시켜야 한다.

3단계 초등 고학년 : 음란물에 대한 올바른 지도가 필요

사춘기가 시작되고 음란물에 점점 관심이 생기는 시기다. 개인차는 있지만 많은 아이들이 주로 이 시기에 음란물을 처음 접하게 된다. 음란물을 통해 왜곡된 성 정보를 얻지 않도록 구체적인 자료를 통해 아이가 궁금해 하는 점을 상세히 알려준다. 여학생에게 성적 장난을 치거나 성폭력을 가해선 안 된다는 것과 남성에게 재미있는 일이 여성에게 고통이 될 수 있다는 점을 확실히 인식시킨다.

4단계 중·고교 : 이성간 교제 규칙과 성관계에 대한 바른 정보를 제공

본격적인 이성교제가 시작되는 시기로, 무조건 이성교제를 반대하기보다 평등한 관계에서 이성교제를 해야 한다는 것을 먼저 가르친다. 그리고 아이 스스로 올바른 이성교제와 스킨십 원칙을 세우도록 유도하는 것이 좋다. 상대가 스킨십을 원할 때 어떻게 반응할 것인지 구체적인 요령이나 경험을 일러주어야 한다. 남자의 경우 상대가 싫어하는 것을 강요하지 않는다는 것을 반복적으로 숙지시킨다. 스킨십을 넘어 성관계에 관심이 많은 시기다. 성에 관한 막연한 이야기보다 콘돔 사용법과 같은 구체적인 정보를 주어야 하고, 성관계를 하기 전에 많은 준비 과정이 필요하다는 점을 깨닫도록 하는 것이 매우 중요하다. 잘못된 성관계는 준비돼 있지 않은 상태에서 이루어지기 때문이며, 미혼모가 되어 인생이 꼬이고 불행한 삶을 살 수도 있음을 강조한다. 본인의 삶에서 첫 성관계를 어떻게 준비하고, 정의할 것인지 고민해보는 것 자체가 큰 의미를 지닌다.

이와 함께 언론과 인터넷 기사 중에 작지만 매우 유용한 팁들을 모아서 실어보았다. 실제 성관련 범죄가 일어난 것을 바탕으로 분석한 것이어서 초등학교 단계별 성교육과 함께 아이들에게 유용할 것이다.

첫째는 자녀나 학생들에게 다음의 사실을 반드시 알려야 한다.

성폭력의 대다수가 가족이나 친지, 동네나 학교 사람 등 주변의 어른들에 의해 발생하였다. 그래서 정말 조심해야 할 것은 '낯선 사람'이 아닌 '낯선 행동'이다. 어린이·장애인 등 약자를 상대로 한 성폭력 사건은 특히 더 그렇다. '도가니'에서 보듯이 피해자 주위의 나쁜 어른들이 사회적 지위와 물리적 우위를 바탕으로 자신의 성적 욕구를 충족하려는 경우가 의외로 많다. 따라서 이것을 막기 위해서는 자녀가 어린 아이일 때부터 내 몸에 손대는 타인의 손길을 강단 있게 뿌리치는 모습을 부모부터 보여줘서 자녀도 위급한 상황에서 당당히 'No'를 외칠 수 있게 해야 한다. 아무리 어린 아이일지라도 누군가 얼굴이 아닌 몸을 만질 때는 그렇게 하지 못하도록 하고, 반드시 부모한테 얘기하도록 해야 한다.

둘째는 다음과 같이 실제 범죄가 일어날 수 있는 상황에서 대처하는 법이다. 이런 작은 생활수칙만 준수해도 성범죄 예방에 큰 도움이 된다.

엘리베이터에서는 수상한 사람이 타고 있거나 뒤따라올 경우에 전화하는 척하며 타지 않거나, 혹시라도 같이 타게 되면 비상버튼 바로 옆에 서 있는다. 택시를 탈 때는 가족이나 지인에게 차량번호와 출발지, 도착 예정시간 등을 알려준다. 혼자 사는 여성이 택배를 신청할 경우 장소를 집 대신 직장으로 하고, 받을 때도 직접 받지 않고 가급적 아파트 경비실이나 주변 상가를 이용한다. 운전 중에는 사고를 조심하고, 만일 났을 경우 바로 내리지 말고 먼저 보험회사에 연락한 후 주변 상황을 살펴야 한다. 밤길을 걸어갈 땐 귀에 이어폰을 꽂지 말고 호루라기나 경보기, 조도 높은 손전등 등을 갖고 다닌다. 다른 사람에게 위험을 알리는 효과도 있고 그런 것을 차고 다니는 것 자체가 부모가 신경 쓰는 자녀로 비쳐져 범죄 목표물에서 제외될 확률이 높기 때문이다. 휴대전화 단축키에 112를 저장해 두거나 스마트폰 전용 앱을 이용하는 것도 좋은 방법이다.

셋째는 실제 범죄 상황에 처했을 때 무조건 반항하지 말라는 것이다.

반항은 누군가에게 도움을 요청할 수 있는 상황일 때만 유효한 대응 방식이기 때문에 자칫 범인만 자극하고 정작 주위 사람은 '나 몰라라' 하면 비극을 초래할 수 있기 때문이다. 둘만 있을 땐 일단 울거나 애원하면서 대화를 시도하며 시간을 끌어야 한다. 대부분의 어린이 성폭행 사건에서 피해자들은 거센 반항을 한 것 때문에 비극적인 결과를 맞았다. 더 이상 있다간 죽을 것 같은 순간에는 남자의 성기를 온 힘을 다해 세게 차고 도망가는 방법이 있지만 이는 정말 최후의 수단이다. 그리고 꼭 도망갈 수 있는 주변 여건을 확인해야만 한다.

마지막으로 자녀가 피해를 입었을 경우엔 부모의 처신이 무엇보다 중요하다. 피해자인 아이에게 '네 탓이다'란 말은 결코 건네지 말아야 하며, 사후 상담과정이 제대로 진행되려면 평소 부모와 자식 간에 소통이 활발해야 가능하다. 아이를 보고 계속 슬퍼하거나 안 됐다고 생각하는 것도 아이의 정서 회복에 별 도움이 되지 않는다. 또 성범죄에 피해를 입은 어린이와 청소년에겐 가족의 정서적 지지 못지않게 전문가의 도움도 절실하다. 일단 상황이 터진 후엔 자녀에게 섣불리 많이 물어보거나 위로해선 안 되고, 전문가를 찾아 해법을 논의하는 게 최선이다.

어린 아이는 물론 성인 여성에게도 도움이 될 수 있는 팁들로, 아이가 있는 부모라면 평소에 이런 것들을 자주 얘기해 주는 것이 좋다.

또 이런 것도 성범죄를 예방하는 한 방법이 될 수 있을 것 같다. 서울 마포구 염리동에는 '소금길'이 있는데, 이곳에는 전봇대와 바닥 곳곳에

알록달록한 색칠과 아이들이 놀 수 있는 놀이터, 주민들이 산책할 수 있는 길을 만드는 등 온 동네에 '범죄예방 디자인'을 입혔다. 범죄가 발생했을 때 숫자로 어느 구역에 있는지를 알 수 있도록 표시해 놨고, 주민이 직접 도움을 줄 수 있는 '소금 지킴이집'도 만들었다. 동네가 예뻐지고 주민들의 마을에 대한 관심과 애착이 증가하면서 실제 행인들의 범죄에 대한 두려움이 줄어들고 범죄 발생이 감소하는 성과가 있었다고 한다. 지자체나 주민들이 스스로 마을을 밝고 아름답고 생기 있게 만들어 범죄를 예방하려는 노력이 어둡고 으슥한 곳에서 발생하는 우발적인 성범죄 충동이나 계획적인 범행까지 억제하는 효과가 있었던 것이다. 최근 학교에서 '학교담장 벽화 그리기'를 통해 폭력 감소 등의 성과를 기양(揮揚)하고 있는 것도 비슷한 효과라고 볼 수 있다. 이와 같은 모습은 우리 사회가 나쁘고 끔찍한 일을 알거나 목격하고도 그냥 수수방관하는 '제노비스 효과'를 막기 위한 자발적인 시도나 노력으로서, 새로운 발상과 창의성까지 매우 돋보이고 있다.

2년 전 책과 영화로 유행했던 '도가니'는 사회적으로 큰 충격과 많은 씁쓸함을 주었다. 도가니 영화의 실제 현장이었던 천안 인애학교의 도가니 교사와 교직원은 한참 동안 처벌받지 않아 피해자 부모들이 법원 앞에서 시위를 하기도 했다. 요즘도 하루가 멀다 하고 연예인과 고위공무원 등의 성추행과 성범죄를 둘러싼 사건들이 뉴스에 보도돼 화제가 되는가 하면, 도가니에 이어 우리 사회의 일그러진 성문화를 폭로하는 영화들이 계속해서 나오고 있다. 왜 여성을 대상으로 성폭력이나 성범죄가 점점 증가하고, 특히 장애 여성·어린 학생 등 사회적 약자를 상대로 더 기승할까? 필자 생각엔 우리 사회가 오랜 시간동안 지나치게 올바른 '성'에 대해 강요하고 윤리적으로 재단함으로써 성에 억압되고 오히려 자유롭지 못한 노예가 되면서 그 부작용으로 발생하는 것 같다. 형돈이와 대준이의 '안 좋을 때 들으면 더 안 좋은 노래'에서 얘기하는 것처럼 뭐 하지 말라고 하면 더 하고 싶어지는 게 사람의 보통 심리다. 성이란 문제도 마찬가지여서 억지로 막는다고 다 막을 수 있는 것은 아니다. 이것은 금단의 열매를 따먹은 '아담과 이브' 또는 열지 말았어야 할 '판도라의 상자' 얘기처럼 매우 원초적인 본능이며, 막을 수 없는 호기심과도 같다. 억지로 눌러 막으면 점점 더 커져버리는 인간의 본질적인 기질 문제로, 성폭력 문제는 비단 우리나라뿐 아니라 미국, 인도, 유럽 등 선·후진국을 가리지 않고 발생한다.

지극히 개인적인 생각이나 2004년부터 시행된 '성매매 금지법'에 대해 만든 취지는 이해가 가지만 능사는 아니었던 듯하다. 여성들의 상품화나 남성들의 '니나노'식 유흥문화는 분명히 큰 문제지만, 법과 규제로 성을 원천적으로 틀어막으면 된다는 생각은 좀 무식하지 않았나 싶다. 음성적인 성매매가 횡행하며 더 가까운 곳까지 침투하였고, 엉뚱한 곳에서 성추행·성폭행 사고가 툭툭 터져 나오고 있으니 말이다. 설령 관련범죄 건수가 줄어든다 해도 사이코패스형 성범죄자가 생겨나고 성폭력에 유괴·살인이 결합되는 변종 범죄가 발생하고 있다. 한여름에 많이 보는 섬뜩한 스릴러 영화에서나 볼 만한 일들이 실제 벌어지고 있으니, 정말 무서운 세상이 조장되고 있는지도 모른다.

너무 확대 해석한 면도 있지만 성폭력 문제는 앞서 누차 강조한 것처럼 덮어놓고 있다가 피해를 당하면 들고 일어날 것이 아니라, 우리 사회가 성에 대해 좀 더 개방적인 자세로 접근해 해결할 필요가 있다. 성을 개방한다는 것은 개인의 자유의사를 존중하고 좀 더 관대해져야 한다는 말이지 문란해도 괜찮다는 말은 아니다. 무엇보다 인면수심의 성폭력 가해자나 범죄자들에게 큰 잘못과 책임이 있고 그들에 의해 재발되는 걸 막아야 하는 건 분명하지만, 정부나 세상이 전과자들에게 전자발찌 채워놓고 신상을 공개한다고 해서 동일 범죄가 반복되지 않을 거라 너무 기대하는 것은 무리다. 그것은 오히려 범죄자 낙인찍기로 인해 범죄 예방보다 범죄 양산의 가능성이 더 클 수도 있다. 따라서 원초적인 인간의 성에 대해 이해와 연구가 필요하며, 지나친 고정관념과 편협한 시각으로 바라보지 않아야 한다.

조선시대 최고의 군주이자 민족의 영웅으로 평가받는 세종대왕은 공식적인 아들만 18명일 정도로 호색가였다. 골프영웅 타이거 우주도 섹스 스캔들로 여론의 지탄을 받고 추락하기도 했지만 아직도 엄청난 인파가 그를 보러 골프장을 찾는다. 영웅의 성욕에 대해서는 관대하고, 범죄자의 성욕은 무조건 손가락질해서는 안 된다. 사람이면 남녀불문 누구나 다 기본 욕구가 있고 '내가 하면 로맨스, 남이 하면 불륜'이라고 생각하기 쉽기 때문에, 사소한 호기심이나 한 번의 실수로 성적 잘못을 범하더라도 모두가 돌을 던져 돌아올 수 없는 범죄자로 만들지는 말았으면 좋겠다는 말이다. 그래야 오히려 성범죄가 줄고 건전한 성문화가 자리 잡을 수 있지 않을까?

힐링? :
무릎팍도사·힐링캠프 다 모여라,
아이들 제대로 치유해 보자~

'힐링'이 왜 뜨는가? : 우리나라 사람에게 힐링이 필요한 이유

우리나라 사람들은 웃거나 우는 것에 서툴다고 한다. 잘 웃고 잘 울고 자기감정만 잘 표현해도 정신적으로나 정서적으로 문제가 없다는데, 왜 간단한 그것조차 못하는 걸까? 대나무 숲에서 "임금님 귀는 당나귀 귀~"라고 외칠 수만 있어도 억울해 죽지는 않을 텐데 그것조차 쉽지 않은 것 같다.

얼마 전 극장에서 '7번방의 선물'이라는 영화를 봤는데, 스토리가 참 단순하고 결론이 뻔한 영화인데도 슬프고 눈물이 나왔다. 물론 예승이를 비롯한 주연 배우들의 열연이 필자를 감동시켜서 당연한 것이었지만, 어쨌든 필자는 영화 보는 내내 주위 눈치 안 보고 맘 편하게 우는 게 참 힘들었다.

우리 기성세대들은 감정 표현에 많은 어려움을 느끼고 있다. 한 번 울고 나니까 속이 그렇게 시원한데도 바보라는 소리라도 한 번 들을까 봐 우는 것이 그렇게도 어렵다. 웃음과 울음은 신이 내린 선물이자 우리 몸내 최고의 자연 치유제이다. 불안감과 우울을 날리고 신경계를 안정시키는 것이 이미 과학적으로 증명되어, 위로와 치유를 뜻하는 힐링에도 당연히 빠질 수 없는 소재가 되었다.

또 웃음과 울음은 서로 정반대의 감정같이 보이지만 우리 몸에 유사한 반응을 일으킨다. 스트레스를 해소하고 통증을 줄이며, 면역력을 높여 암세포를 억제하고 긍정성도 높일 수 있다고 되어 있다. 따라서 사람은 웃음과 울음을 통해 기쁨과 슬픔을 잘 표현해야 정서·신체적 건강을 잘 지킬 수 있으며, 그렇게 된다면 힐링 자체가 필요 없게 될 것이다.

어쨌든 최근 방송과 책, 기업·사회 문화 곳곳에서 '힐링'이라는 단어를 붙이지 않은 곳이 없을 정도로 대유행하고 있다. 지상파 방송에서 힐링을 소재로 한 프로그램들이 인기리에 방영되고 있고, 많은 대기업들이 직원 힐링을 통한 사기진작에 집중하고 있다. 대부분의 여행·관광 상품도 힐링 테마임을 강조한다. 그만큼 우리 사회와 그 속의 사람들이 일상생활에서 꾸준히 상처받고 많이 아파하고 있다는 반증이다.

이중 연예인들의 경우, 인기에만 집착하면서 일상의 모습과 마음속 고민을 나눌 사람이 많지 않아 마음의 병이 생기곤 한다. 툭 터놓고 얘기를 못해서 화병이 생기고 우울증에 빠지는 경우가 많은데, 이를 속 시원히 공개만 할 수 있어도 많은 부분이 저절로 해소되기 때문에 방송에 나와 속 얘기를 시원하게 하는 '힐링' 프로가 유행하고 있는 것이다.

기업들은 매년 전문 업체와 강사들을 초청해 직원 대상 힐링 프로그램을 시행하기도 하고, 아예 자체 힐링 캠프장을 만들어 정기적으로 몸과 마음을 정화하여 기업 발전을 도모하기도 한다.

이런 현상들은 조선시대 때의 유교적 전통과 정서가 지금까지도 어설프게 남아있고, 일제시대와 6·25전쟁을 거치면서 주권 회복과 먹고 사는 기본 문제가 너무 급해 다른 것을 쳐다 볼 여유가 없었기 때문이다. 그로 인해 감정을 절제하는 것이 미덕이라고 생각하게 된 것 같다. 그 후 우리 사회가 40~50년간 산업·경제가 압축 성장하는 과정에서 지식 발달과 기술축적 등을 위한 무한경쟁 구도가 밑바닥에 자리 잡았기 때문이며, 그 과정에서 경쟁의 결과만 중시하다 보니 밀려나고 상처 입은 사람들을 보듬는 문화가 부족했었다. 앞의 '제1단원 가치' 부분에서 얘기한 것과 같다.

우리 학교도 마찬가지로 순위와 실력 경쟁이 최우선되는 문화가 대세였지만, 최근 사회와 학교에서 부작용이 드러나고 이런 점들이 인식되면서 부적응자나 아픔을 겪은 사람들을 위로·격려하고 치유하고자 하는 움직임들이 일고 있다.

'힐링'은 어떻게 하지? : 여러 사례로 본 좋은 힐링법과 활용법

음성 꽃동네학교와 대전 원명학교에서는 장애학생들의 잠재된 능력 개발과 사회적 자신감 고취를 위해 학생들에게 사물놀이를 꾸준히 가르쳐 대회 출전까지 하고 있다.

숙명여대 최병철 교수는 음악이나 리듬을 통해 사람의 기분을 바꾸고 스트레스를 치유하는 방법을 연구하여 '세계 음악치료대회'를 개최했다. 이처럼 좋은 음악을 연주하거나 이에 집중함으로써 아픈 경험을 잊거나 몸과 정신의 좋지 않은 부분을 치유하기도 한다.

충북 증평의 형석고는 아침 명상과 뇌체조를 실시해 학생들의 집중력과 감정 조절능력을 높여주었다. 또 '러브핸즈 및 밥문화·절문화' 운동 등을 통해 무기력하거나 난폭한 학생들을 교정·정상화하는 데 성공, 교내 왕따와 학교폭력이 급감하는 성과를 거두었다.

학교와 공공기관들도 이러한 운동에 동참하는 분위기다.

경기교육청은 2012년 인근 6개 야영장에서 총 1,200여 명을 대상으로 2박 3일 또는 4박 5일간 '학교폭력 피해·가해 학생 및 학부모 대상 힐링캠프'를 운영하였다.

경북도청은 지난 겨울방학을 맞아 학교폭력 재발방지를 위해 가해 학생과 교사간 소통의 장을 마련하는 '사제 동행 어울림 캠프'를 개최, 자아존중감 향상·분노 조절·감정 공유·직업 체험 및 원예치료 등 소통과 관계회복을 위한 다양한 프로그램을 진행하였다.

또 2012년 8월 강원도 횡성에서는 뇌성마비청소년과 자원봉사자 268명이 참가한 '제32회 오뚜기 여름캠프'가 열렸는데, 환영의 밤, 공동체 게임, 부모님께 편지쓰기, 도자기·양떼목장 체험, 캠프파이어 등 다양한 프로그램이 진행되었다. 장애우 및 자원봉사자들은 다 같이 행사를 체험하면서 삶의 즐거움과 사회의 아름다움을 느꼈고 삶의 목표를 재정

립하는 계기가 되었다고 하였다.

개인 차원을 떠나 학교나 공공기관·단체들까지도 아픈 학생들을 치유하기 위해 직접 캠프를 운영하며 발 벗고 나서는 등 사회적인 공감대가 형성되고 있어 참 다행이었다.

이외에도 학교에서 학생들을 힐링하는 간단한 방법들이 얼마든지 많다. 담임·과목선생님이 평소에 좋은 글귀를 읽어주고 학생 서로간에 위로와 격려를 할 수 있는 자리를 만들 수도 있고, 전문교사가 상담을 해 줄 수도 있다. 의사들이 인터넷 포털과 손잡고 만든 스마트폰 채팅앱을 활용해 전문 상담을 받을 수도 있다.

특히 피해자뿐 아니라 문제를 일으키는 가해 학생들에게도 힐링이 필요하다. 진솔한 자기 반성문이나 피해 학생에게 사죄편지를 쓰게 하는 것도 방법이 될 수 있다. 또 청소년 범죄 재판현장에 학교폭력과 왕따 가해 학생을 참관시키는 것도 좋은 방법으로, 구두쇠 스크루지처럼 스스로 돌아보고 뉘우칠 계기를 제공하는 것이다. 아니면 학교폭력 비디오를 시청하거나 감상문을 써본다던지 역할놀이극을 통해 가해·피해 학생간의 심리를 공유하는 방법도 있으며, 최불암·주현 등 예전에 한가닥 했던 대선배 연예인들을 학교로 초청하여 경험담을 듣는 것도 무척 좋을 것이다. 이러한 힐링을 하고 난 다음에는 반드시 학생들이 느낀 점을 얘기하고 대처법을 토론하면서, 필요하면 부모들까지 동참하여 같이 학교현장의 현 모습과 미래에 대해 얘기해 보면서 마무리를 하는 것이 좋다.

이와 함께 청소년들은 아직 자신의 감정을 파악하고 컨트롤하는 능력이 부족하기 때문에, 스스로 분노·우울 등의 감정을 관리하는 방법도 알아야 한다. 생각보다 어렵지 않다. 지금의 현 상황에서 잠시 벗어나 눈을 감고 심호흡을 깊게 하고, 높고 멀게 삶을 조망해 보면 그런 감정들이 잊힌다. 동전을 눈 가까이에 두면 시야를 가리지만 거리를 띄우면 잘 보이는 것처럼, 인생도 충분한 여유를 두고 바라보거나 미래를 여행하듯이 상상하면 잠시잠깐의 기분을 내려놓을 수 있다. 그리고 삶과 내 행동패턴의 긍정적 의미를 찾는 법을 꾸준히 연습해야 한다. 단지 조용히 명상할 장소와 약간의 지도가 필요할 뿐이다.

대체의학의 권위자인 디팩 초프라는 힐링의 핵심으로 '절제'와 '자비'를 꼽으면서 우리나라 사람이 무엇이든 지나치게 하는 데서 스트레스가 오고 병이 생기게 된다고 지적하였다. 그리고 시간 관리를 매우 열심히 하는 것이 힐링이라면서 우리 몸과 마음의 조화를 위해서는 잠자는 시간, 명상하는 시간, 운동하는 시간, 집중하여 일하는 시간, 사람들 만나는 시간, 쉬면서 상상하는 시간을 균형 있게 분배하는 것이 중요하다고 강조하였다. 스트레스를 막고 새롭게 출발하기 위해선 멈추고, 세 번 심호흡하고, 자기 몸에서 일어나는 일을 조용히 관찰하라고 제안하였다.

결과적으로 '힐링'은 딱 3단계만 거치면 충분히 가능하다. 그러나 정말 심각한 병은 이것만으로 치유가 불가능하다는 것도 알아야 한다.

---

① 힘들면 멈춰라 : 멈추는 것만으로도 조금씩 치유가 되는데, 멈춘다

는 것은 현재 나를 어렵게 하는 환경에서 한 발 물러나 벗어나는 것이다. 머리를 백지로 만들고 마음을 비우는 것이다. 멈추는 방법을 잘 모를 때는 자연으로 돌아가거나 음악·미술·체육 등 예술의 세계에 빠져도 괜찮다. 그것도 아님 여태껏 한 번도 해보지 않았던 새로운 일을 하는 방법도 있다. 단 너무 오래 쉬면 다시 가기가 힘들다. 많이 힘들다면 한 번에 많이 쉬지 말고 자주 쉬어라.

② 눈을 감고 호흡하고, 자신을 관찰해라 : 조용하고 편안한 장소를 찾아 앉은 상태로 눈을 감고 호흡을 배 아래까지 내려서 한다. 차분히 호흡하면서 우선 자신의 기분을 파악하고, 차차 자신의 본질과 주변사람 등에 대해 생각하면서 기분과 상태를 지속적으로 관찰한다.

③ 멘토를 찾아라 : 사실 위의 두 단계만 잘 해도 몸과 마음이 편안해지고 어지간한 힐링은 다 된다. 그러나 문제가 깊고 정말 오래된 문제일 때는 가벼운 힐링으로 해결이 되지 않는다. 오히려 독이 될 수도 있다. 사람이 매우 어렵고 힘들다는 것은 내부에 큰 문제가 있다는 것이다. 생물학적으로 보면 세균이나 바이러스, 또는 스트레스에 의해 속이 곪아 있고 매우 약해져 있는 부위가 있다는 것이다. 무조건 약으로 처방한다면 그때그때 보조는 되겠지만 완치되는 것은 아니다. 사람이 계속 약으로 병을 다스리다 보면 몸속에 내성이 생기는 것처럼 무조건 웃기나 단순 동정·위안 같은 임시방편적인 힐링도 매우 위험할 수 있다. 요즘 감정 노동자들이 앓는 '미소 우울증'도 마찬가지 이유이다. 직업적으로 짓는 억지 웃음이 도움이 되지 않을 때도 있기 때문이다. 스스로가 문제의 내적 원인을 알고 대처해야 하지만, 순간적인 치유를 통해 증상만 완화시켜 아픔을 잊게 하면 괜찮다는 착각을 일으킨다. 속이 곪아서 아픈 사람에게

는 겉에 소독약만 바르고 약만 얼른 먹일 것이 아니라, 칼을 대서 환부 속의 고름을 짜내고 약해진 부위의 건강을 회복하는 것이 급선무다. 마음이 많이 아픈 것도 마찬가지여서 이런 아픔을 짜내고 도려내야 하는데, 이 과정은 본인이 직접 하기는 힘들다. 그래서 주변의 믿을만한 사람이나 전문가가 대신해줘야 하며, 친구나 가족, 상담 전문가들이 무조건 위로할 것이 아니라, 호통도 치고 쓴 소리도 해줘야 하는 것이다. 그러나 핀잔이나 잔소리가 돼서는 안 되며, 상대방의 마음이 다소 아프더라도 정곡을 정확히 찌를 수 있어야 한다. 만일 마음속 큰 아픔이 정확히 힐링이 됐다면 상처받은 사람은 마음속에서 '화'가 나지 않고 '눈물'이 나올 수밖에 없다. 그리고 나서 상처받은 사람이 다시 스스로 위의 3단계를 거침으로써 마음과 행동을 변화시키는 법에 대한 해답을 찾아야만 진정한 힐링이 된 것이다.

어쨌든 여러 사례를 보았을 때 힐링의 종류는 많지만, 공통점은 바쁜 일상을 벗어나 그로 인한 때를 제거하고 인간 본연의 성품을 회복하는 것이다. 또 자기중심적인 대인관계에서 벗어나 경험을 공유하고 소통의 기회를 만드는 것이다.

결국 학교에서의 힐링도 학생들의 인성을 살리고 서로의 아픔에 귀 기울여 주는 공감을 일으켜야 한다. 이제는 결국 '나만 잘 먹고, 잘 살고, 피해 안 받으면 그만이다'라는 생각을 버리고, '다 같이 뭉쳐 공감하면서 도와줘야 하는 세상이다'라는 생각으로 바뀌어야 한다. 내가 누굴 괴롭히고 아프게 하면, 그 아픔과 죗값이 부메랑이 되어 언젠가는 반드시 본인에게 또는 내 자식에게로 돌아온다는 사실을 깨달아야 한다. 그래서 힘들고 외로울 때면 그 아픔을 외면하지 말고 함께 나누고 즐기는 공감의 장을 만들어야 한다. 즐기다 보면 세상의 이치와 지나간 날들의 소중함을 알게 된다.

인간은 누구나 잘못을 할 수 있기에 한 번의 일탈이나 악행이 나쁜 것이 아니다. 오히려 한 번도 일탈해 보지 않은 사람은 남들의 잘못된 행동을 이해하고 포용하지 못할 수도 있다. 열심히 공부한 학생, 떠나라. 그것이 일탈이자 힐링이 될 수 있다. 다만 내가 떠났다가 다시 제자리로 돌아와야 하는 것만 안다면 된다. '성상근습상원(性相近習相遠)'이라 하여 인간의 천성은 큰 차이가 없으나 습관에 따라 큰 차이가 생긴다 하니, 평소 외롭고 힘든 일이 있을 때 스스로 생각하고 대처하고 치유하는 습관을 만들면 된다. 그리고 혼자서 그렇게 잘 안 될 때에는 주변의 동료가 도와주면 된다.

이렇게 학교가 그 가치관이 바로 서고 학생들의 현실적인 문제들이 저절로 해결되는 건강한 사회가 된다면, 그 다음으로는 무너져버린 교사의 위신과 역할을 바로 세우는 것이 필요할 것이다.

선생만 있고 스승은 사라졌다는데
정말일까?
 - 왜 영어·수학만 가르치지?
    인성교육은 안 시키나?

교권(教勸)이 왜 무너졌을까?
 - 선생만 잘못인가?
    학부모나 정부는 책임 없어?

제3단원

스승 :
"새끼야, 가난한 게 쪽팔린 게 아니라 굶어서 죽는 게 쪽팔린 거야"

제대로 된 초등학교 선생님들은 아이들에게 무엇을 먼저 가르쳐야 할까?

"Oh Captain, My Captain"

– Dead Poets Society

선생님,
여기서 이러시면 안 됩니다!

요즘 학교의 분위기는? : 권위가 떨어진 교단과 무기력한 교사

선생과 스승의 차이는 무엇인가? 우리는 예부터 동서양을 막론하고 무언가를 가르치는 사람을 '스승'이라 일컬으며 존경을 표해 왔다. 교육의 성패는 교사에게 달려있고, 교육은 어디까지나 교사의 인격을 통해서 이뤄지는 것이라고 보았다.

아리스토텔레스는 스승을 '인간의 영혼을 낳아 길러주는 이'라 하여 자기를 낳아준 육신의 부모보다 더 높이 공경하였고, 그들의 길을 사도(師道)라 하여 성직에 비견될 정도였다. 또한 조선시대 서당의 훈장은 권위와 존엄의 상징이었다. 유교 국가에서 스승은 '자식을 크게 키우고 사람답게 만들 수 있는 사람'으로서, 제자 본인은 물론 부모에게도 큰 존경과 예우를 받았다.

그러나 요즘 세상은 "난 선생이고, 넌 학생이야~"라고 아무리 말해도 애들이 콧방귀를 뀌는 시대가 돼버렸다. 옛날에는 스승이 아무 말 안 해도 제자들이 알아서 스승을 존경하고 그림자조차도 밟지 않으려 했는데 세상이 변해도 참 많이 변했다.

언제부터, 또 어떤 이유로 스승-제자 간의 관계와 교실 분위기가 바뀌었을까? 우리나라의 좋은 전통과 문화는 개화기와 현대사를 거치면서 조금씩 변화하기 시작해 근래에 가장 많은 변화가 있었던 것 같다. 6·25 이후 초토화된 나라에서 경제 살리기가 최우선되면서 사회에는 성과 우선주의가, 학교에는 성적 제일주의가 만연됐다. 물론 긍정적인 면도 많았으며, 어쩔 수 없는 부분도 있었다. 어쨌든 그러면서 교사의 역할이 학생에게 지식을 전달하고 학습시키는 데 초점이 맞춰지면서 예전 스승의 모습이 점차 작아지기 시작했고, 최근 10여 년 사이에 거의 사라지게 되었다.

민주화의 대세 속에서 학부모의 관심과 영향력이 증대되고, 학생들의 인권 신장과 스마트폰과 인터넷 사용 확대에 따라 학교현장 공개 등이 더해지면서 교사들의 권위가 추락하기 시작했다. 어떻게 보면 교사의 위상이 저하되고 교육환경이 변화된 것은 불가피한 면이 있었고, 그래서 무조건 과거로 회귀해야 한다고 말하는 것은 아니다. 다만 과거의 세태와 역사적 흐름에 대한 이해 속에서 지금 현재 교육의 모순과 문제들을 바라볼 필요는 있는 것이다.

지금 교사들은 교사에 대한 사회적인 불신과 정부의 무능 때문에 아이들을 제대로 가르칠 수 없다고 얘기한다. 이제 '스승'은 고사하고 '선생'에 '님'자만 붙여줘도 다행인 세상이라고 하니 안타깝지 않을 수 없다. 교사는 단지 먼저 사회에 나온 기성세대 중 가르치는 직업을 택한 이들이자 담당한 과목을 효율적으로 전달하는 신세로 전락하고 말았다. 그리고 학교현장은 갈수록 부정적인 분위기가 확산되고 있다.

한국교총이 2012년 5월 스승의 날을 맞아 전국의 교원 3,271명을 대상으로 한 설문조사에서도 대한민국 교직의 현실은 매우 밝지 않은 것으로 나타났다. 조사대상의 81%가 "교직에 대한 만족도와 사기가 최근 1~2년 사이 떨어졌다"고 답해 2009년 55%에 비해 크게 늘어났다. 이어 '자녀가 교사가 되는 것에 찬성한다'는 응답이 2007년 53.8%에서 2012년 23.9%로 대폭 줄었다. 또 스스로 교단을 떠나겠다고 명예퇴직을 신청한 교사도 2009년 2,776명 → 2010년 3,548명 → 2011년 3,818명 → 2012년 4,743명으로 매년 급증하는 추세다. 명예퇴직 증가 원인에 대해서는 71%의 교사들이 "학생 생활지도의 어려움과 교권 추락 때문"이라고 답해 심각성을 더했다.

교육계 관계자들은 정년을 앞두고 명예퇴직 수당이 필요해 그만두는 교사들도 있지만, 힘든 학생 지도와 과중한 업무 스트레스 때문에 학교를 떠나는 교사들이 늘고 있다고 전한다. 실제 학교는 교사에 대한 학생·학부모의 무시와 폭행 등으로 교권과 교사들의 사기가 추락해 있었으며, 그로 인해 아예 교단을 떠나는 교사들이 늘고 있다. 개기는 학생에 따지는 부모, 늘 쌓여있는 행정일 등이 교사를 교단에서 끌어내리고 있다니 참으로 안타깝다.

경기도 부천의 한 중학교 교사는 "반 학생 중 20% 정도가 말을 안 듣고 교사를 놀리기까지 하는 통제 불능 상태이며, 이로 인해 스트레스와 마음의 상처를 받아 3년째 위궤양을 앓고 있다"고 하소연했다. 그리고 양상은 조금씩 다를지 모르지만, 교실의 전반적인 분위기는 초등학교나 중·고등학교나 별반 차이가 없다.

최근 교권을 내려놓은 교사들이 공통으로 꼽은 교직을 그만두게 된 결정적인 이유는 역시 '어려워도 너무 어려워진 학생 지도'였다. 아이들은 잘못을 지적해도 듣지 않고 교사와의 대화조차 거부했다. 교사가 수업시간 엎드려 잠자는 학생을 깨웠다가 봉변을 당하고, 잘못을 한 학생을 때렸다는 이유로 고소당하는 경우도 심심치 않게 발생한다. 과거에는 상상도 못 할 일이었지만, 이제는 학생 지도에 대한 과도한 스트레스가 심각한 수준이며, 거기에 사회의 냉소적인 눈길이 더해져 결국 교사들의 자긍심이 무너져 버렸다.

그리고 교사가 학생들에게 훈육과 체벌을 할 수 없는 기형적인 학교가 되었다. 그러다 보니 학부모들은 성적 향상은 물론 아이 다잡기와 인성교육을 위해서 오히려 체벌을 가하는 학원이나 과외선생님을 찾는다고 한다. 학원 교육이 부족한 학습을 보충하고 정규교육의 사각지대를 보완하는 측면이 있지만, 선행학습과 특화된 교육이라는 감언이설로 학부모를 손쉽게 유혹하며 사교육을 조장하기도 한다. 이들 또한 학교교육의 위상과 교사의 의욕을 떨어뜨리는 공범이기도 하다. 과연 이런 상황을 어떻게, 어디서부터 해결해야 하는가?

무엇이 문제고, 어떻게 해야 하는가?
: 교사의 입장에서 보는 것이 관건

최근 학교현장에서 교사들의 위상과 역할이 저하되고 자연스레 사기도 바닥에 떨어졌는데, 그렇다고 모든 교사가 의욕이 사라져 학생들을 제대로 가르칠 마음이 사라졌다는 말은 아니다. 전반의 분위기가 그렇다는 것이고 최근 상황이 많이 악화됐다는 말이다. 아직도 우리 주변의 교사들은 자신의 교과에서 최선을 다하며 아이들을 올바르게 인도하기 위해 애쓴다. 그러나 학교라는 교육현장이 무너지고 교사들이 힘들어한다는 것만은 분명한 사실이다.

언론과 여론은 교육현장 붕괴의 원흉으로 '학부모'를 꼽는다. 사실 기성세대 누구나 학부모이며 모두 사회적 책임이 있기 때문에, 그들이 바뀌지 않는다면 학교 현장의 상황이 쉽게 바뀌지 않을 것이다. 전문가들도 교단붕괴 현상의 가장 큰 원인으로 사회적 분위기와 학부모의 태도를 꼽고 있으며, 해결을 위해서는 결국 가장 중요하고 기본이 되는 초등학교에서부터 교권의 토대를 다잡아 나갈 수밖에 없을 것이라고 얘기한다.

앞서 우리나라의 현실적인 상황이 어쩔 수 없었다는 점을 지적했지만, 이제 와서 그 탓만 할 수는 없다. 지금이라도 현상을 바로 보고 문제들을 하나씩 고쳐나가야 한다.

그럼 무엇부터 고쳐야 할까? 바로 교사를 보는 사회와 학부모의 시각부터 바로잡아야 할 것이다. 그래서 필자는 여러 학부모들에게 한 번

묻고 싶다. 제대로 된 교사란 무엇인가? 어떤 모습의 교사를 원하는가?

만약 입시·입학에 실적이 좋고 우등생을 위주로 학급을 경영하는 선생님과 아이들 인성교육에 힘쓰며 성적이 처지는 학생까지 보살피고 반 전체를 이끌고 가는 선생님이 있다면, 여러분은 누구를 택할 것인가? 고르기 어려운가? 그럼 다시 한 번 물어보자. 실력은 있지만 '네 가지' 없고 인성교육은 나 몰라라 하는 담임선생님과 실력은 보통이지만 아이들 전반에 관심을 갖고 챙기려 노력하는 담임선생님 중에서는 누가 더 좋은가? 내 자식이 공부를 잘한다면 전자에, 못하면 후자의 선생님을 더 좋아할 것인가? 너무나 우스운 질문이고 극단적으로 선택을 강요한 측면이 있는 것은 인정하지만, 우리 스스로가 가슴속으로 진지하게 고민해 볼 필요는 있을 것이다.

영화 '죽은 시인의 사회'를 봤다면 그 영화에 주인공으로 나오는 키팅 선생님에 대해 존경하고 옳다고 느낄 것이다. 하지만 지금 당장 내 자식의 담임선생님으로는 별로 원치 않을 수도 있다. 바로 이처럼 우리 대한민국의 부모들은 가슴으로 느끼는 것과 머릿속에서 현실을 따지는 것 사이에 커다란 간극이 있는 것을 알아야 한다. 이 또한 우리 기성세대와 교육계의 '불편한 진실'로 마땅히 극복해야 할 모순 중의 하나라고 생각한다.

연극 '니 부모 얼굴이 보고 싶다'에서는 왕따와 폭력으로 친구를 자살로 몰고 간 자기 자식들을 무조건 감싸고 또 뻔뻔하게 면죄시키기 위해 피해자 부모까지 공격하는 부모들의 잘못된 사랑과 추악한 일면을 볼 수 있다. 결국 이러한 부모들의 제 새끼만 아끼고 감싸는 잘못된 사랑과 헛된 욕심에 '성적 제일주의'가 더해져 결국 오늘날 학교와 교사를 추락하게 만들었다.

요즘 교사들은 학부모 때문인지 학생 건드리는 것 자체를 두려워한다. 아니 긁어 부스럼을 만들지 않기 위해 피하거나 방치하는지도 모르겠다. 학교폭력 문제에 괜히 어설프게 나섰다가 학생들이 무시하면 '병신 교사'로 찍히는 게 현실이란다. 게다가 학교당국은 학교 평가나 교장·교감선생님 개인 명성에 흠이 날까봐 쉬쉬하고 문제를 덮기 일쑤다. 이런 상황에서 누가 일반 교사만을 손가락질하고 욕할 것인가? 이제부터 차근차근 역할별로 따져보자.

교사들의 어려움을 학부모 탓으로만 몰아가는 경향이 있는데, 다만 우리 기성세대가 모두 학부모이기 때문에 가장 중요한 원인이라는 점에서 얘기한 것이다. 사실 교사 기운을 살리지 못한 건 정부 책임도 크다. 초등학교 교육현장은 학부모의 교사에 대한 태도 외에도 교사들이 교사답게 근무하기 힘들게 하는 구조적인 원인들이 많다.

'실제 초등 교사들의 교육현장에 대한 속 얘기'를 통해 문제점을 면밀히 살펴보고 그 대책까지 얘기해 보도록 하자.

☞ 요즘 초등 교사들은 학교에서 이런 점이 힘들어요!
- 체벌 금지와 교육계에 대한 학부모들의 부정적인 시각으로 아이들 가르치기가 힘들어졌고 교사들의 사기가 저하되었다.
- 아이들에 대한 인성 지도가 어렵다. 여학생은 집단 따돌림 문제가

심각하고, 남학생은 교사에게 대들고 폭력까지 행사하려고 해서 다루기 어렵다. 고학년으로 갈수록 정도가 심하며, 여교사들은 대처가 더 어렵다.

• 초등학교는 전 교과를 다 가르치는데다 해마다 학년이 달라질 수 있어 중등교육처럼 한 교과에 대한 전문성을 갖기가 힘들다. 특히 영어 과목은 아이들의 수준이 점점 높아지고 있어 교육이 쉽지 않다.

• 수업이 없는 시간에는 교육청 보고나 행정업무를 우선 처리해야 하는 관계로 교과 전문성을 쌓거나 교수법이나 아이들에 대해 깊이 연구하기가 쉽지 않다.

• '교장샘'이 학교 인사권을 다 쥐고 있기 때문에 대부분 교장에게 무조건 잘 보여야 한다는 강박관념이 있다. 교장에게 찍히면 좋은 '근평'은 물론 좋은 학년·업무를 기대하기 힘들다. 또 초빙교사제가 생기면서 다른 학교 교장에게 교사를 추천할 때도 많은 영향이 있기 때문에 매번 눈치를 보고 무리한 지시에도 따를 수밖에 없다.

☞ 학부모로서 학교가 변했으면 하는 것과 이유

• 아이들을 학원에 안 보내고 학교에만 보내도 되는 학교가 되었으면 좋겠다. 교육이 점차 경쟁적으로 변하면서 소득 차에 따라 불평등한 정도가 심해지고 사교육비도 계속 증가하고 있어 따라가기에 벅차다.

• 경쟁과 학력·등수 위주의 학교 분위기가 지나쳐 아이들이 많은 스트레스를 받고 있다. 시험점수가 나오고 아이들이 서열화되면 부모도 어쩔 수 없이 아이들에게 시험공부를 무리하게 시켜야 하기 때문에 분위기와 제도 개선이 중요하다.

• 아이들이 학교에서 토요 휴무일을 활용해서 다양한 스포츠 활동과 체험 학습을 받을 수 있도록 하고 있지만, 학부모가 쉽게 신청하고 100% 신뢰할 수 있는 학교 프로그램이 많지 않다.

☞ 정부에 바라는 사항

• 교육부나 교육청이 행정 공문이나 실적 제출 등 통상적인 공문들을 남발하고 있으므로, 이를 최소화하여 선생님들이 '공강 시간'에 공문 처리 시간을 줄이고 담당 과목·교재나 학생들에 대한 연구 시간을 많이 확보할 수 있도록 지원해야 한다.

• 불합리한 평가제도가 오히려 교원들의 사기를 꺾고 있다. 학부모나 동료 교사는 평가하는 교사가 평소 수업을 어떻게 하는지, 교실에서 아이들과 어떻게 지내는지 잘 모르는 상태에서 평가하는 경우가 많아 객관적인 평가가 되기 힘들다. 또 학생들은 단순 재미 위주로 또는 감정적으로 평가하는 경우가 많아 문제가 있다.

• 또한 교육계에 성과급제도가 생기면서 너무 실적계량 위주로 바뀌었는데, 그런 분위기 하에서는 실제 교실 안에서 참교육과 인성교육의 중요성이 무시될 수밖에 없으므로, 이를 고려해 성과급제도를 개선해야 한다.

교사를 위해 해주어야 할 일, '애정남'이 확실히 정해줍니다~

지난해 '개그콘서트' 애정남은 '애매한 것을 정해주는 남자'로서, 우리 사회의 애매모호하고 가려웠던 부분을 속 시원히 긁어줌으로써 히트를 쳤던 코너였다. 교사의 역할과 위상 문제는 단순히 어느 하나가 잘 한다고 해서 해결될 사안이 아니므로 한 번 애정남이 정해주는 대로 해보는 것은 어떨까 한다. 물론 그대로 하지 않는다고 해서 경찰 출동 안 하고, 쇠고랑 차지도 않는다. 다만 학교를 둘러싼 우리 사회의 다양한 주체들이 역할을 나누고 규칙을 정해서 지킨다면 대한민국이 아름다워지지 않을까 하는 기대에서 적어본다.

우선 어깨 축 처진 교사들의 기를 살리는 건 정부가 해야 합니다. 교사가 수업과 인성교육에 집중할 수 있도록 교원 및 행정처리 전담인력을 적극 충원해야 합니다. 안 되면 교육청에서 행정 업무라도 적게 내려 보내야 합니다. 교사를 단순 공무원으로 만들지 말고 인재 육성을 전담하는 중추인력으로 대우해 줘야 합니다. 그리고 실력 있는 교사 및 열심히 하는 교사들에 대해 인센티브를 잘 줘야 합니다. 평가방식과 인센티브 내용도 잘 정해야 합니다. 이거 잘못 정하면 학교 분위기 더 망칩니다. 학부모나 학생들이 무차별적으로 평가해서는 안 되고, 좀 더 객관적으로 평가할 주체가 있어야 합니다. 지원 방법도 성과급 등 기존의 돈 차별지급식에서 탈피해야 합니다. 해외연수·여행 등 일회성 특전을 제공하는 것으로 바꾸어서 '가면 좋고 못가도 그만'이게 해야 합니다. 대기업처럼 실적만 계량해서 평가해 버리면 C등급 맞고 성과급 못 받는 많은 사람들이 너무 기분 나쁩니다. 대충 나눠먹기로 하거나 연공서열대로 분배하는 것도 곤란합니다. 인사 고과에서 차별을 두려면 조금씩 누적해서 교감·교장 될 때에나 반영해야 합니다. 그리고 평가와는 상관없이 10년·20년마다 연수가거나 그냥 쉬게 하는 '안식년제도' 도입도 검토해야 합니다. 무엇보다 괜히 학교폭력·왕따 때려잡는다고 학교에 경찰 투입하고, 학생부에 기재시키고, CCTV

관리까지 하게 해서 본연의 임무 못하게 방해하면 안 됩니다. 정부나 교육청은 입학 제도나 교육현장 분위기 일신 등 좀 더 큰 틀만 정하고, 나머지는 학교와 교사들에게 맡겨야 합니다.

학교는 가정으로 치면 아버지 역할의 '교장샘' 어머니 역할의 '교감샘'이 있습니다. 이들은 각각의 할 일이 따로 있습니다. 마찬가지로 교장샘은 교육청 상대로 해서 우리 교사들이 이렇게 잘하고 있고 이런 게 힘들다고 얘기해야 합니다. 그리고 장학사가 오거나 교육청에서 공문 보내면 그것 가지고 교사들 너무 쪼으면 안 됩니다. 예산 잘 따오고 연수 같은 거 잘 보낼 수 있도록 노력해야 합니다. 교감은 실제로 담임교사나 주임교사들과 자주 교류해야 합니다. 그러나 잔소리꾼이 되면 안 됩니다. 엄마가 잔소리만 많이 하면 아이가 지들끼리 놀고 밖에서 딴 짓합니다. 소통과 공감이 최고의 능력입니다. 이것만 잘 하면 더 볼 것도 없습니다. 교사들 일할 맛 납니다.

학부모나 학생은 할 일이 따로 없어요. 학부모는 교사를 전적으로 믿기만 하면 돼요. 우리 애 때렸다고 학교 가서 주먹 날리면 안 돼요. 우리 애 실력이 왜 이따위냐고 따져도 안 돼요. 물론 촌지를 주는 것도 금물이에요. 엄마들이 자기애만 특별히 잘 봐달라고 뇌물을 바치는 것은 교사를 망치고 결국 자기애도 버리는 꼴이 돼요. 부모들이 그것만 하지 않아도 학교가 똑바로 굴러가는 데 큰 힘이 돼요. 학생들은 교사에게 대들면 안 돼요. 그러다 인생 종친다 생각하면 돼요. 무조건 존경해야 돼요. 물론 이상한 교사들도 가끔 있어요. 그럴 땐 엄마한테 얘기하고, 교사를 평가하는 자리에서 자기들 의견을 솔직하게 개진하면 되는 거예요. 이런 건 반장, 부반장들이 하면 돼요. 그래도 안 되면 스마트폰으로 살짝 찍어서 교육청 게시판에 띄우면 돼요. 이 정도 역할을 나누어 그것만 잘하면 우리 학교는 더 이상 걱정이 없어요. 쇠고랑 안 차고 경찰 출동도 필요 없고, 아주 아름답고 즐거운 학교 공동체가 되는 데 아무런 문제도 없을 거예요.^^

응답하라 1980, 인간성과 실력을 겸비한 스승들이 넘쳐났던 시절

지금 선생님에게 더 필요한 것은?
: 제자에 대한 사랑과 열정, 자기계발 노력

앞에서 언급했던 것처럼 정부가 제대로 교육환경을 조성하고 학부모가 교사를 믿고 후원하는 분위기가 만들어진다면 거기에 마지막으로 필요한 것은 무엇일까? 바로 교사의 올바른 역할이다. 특히 초등학생들이 담임교사에 의해 교육되는 수동적 성향이 강하다고 본다면, 초등교육에 있어 그 무엇보다 중요한 핵심은 교사다. 결국 교육의 질은 교사의 질을 뛰어넘지 못한다.

그럼 이제 어떤 선생님이 이상적인 모델인지, 어떠한 덕목과 자질을 지니고 있어야 하는지에 대해 생각해 봐야 할 것이다. 그러나 그에 앞서 학교에서 교사의 위상과 역할을 바로세우기 위해서 언급해야 할 것이 하나 더 있다. 그것은 바로 체벌의 부활 여부이다. 체벌이란 교사가 아이들을 제압하거나 자신의 감정을 표출하기 위한 도구가 아니고, 학교 폭력을 때려잡기 위한 수단도 아니다. 체벌은 학생의 행동에 대해 잘잘못을 가려주는 것이므로 아이에 대한 사랑과 냉철함이 전제되어야 하며, 아이들이 수긍할 수 있도록 일관된 기준 제시가 있어야 한다. 그리고 '체벌'이란 말이 부정적인 어감이 강하기 때문에 '사랑의 매'와 같이 좀 더 부드럽고 좋은 용어로 바꿔 쓰는 것이 필요할 것이다. 여기에는 회초리나 몽둥이뿐만 아니라 '엎드려뻗쳐'와 같은 기합형 벌까지 모두 포함되어야 한다.

아래에서 필자가 제시하는 것은 모범답안이 아니기 때문에 정부나 교육당국이 참고하거나 학부모들이 의견을 개진하여 좋은 방편을 마련하면 될 것이나, 어찌됐던 간에 중요한 것은 교사의 온전한 역할을 위해서는 사랑의 매를 반드시 부활시킬 필요가 있다는 것이다.

TIP 아이들에게 가해도 괜찮을 듯한 '사랑의 매'의 유형

① 손들고 서 있기 – 몸이 괴롭고 창피하기 때문에 반성을 하게 되고 인내심도 길러진다. 서서 또는 무릎 꿇고 하는 두 가지 방법이 있다.
② 뒤로 나가 절하기 – 심신이 단련되며, 선생님 말씀에 대한 집중력과 학습 효과가 올라갈 수 있다.
③ 화장실 청소하기 – 약간 지저분하지만 자신의 마음을 청소하고 동료들에게도 유익한 일을 하는 의미가 있다. 청소 결과를 보면 얼마나 열심히 하며 반성했는지 알 수 있다.

④ 말하지 않기 - 몇 시간 동안 얘기하지 않도록 정함으로써 자기 자신이 무엇을 잘못했는지 되돌아보게 된다. 마지막에 교사에게 자기 잘못과 느낀 점을 얘기하고 끝낸다. 주변 친구들에게 확실히 말을 안 했는지 꼭 확인한다.

이제 선생님들의 역할과 의무에 대해서 얘기할 차례인데, 가장 중요한 것이 바로 첫 단원에서 강조한 재밌는 학교를 만들기 위해 선생님들이 많은 역할을 해야 한다는 것이다. 여태까지 학교 문제의 외적인 원인을 주로 얘기했지만, 사실 교사들의 책임이 가장 크다. 아이들에게 딱딱하거나 재미없는 수업으로 흥미를 유발하지 못하고, 졸거나 딴 짓하는 학생들을 바로잡지도 못했다. 뿐만 아니라 아이들의 인성교육에도 대체로 무관심하고 신경 쓰지 않았다.

필자의 학창 시절을 돌이켜 봤을 때 기억에 남는 선생님은 두 부류였다. 재미있는 수업으로 학생들이 다른 생각을 못할 정도로 집중력 있게 수업을 이끌어준 선생님과, 인격 형성에 지대한 영향을 끼친 인간적으로 존경하는 선생님이었다. 사실 요즘 교육·사범대 등이 워낙 인기가 높아 경쟁이 치열하기 때문에 과목 실력은 웬만큼 다 갖추고 있다고 봐도 무방하다.

우선 재미있는 수업을 만들기 위해서는 교사의 위트와 유머 감각이 필수지만, 선천적인 영향이 크므로 어쩔 수 없는 부분이 있다. 그러나 유머 감각이 부족한 사람은 교과목 내용은 물론 효율적인 교수법 및 아동심리 등을 별도로 연구하면서 수업 방식에도 변화를 주기 위해 부단히 노력해야 한다. 그리고 수업시간에 다양한 놀이나 아이디어를 접목해 학생들을 수업에 집중시키고 학습에 재미를 느낄 수 있도록 해야 한다. 또 집중을 유도하는 화법과 학생 피드백 유도법 등 수업 분위기를 항상 화기애애하고 참여적으로 만들기 위한 노력도 게을리 해서는 안 된다.

초등학교 선생님들은 학교 일과가 일찍 끝나서 자유시간이 많은 편이다. 공식적인 연구·연수 이외에도 쉬는 시간과 일과 이후 시간, 방학 등을 이용해 끊임없이 노력해야 한다. 물론 쉬운 것은 아니지만, 학교 여건과 자기 성격 탓만 하며 쉽게 포기해서는 안 된다. 후천적인 노력에 의해서도 얼마든지 약점을 보완할 수 있기 때문이다. 또 초등학생들은 본성이 순수하고 웃음이 많기 때문에 학생들을 집중시키는 쉬운 노하우만 터득하더라도 재미있게 수업을 진행할 수 있다. 이러한 교사의 자질 개발에 대한 열정과 노력만이 아이들을 사교육이 아닌 학교 교실로 다시 이끌어올 수 있을 것이다.

참교사란?
: 학교와 사회를 따뜻하고 살맛나는 곳으로 만드는 교사들

재미있는 수업을 만드는 능력 외에 중요한 덕목 한 가지가 더 있다. 바로 교사의 바른 품성과 인격, 그리고 그것을 바탕으로 한 교육이다. 기성세대들은 과거 제자들을 올바른 길로 이끌기 위해 혼신의 힘을 다

했던 훌륭한 선생님들 한두 분은 있었을 것이다. 소설 《완득이》의 주인 공 선생님처럼 까칠하고 좀 투박해 보여도 제자에게 한없는 애정을 갖고 있는 교사들 말이다. 똥주 선생은 자신이 담임을 맡고 있는 제자 완득이에 대해 많은 관심과 사랑을 갖고 있다. 그 아이가 보잘것없는 아버지와 외국인 엄마, 불우한 가정환경 속에서 자랐고 싸움을 서슴지 않는 문제아이지만, 올바른 가치관을 심어주고 맞는 적성을 찾기 위해 부단히 애를 쓴다. 비록 완득이는 처음에 자신의 가정사를 친구들 앞에서 창피하게 다 폭로하여 매일 죽여 달라고 애원하지만, 전혀 굴하지 않고 제자를 보듬는다. 또 학생에게 욕을 하고 컵라면을 빼앗아 먹을 지라도 환경이 열악한 자신과 부모를 부정하지 않는 법을 몸소 가르쳐 주는 선생님이다. 바로 우리가 과거에 만났었고 요즘 속으로 애타게 기다리는 훌륭한 스승이자 멘토가 아닌가 싶다.

필자는 그 소설 속 명대사가 아직까지 뇌리에 남아있다. "새끼야, 가난한 게 쪽팔린 게 아니라 굶어서 죽는 게 쪽팔린 거야." 이렇게 자기 학생을 끝까지 끌어안고 삶의 진정한 가치를 가르치는 선생님들이 많아지기를 마음속으로 바란다.

그렇다고 요즘 현실의 학교에는 역할을 제대로 못하는 교사들만 있고, 훌륭한 교사는 영화나 과거 속에만 있다는 것은 아니다. 실제로 완득이 얘기와 비슷하게 중학교에서 싸움 '일짱'인 학생을 바르게 인도하며 권투를 시켜 더 이상 샛길로 빠지지 않게 만든 선생님이 있다. 단지 사회적인 분위기가 그렇다는 것이고, 최근 교사가 안정적인 공무원으로서 인기를 끌면서 그런 냄새가 더 많이 나는 탓도 있다.

우리 주변에는 아직도 학교 현장과 사회를 훈훈하게 만드는 진정한 스승들이 많다.

전남 진도 조도고의 조연주 교사는 2010년 3월 부임 때부터 가정 형편이 어려워 저녁을 굶거나 컵라면으로 때우는 학생들을 위해 급식소를 설치하고 밥을 직접 해 먹였다. 스스로 조리사 겸 영양사 역할까지 자처하여 '제1회 대한민국 스승상' 대상을 처음으로 수상하였다.

스스로 행복 교사임을 자처하는 이영미 교사는 '교사 스스로가 행복해야 학생들을 행복하게 가르칠 수 있다'는 신념 아래 아이들을 올바르게 키우기 위해 홈페이지를 운영하며 아이와 부모들을 상담하고 있다. 또 학생들의 인성 함양을 위해 독서 치료 및 보호관찰 청소년 대상 멘토 활동도 병행하고 있다. 청소년 인성교육과 선도활동은 물론 수업효과를 키우기 위해서 항상 고민하는 훌륭한 선생님이다.

얼마 전 암으로 돌아가신 고(故) 손명선 교사는 암 투병 중에도 제자들을 위해 직접 편지를 쓰는가 하면, 근무하던 학교와 모교의 발전을 위해 전 재산을 쾌척하는 등 교사이자 인생 선배로서 모범을 보이기도 했다.

꿈·희망의 전도사인 장민경 교사는 아이들에게 꿈을 심어주기 위해 스토리텔링을 통해 자신의 꿈과 그것을 진짜 실현할 수 있는 방법, 평소 자신이 하고 싶은 일들을 찾아가는 이야기 등을 차근차근 이야기한다.

이렇게 대한민국에는 훌륭한 선생님들이 수없이 많으며, 이들 말고도 조금만 외부 환경이 뒷받침된다면 잘 할 분들이 얼마든지 많이 있다.

그래서 희망이 있는 것이며, 필요한 것은 단지 멍석을 깔고 분위기만 잡아주면 되는 것이다.

교사의 위상 제고를 위해 한 가지 더 필요한 것이 있다. 잘못된 촌지문화를 바로잡는 것이다. '촌지'란 마음이 담긴 작은 선물이라는 말이다. 감사의 뜻을 전하는 것으로 원래 나쁜 뜻이 아니며, 미국이나 프랑스 같은 선진국에도 촌지문화가 있다. 촌지는 보통전문가들에게 행하는 작은 성의'이며, 모두가 알 수 있게 공개적으로 주는 것이기 때문에 문제될 게 없다. 그러나 우리 사회에서는 언제부턴가 봉투에 두툼한 현찰이나 상품권을 꽉꽉 채워 몰래 주거나 향응을 제공하는 게 촌지인 것처럼 되어버렸다. 그래서 요즘은 아예 무언가를 주는 것 자체를 차단해 버려서 음료 한 캔이나 손수건 선물조차 편안히 주지 못한다. 이렇게 되니 기왕에 몰래 뇌물을 바칠 바에는 아예 큰 걸로 준비해서 그 효과를 얻으려 한다. 선진국과 문화적인 차이가 참으로 크다.

필자의 생각에는 선생님을 대상으로 하는 뇌물과 감사의 선물을 구분하는 건 어렵지 않다. 간단한 식음료는 항시 괜찮고, 스승의 날에 5만 원 이하의 작은 선물 정도는 괜찮을 것 같다. 물론 그것은 1년에 딱 한 번만이며, 학부모회에서 단체로 할 때는 남자는 양복, 여자는 화장품 정도까지는 괜찮다. 물론 고가의 외제 명품은 안 된다. 필자가 이 정도로 얘기할 정도면 똑똑한 선생님들도 그 둘 사이의 구분 정도는 충분히 가능할 것이다.

결국 교사 본인의 양심과 관행의 문제인데, 미꾸라지 한 마리가 온 물을 흐리는 것이 안타깝다. 교사의 권위를 지키고 회복해 나가는 것은 본인들 몫이 제일 크다. 학생이 직접 쓴 감사편지를 전하고 더운 날 음료수 캔 하나 드리는 게 뭐가 잘못이겠는가? 물질로만 감사의 뜻을 전할 수 있고, 값비싼 선물로 아이를 더 좋게 만들 수 있다는 잘못된 사고를 버려야겠다.

1등만 기억하는 더러운 세상, '1등 만능주의' 더 이상 안 돼~

결국 초등교육이 가야 할 길은?
: 올바른 인성교육과 인생 준비

서구에서는 교과 지도와 인성 지도를 각기 다른 교사가 담당하도록 하고 있는데, 이를 큰 실수로 보고 우리 교육제도를 부러워하고 있었다. 그런데 우리는 선생님들이 보통 이 두 부분을 병행하면서 행정이나 잡무까지 모두 처리하기 때문에, 오히려 본업에 충실하지 못하고 애초의 제도에 잘못이 있는 것이 아닌가 생각하고 있다. 그러나 이것은 교사 1인당 담당 학생 수가 지나치게 많고 행정·지원 인력이 부족해 발생하는 것이지 원칙적으로 매우 이상적이다. 교사는 교과 내용과 함께 학생들의 생활 태도나 도덕성까지 같이 교육시켜 건강한 인간으로 만들어야 한다. 이것이 바로 전인교육(全人敎育)이며, 그래서 교사가 다른 어떤 직업보다도 중요한 이유다.

요즘 우리 교육이 잘못 굴러가는 것도 학습 성과만 강조하여 전인교육 개념이 사라지고 학원 교육과 과외 등 사교육이 중시되면서 우리만의 장점들이 점점 묻히고 있기 때문이다. 부모들은 자기 아이들이 초등학교 때부터 우수한 전 과목 성적과 높은 등수를 받길 바란다. 교사에 대해서도 역시 높은 점수와 좋은 학교 진학을 시킬 수 있는 능력을 가장 바라고 있다. 그러한 자녀 성적에 대한 무조건적인 기대와 조급증은 결국 교사들의 인성교육 의지를 꺾고 아이들의 품성과 미래를 망치고 있는 것이다. 그래서 부모가 아이들의 성적에 너무 일희일비(一喜一悲)하면서 교사에게 같은 잣대를 들이대서는 안 된다. 교사를 족집게 과외 선생마냥 단기간에 성적 올리는 데만 치중하게 만들면 아이 성적은 올릴 수 있을지 모르지만, 인생 전반에 필요한 교육은 소원하게 만들게 된다. 공부는 초·중·고교는 물론 대학교를 졸업한 이후에도 평생 해야 하는 것으로, 인생 전체와 같이 수반되는 것이다.

흔히 인생을 농사짓는 것에 비유하는데, 봄에 좋은 씨를 뿌리고 농사 환경을 잘 정비해놔야 가을이 되어 수확할 게 많다. 그러나 한편으로는 봄에 해당하는 학생 시기에 지나친 욕심에 사로잡혀 이것저것 씨를 너무 많이 뿌려놓기만 하고 주변 정비는 잘 해 놓지 않는다면, 오히려 나중에 줄기와 가지가 자라나는 시기에 서로 방해만 하고 영양분 소모만 크게 만든다. 그래서 그보다는 씨앗이 몇 개 안 되더라도 뿌리를 깊게 내릴 수 있도록 인생의 밑거름인 인성과 사회성을 충분히 키울 수 있도록 하는 것이 중요한데, 이런 것들은 시험 점수처럼 숫자로 금방 나타나지 않기 때문에 부모들이 기다리지 못하고 크게 의미를 두지 못하는 것이 문제이다.

기성세대, 특히 베이비부머들은 자식들에게 이런 말을 자주 한다. "우리가 클 땐 전쟁도 있었고 나라 살림이 어려워 늘 끼니 때울 것을 걱정했었다. 그렇게 먹고 살기 힘들었어도 악착같이 공부했는데, 요즘 애들은 물질적으로 풍족해서 딴 것 신경 쓸 게 없는데도 공부 하나 제대로 못한다"고 말이다. 그러나 그렇게 말을 해서는 안 된다. 시대가 다르기 때문이다. 요즘 아이들도 나름의 걱정과 고민, 공부가 잘 안 되는 이유가 있을 것이다. 아이들이 공부가 왜 하기 싫은지, 성적이나 학교폭력으로 지나치게 고민하고 있지는 않은지 잘 살펴봐야 한다.

필자는 이런 생각까지도 해본다. 우리 사회와 부모들이 그냥 남들 하듯이 자기 자식에게 계속 공부하는 것만 강요하고 몰아간다면, 그 아이들이 컸을 때 똑같이 복수할 수도 있을 것이다. 그냥 남들 하듯이 '자기 부모를 요양원에 보내고 돈이나 붙이면 그만'이라고 생각할 지도 모른다. 어서 빨리 이런 냉정하고 획일적인 사고방식을, 잘못된 사회적 통념을 깨뜨리고 바꿔야 할 것이다. 좀 과도한 비유였긴 하지만, 그만큼 부모들이 교육에 대한 생각을 바꾸는 것이 무엇보다 중요하다.

'죄수의 딜레마 이론'이란 것이 있는데, 같이 죄를 저지른 공범이 각기 다른 방에 갇히게 되면 서로 믿지 못하는 상황에서 자신이 살려고 상대방 죄를 폭로함으로써 결국 둘 다 죄를 인정하고 자멸한다는 것이다. 또 '흑적 게임'이라는 것도 있다. 이 게임은 흑·적 둘 중에 하나를 내어 점수를 획득하는 것인데, 내가 큰 점수를 얻기 위해 상대방에게 마이너

스가 되는 표를 내면 둘 다 플러스가 되지 않고 결국 같이 자폭하는 꼴이 된다.

최근 우리나라에서도 총기 구입·사용이 늘어나고 있다. 나 하나 살자고 총을 구입하면 불안한 심리가 증폭되어 총을 구입하는 사람이 계속 늘 수밖에 없고, 결국 총기 사용이 증가하면서 사회가 살벌해지고 다 같이 죽는 사회로 갈 수밖에 없을 것이다. 따라서 우리는 이런 쉬운 게임이나 사례들을 예로 들면서 1등하기·스펙 쌓기·명문대 가기보다 먼저 협동과 상생의 정신을 갖는 것이 훨씬 중요하다는 것을 우리 아이들에게 가르쳐야 한다.

필자는 갖가지 문제들이 터져 나오는 지금이 바로 전인교육으로 돌아서는 터닝 포인트가 되어야 한다고 생각한다. 정부의 제도적인 지원을 바탕으로 교사들 스스로가 몸소 실천하고 모범을 보여 학생들이 인격을 수양하드는 데 힘쓰도록 해야 한다.

대전시교육청은 경력 10년 이상의 교사 중 수업 역량이 뛰어나고 수업 컨설팅 능력까지 갖춘 교사들을 인증하는 'Top-teacher제도'를 운영하고 있다. 이는 학교와 교사 스스로 전문성을 갖추려는 노력이자 교단의 사기를 진작하고 자긍심을 살리려는 제도로 볼 수 있다. 이러한 자구적인 노력은 매우 바람직하나, 수업능력뿐만 아니라 생활지도 및 인성교육 능력에 대해서도 인증할 수 있도록 제도를 보완해야 한다. 물론 이런 능력들을 객관적으로 검증한다는 것이 현실적으로 어려울 수 있지만, 그래도 교사의 능력에 대해 좀 더 다양하고 이상적인 정의와 평가가 필요하다.

'사랑밭 새벽편지'라는 따뜻한 인터넷 사이트가 있는데 이곳에 '10년 전의 약속'이란 감동적인 얘기가 있다. 중학교 2학년 담임을 맡았던 한 선생님이 어느 날 제자들에게 10년 후의 자신에게 편지를 쓰라는 숙제를 냈다. 그 선생님은 아이들이 쓴 편지를 모두 잘 보관하였다가 10년 후에 일일이 주소를 확인해서 편지를 보내주었다. 편지 숙제를 통해 아이들 스스로가 10년 후를 상상하고 그려봄으로써 성장할 수 있는 계기를 만들어 주었고, 10년 후에 약속을 지킴으로써 제자들이 다시 삶을 돌아볼 수 있는 기회를 만들어 주었다. 이렇게 단순하지만 아이들에게 감동을 주고 인생의 의미를 조명해 볼 수 있게 하는 특별한 인성교육, 바로 우리 선생님들이 절실히 느껴야 할 대목이자 앞으로 주력해야 할 역할이다.

끝으로 필자가 만일 현재 직업이 교사라면 아이들에게 미래를 대비하고 긴 인생 동안 스트레스 받지 않는 데 도움을 주기 위해 이런 얘기를 해주고 싶다. "나는 천천히 가는 사람이다. 돌아가는 것은 괜찮지만, 절대로 정지해 있지 않는다. 지금 열심히 공부하고는 있지만, 공부만이 다가 아니다. 쉽게 실망하지 마라. 방향을 조금 잘못 잡았거나 조금 실패 하더라도 인생 전체가 실패한 것이 아니다. 2보 전진을 위한 1보 후퇴에 불과하다. 다시 또 나아가면 결국 내가 가고자 하는 길이 열릴 것이다."

인생은 천천히 공부하며 자신의 길을 찾고, 길을 가면서 자신만의 그 릇을 만들어 그 속에 꿈을 담아가는 과정이다. 목표한 지점에 한 번 골인하면 끝나는 스포츠가 아니다. 공부도 머릿속에 죽어라 집어넣어야 하는 씨름의 대상으로 보지 말고, 일평생의 여행 같은 개념으로 바라봐 야 한다. 대기만성(大器晩成)이라는 말이 괜히 나온 말이 아니다. 계속 1등·1% 등 단순히 상위권만 좇는 개념만으로 평생을 살아갈 수 없다. 만약 그래도 지금 인생을 살아가야 하는 의미를 잘 모르겠다면 자신의 머릿속에 '왜?'라는 질문을 던져보라. 스스로 모든 해답을 알려줄 것이 다. '왜?'는 이 세상에서 가장 강력한 단어이자 활기찬 인생을 살게 해 주는 도구이기 때문이다.

이제 아이들이 즐거워하고 학교폭력과 성폭력이 사라지고, 교사도 진 정한 스승이자 삶의 멘토로서 자리 잡았다면 그 다음에 할 일은 무엇 일까? 학교가 실제로 잘 굴러갈 수 있도록 새로운 교육 개념과 프로그 램이 마련되어야 하지 않을까? 바로 새로운 대안교육이 제시되어야 할 차례다.

어떻게 하면 아이들 스스로
공부하게 만들 수 있을까?

창의성은 어떻게 키우지?

제3의 학교는 만들 수 없을까?

제4단원

대안 :
"넝쿨째 굴러온 학습~"

왜 대안학교는 대안이 안 되는가?

그래도
이번 기회에
보란 듯이 금연하면
인사고과에 반영
되지 않을까?

예?
정말요?!

그럼
해야죠!!

근데
금연한다는 거
어떻게 증명
한대요?

집까지
따라와서
확인할 건가?

음주측정기처럼
입으로 불어서
측정할 건가 봐.

악!!
안돼!!

치익

치카
치카

※ 박성훈 작가의 만화 《괜찮아, 달마과장》에서 발췌

어른이 변해야 아이가 산다. 긍정은 심어주고, 고정관념은 빼고…

긍정의 힘을 어떻게 키우나?
: 신뢰를 바탕으로 인생의 가치를 알아가야~

드라마 '넝쿨당'과 예능프로 '무한도전'의 공통점은 무엇일까?

필자는 2012년 KBS 주말연속극 '넝쿨째 굴러온 당신'을 재밌게 보면서 많은 생각을 했다. 귀남이는 자상하고 유머 있고 노래나 이벤트도 잘하는, 게다가 직업이 의사인 이 시대 최고의 남편이다. 또 아내 윤희는 가끔 '시월드' 운운하며 툴툴대긴 하지만, 자신 있고 분별력 있는 커리어우먼인데다 주변의 어려운 문제도 척척 풀어주는 해결사였다. 이 두 명이 결혼해 살면서 양 집안의 가치관 차이, 귀남이의 실종에 따른 고부갈등 심화, 출산·입양 등 차례차례 다가오는 여러 난제들을 하나씩 헤쳐가면서 시종일관 유쾌한 분위기를 이어갔다. 여기서 눈여겨 볼만

한 대목은 등장인물, 즉 가족 구성원 간의 믿음이 밑바탕에 깔려 있고, 주인공이 자기 소신과 주변 분위기 사이에서 적절히 중도를 잘 택한다는 것이다. 인물 간에 이해 상충과 감정 다툼이 끊임없이 발생하지만 서로 간에 최소한의 신뢰를 저버리지 않으며, 자신이 속한 집단의 대의를 위해 양보와 희생을 할 줄 안다. 그래서 당사자와 가장 가깝고 믿을 만한 사람간의 갈등부터 해소되고 문제가 해결되기 시작하며, 이를 바탕으로 가장 크고 중요한 문제에서도 쉽지 않지만 결국 한목소리를 내게 된다.

한편 MBC 장수 예능프로인 '무한도전'은 유재석을 포함한 7명의 출연자들이 매우 다양하고 재미있는 미션과 게임, 또는 이색적인 역할에 도전해 보는 프로다. 출연자 각각이 자신만의 개성을 발휘하면서도 전체적인 조합을 깨지 않고 시청자에게 재미와 감동, 신선한 충격을 주고 있다. 여기에도 '넝쿨당'과 유사한 특징이 있다. 7명의 출연진은 서로 놀리고 헐뜯고 같은 목표를 두고 경쟁하며 재미를 추구하지만, 저변에는 신뢰와 작은 배려가 깔려 있고 거기에 예능프로의 참신성이 더해지면서 오래오래 사랑받고 있다.

뿐만 아니라 PD와 출연진의 관계도 마찬가지다. 그래서 우리 사회와 학교에도 이런 따뜻하고 유쾌한 방송 프로그램들처럼 사람에 대한 사랑과 믿음이 제일 밑바닥에 깔려 있어야 한다. 그리고 전체의 화합을 유지하면서도 각자의 개성이 무시되지 않고 잘 살아날 수 있도록 배려와 존중의 문화도 필요하다. 만일 이런 분위기와 문화가 학교에 정착된다면 아이들은 자신이 속해 있는 사회에 대해 밝게 바라볼 수 있고, 그 속에서 스스로를 사랑할 수 있을 것이다. 그런 사회에서는 실패를 해도 두려워하지 않고 당당하게 다시 한 번 자신만의 길에 도전할 수 있다. 이것이 바로 긍정의 힘이며, 그렇게 되기 위해서는 전제조건이 필요하다.

이처럼 사회에서 개인을 믿고 존중하는 문화가 성숙되면, 개인 역시 자신이 속한 사회와 구성원들에 대해 신뢰하게 되고 그 속에서 긍정의 힘이 생기게 된다. 그러나 이런 문화가 정착되기까지는 일부 사람들의 노력만으로는 한계가 있다. 방송 프로야 PD가 밝고 재미있게 만들고 연기자가 연기를 잘하면 되지만, 인생은 살면서 밝은 것들만 볼 수 없을 뿐만 아니라 일부가 노력한다고 해서 인간 전체가 다 밝아지기도 힘들다. 밝음은 어둠과 그림자가 있음으로 인해 존재하고, 긍정이라는 것도 고통과 인내의 시간을 거쳐야만 진정한 가치가 생기는 것이다. 그래서 삶을 무조건 밝게 보려고 한다고 해서 신뢰나 긍정이 생기는 것은 아니며, 오히려 무조건적인 긍정 상태에서 갑자기 시련이 오게 되면 견디기가 더 힘들 수 있다.

소설가 이철환 씨는 "삶은 기쁨과 슬픔에 의해서 깊어지며, 살면서 겪는 아픔과 고통이 오히려 삶을 살찌우고 깊게 만든다"고 역설하였다. 철학자 니체는 "차라리 고난 속에 인생의 기쁨이 있다. 풍파 없는 항해가 얼마나 단조로운가? 고난이 심할수록 내 가슴은 뛴다"라고 표현하였고, 영국 속담에도 '평온한 바다는 결코 유능한 뱃사람을 만들 수 없다'고 했다. 연금술사의 저자 파울로 코엘료도 "실망과 패배감, 좌절은 신께서 길을 드러내 보이는 데 사용하는 도구"라고 강조했다.

위대한 철학자나 문학가들은 한결같이 "인생은 시련과 고통, 슬픔

을 반드시 겪게 되어 있는데, 그것을 잘 겪고 넘기는 것이 인생의 가치
이자 성공의 길"이라고 말한다. 첫사랑의 아픔을 겪지 못한 사람은 진
정한 사랑의 의미를 잘 알 수 없는 것과 같은 이치다. 이것은 '성장통'
이라 말할 수 있으며, 긍정의 힘은 이런 일련의 과정들 속에서 생겨나는
것이다. 따라서 만약 이런 과정을 잘 모르거나 무시한다면 살면서 겪는
인고의 파도를 참아내기가 너무나 힘들어지며 삶을 비관하고 포기하게
될 수도 있다.

우리가 자주 쓰는 말에도 '인생사 새옹지마(塞翁之馬)'란 유명한 이

야기가 있다. 옛날 중국 변방에 살던 한 노인의 말과 아들에 얽힌 이야기로 "세상사는 변화가 많아 길흉화복을 단적으로 판단하기 힘들다"는 것인데, 우리 주위에는 새옹지마처럼 정말로 인생의 굴곡이 심한 가운데 그 속에서 삶의 진정한 가치를 느낄 수 있는 일화들이 많다.

인생의 참 가치를 일깨우는 단편소설들을 창작해 명성을 얻은 작가 모파상. 그는 쓰는 작품마다 베스트셀러가 되어 큰돈을 벌게 되었고, 그의 삶은 누구나 부러워할 만한 것이었다. 지중해에 요트, 노르망디에 저택, 파리에는 호화 아파트, 은행에는 평생 쓰고 남을 돈이 있었다. 그러나 그는 모든 것을 다 가졌지만 자살을 시도했고, 정신병자가 되어 고통 받다가 43세의 젊은 나이로 생을 마감했다. 그리고 그의 묘비에는 평소 그가 반복했던 말이 적혀 있다. "나는 모든 것을 갖고자 했지만, 결국 아무것도 갖지 못했다."

《해리포터》의 인기작가 조안 K. 롤링에게는 인생 역전의 드라마가 있었다. 그녀는 20대 후반에 어머니의 죽음과 이혼을 경험하였고, 자기 아이가 있는 상황에서 직업까지 잃고 정부 보조금을 받는 처지에 놓였었다. 그러나 절망적으로 힘든 상황은 그녀로 하여금 필요 없는 것들을 내려놓고 한 가지에 집중하게 만들었다. 바로 평소에 가장 하고 싶었던 소설 쓰기에 들어갔고, 결국 《해리포터》 시리즈를 창작하여 억만장자가 되었다.

어느 날 인터넷에는 '어느 로또 1등 당첨자의 롤러코스터 인생'이란 기사가 있었다. 몇 년 전 로또 1등에 당첨돼 18억 원을 거머쥔 40대 남성이 자살했다는 내용이었다. 로또에 당첨된 후 흥청망청하지 않았지만

무리한 사업 확장과 주식투자의 실패로 재산을 탕진했고, 우울증에 빠져 결국 자살에 이르렀다는 것이다. 실화인지 확실하지 않지만 영국에서도 비슷한 사례들이 이미 보도된 적이 있었기 때문에 충분히 있음직한 일로 보인다.

위의 실화들은 몇 가지 공통적인 교훈을 전달한다. 우선 어렵고 힘든 일도 잘 참고 노력하면 오히려 복이 되어 좋은 일이 생길 수 있다는 것이다. 둘째는 아무리 좋은 일이 생겨도 거기에 너무 함몰되어 본연을 잃게 되면 오히려 화가 될 수 있다. 즉, 위의 경우처럼 단지 돈과 외형적 만족만을 추구하거나 갑작스런 물질적 행운이 오게 됐을 때의 위험성을 잘 일깨워주고 있다. 마지막으로 인생은 매우 변화무쌍하고 좋고 나쁨의 기준이 상대적이기 때문에 되도록 밝고 긍정적으로 보는 것이 너무나도 중요하다는 것이다.

인생이라는 것은 많은 굴곡이 있고 누구나 힘든 과정을 거치도록 되어 있기 마련인데, 아무리 모진 고난과 역경이 와도 희망과 버틸 수 있는 힘을 갖고 있다면 괜찮다는 것이다. 비온 뒤에 땅이 굳어지듯이 어려운 시기를 잘 참고 넘기면 자신을 바로 보고 사랑할 수 있는 성숙의 계기가 되며, 반드시 좋은 기회로 연결되게 되어 있다.

쇠를 뜨거운 불과 차가운 물속에서 계속 담금질을 하면 엄청나게 강한 칼이 완성되듯이, 인생에서 성공과 실패의 시기를 잘 넘기고 받아들이면 인생도 완성도가 높아지고 자신의 꿈과 가까워지게 된다. 이것이 바로 성장통과 담금질을 의미하는 것이며, 자기애와 긍정적인 시각을 만드는 필수 코스이다.

우리 속담에 '쥐구멍에도 볕들 날이 온다'고 하지 않던가? 다만 볕들고 나서 지나치게 자만만 하지 않으면 된다. 아이들이 어려서부터 이런 것들을 모두 체험하고 알 수가 없기 때문에 스승들이 나서서 인생의 참가치를 느끼고 인생의 교훈으로 삼을 수 있도록 제대로 안내해야 할 것이다.

아이들에게 해서는 안 되는 것은?
: 과도한 욕심과 고정관념으로 대하기

서울대 의대 서유헌 교수는 "인간의 뇌는 단계별로 적절한 교육을 받아야 정상적으로 성장할 수 있다. 특정한 뇌기능은 특정한 시기에 집중적으로 발달하며, 이때 적절한 자극은 뇌기능 발달을 돕지만 과도하고 장기적인 자극은 뇌기능을 오히려 손상시킨다"고 주장한다. 서 교수는 "만 0~3세 아이는 감정과 정서발달, 전두엽이 빠르게 발달하는 3~6세는 인간성, 두정엽과 측두엽의 발달 속도가 빠른 만 6~12세는 언어교육을 하는 것이 효과적"이라고 강조했다. 그는 "어른들은 아이들의 뇌가 항상 모든 것을 잘 받아들일 수 있는 것처럼 생각하여 조기교육에 열중하고 있지만, 가느다란 전선에 과도한 전류를 흘려보내면 과부하가 걸려 불이 나는 것처럼 과도한 조기교육은 각종 정신질환으로 나타날 수 있다"고 지적하였다.

요즘 우리 사회는 조기교육과 선행학습이 중요시되고 있고 많은 이들이 수긍하고 따라갈 정도로 교육 트렌드로 자리 잡고 있지만, 이것은 학생에게 상당한 스트레스를 유발하는 것은 물론 사회를 지나치게 경쟁주의적으로 만들고 인간을 효율성 높은 도구로 보게 돼 결국 인간성 상실까지 초래할 수 있다. 게다가 과다한 기회비용까지 발생하고 있다.

미래학자 앨빈 토플러도 "한국은 이미 선진국이지만, 미래에 대한 준비가 소홀하다. 한국 학생들은 하루 10시간 이상 미래에 필요치 않을 지식과 존재하지도 않을 직업을 위해 시간을 허비하고 있다"고 말했다.

이제는 과감히 과거의 교육방식과 강조점을 포기하고, 개성과 창의성의 시대에 걸맞게 다른 식의 대안을 모색해야 할 때다. 특히 초등교육 단계에서는 아이들이 자신이 속해 있는 학교나 교육에 대해 거부감을 갖지 않도록 하는 것이 가장 중요하며, 그러기 위해서는 어른들이 기존의 무리한 주입식 교육을 가능한 배제해야만 한다. 이런 것들이 기본적으로 지켜지고 나서야 학습자의 나이와 능력, 성향에 맞는 교육시스템과 프로그램을 마련하는 것이 의미가 있을 것이다.

근래 우리나라 학부모들이 가장 좋아하는 고사성어는 '맹모삼천지교(孟母三遷之敎)'가 아닐까 싶다. 전세계에서 자기 자식들을 위하는 마음이야 둘째가라면 서러울 것이고, 부자 집안이나 가난한 집안이나 모두 자식에게 최소한 교육만큼은 잘 시켜야 한다고 생각하는 것 같다. 물론 교육의 중요성은 인정하며, 우리나라가 그동안 교육의 힘으로 괄목상대할 정도로 엄청난 발전을 한 것도 사실이다. 하지만 우리는 최근 아주 위험한 부분을 간과하고 있다. 삶이라는 것은 좋든, 싫든, 편하든, 고달프든 간에 모두 본인이 체험하고 느껴야 한다. 누군가가 대신 알려주고 정의해 주었다가 그것이 맞지 않음을 느낀다면 본인이 그 간극을 쉽게 극복하지 못해 위험할 수 있다. 바로 앞에서 말한 성장통을 자연스럽게 겪지 못한 후유증으로 말이다.

아이들 교육도 마찬가지다. 나이와 단계에 맞춰 하나하나 배워보고 재미있는지, 자기와 맞는지를 먼저 알아가야 하는데 부모의 헛된 기대와 과도한 욕심 때문에 미리미리 진도를 빼는 데에만 혈안이 돼 있다. 많은 부모가 조로병(早老病)에 걸려 있는지도 모른다. 내 아이가 매번 다른 아이보다 앞서가는 것만 신경 쓰다가 문득 '내가 지금 여기서 뭐하고 있는 거지?'라는 생각이 들면 어쩔 텐가? 부모가 매번 자식한 테 남들보다 먼저 갈 수 있는 방법이나 샛길만 알려주면 다 되는가? 또 '성적이 보통이거나 그 이하인 아이를 특별한 방법으로 좋은 학교에 보내면 그 아이가 그 학교에 금방 적응해서 잘 지낼 수 있을까?'

필자의 생각엔 아무리 맹모삼천지교가 좋다 하더라도 분명히 한계가 있을 것 같다. 맹자 어머니는 자기 자식의 그릇과 깜냥을 보고 이사를 했겠지만, 요즘 부모들은 그건 안 보고 과도한 기대만 하다가 문제가 된다는 얘기다. 더 나아가 부모들의 '억지 교육' 욕심이 아이들을 성적 고민과 자살이라는 무덤으로 빠뜨리는 결과에 이르게 한다고 생각한다. 마라톤 및 중장거리 달리기에서 좋은 기록이나 상대방을 지나치게 의식해서 초반에 오버페이스를 하게 되면 뒷부분에서 반드시 무너진다. '스타크래프트'란 게임에서도 초반 러시를 하게 되면 바로 이기거나, 지거나 둘 중 하나다. 마라톤이나 컴퓨터 게임에서도 그런데 긴 인생에서야 어떻겠는가?

온실 속의 화초는 언젠가 온실의 가림막이 없어지면 홀로 비바람과 추위를 겪어야 한다. 부모가 무조건 아이들을 국제중·특목고에 보내려고만 하는 욕심이 아이를 정말 망칠 수 있다.

또 고등학교가 인생에서 공부의 절정기가 되어선 안 된다. 초등학교에서 즐거움을 배우고, 중학교에서 기본 공부를 하면서 적성을 파악하고, 고등학교에서는 약간의 심화 공부와 대학 때 본격 공부를 위한 준비 작업에 집중하면 된다. 그리고 무엇보다 대학교 입학에 올인하는 우리의 교육 풍토를 바꾸기 위해서는 대학에 입학하는 것보다 졸업하는 것을 훨씬 어렵게 해야 한다. 어떤 방법으로 좋은 학교에 입학하더라도 높은 학업 수준과 졸업 요건에 부합하지 않으면 졸업하지 못하도록 제도를 바꿔야 하며, 혹시 특혜·부정을 통해 입학했다 하더라도 입학한 뒤로 특별한 혜택이나 배려를 받지 못하도록 하면 된다. 깜냥이 안 되면 스스로 도태되게 되어 있다. 그래야 돈 있는 부모들이 자식을 '빽'으로 입학시키려 하는 태도가 바뀌지 않겠는가? 공부를 보다 긴 관점에서 바라볼 수 있도록 사회 분위기를 바꾸는 것이 중요하다.

호아킴 데 포사다의 책 《바보 빅터》를 보면 주변의 고정관념이 한 사람의 인생을 망칠 수 있다는 것을 알 수 있다. 실존 인물이었던 주인공 빅터는 국제멘사협회 회장까지 맡았던 천재였지만 과거 자기를 바보로 간주했던 주변 아이들과 잘못 본 IQ 숫자 때문에 긴 시간동안 기도 못 펴고 바보인 것처럼 살았다. '못난이 콤플렉스'에 빠졌던 로라도 마찬가지였다. 그들은 나중에 많은 시간이 지나서야 자기 자신을 되찾았지만, 학교에서 너무나 힘들고 의미 없이 긴 시간을 지낸 것은 되돌릴 수 없었다. 그리고 그 아픔과 멍에가 나이가 들어 극복됐을 수도 있겠지만, 평생 가슴에서 다 씻기지 않았을 수도 있다.

이와 같이 어려서 부모나 교사, 친구 등 주변의 시선이나 평가가 아이들에게 큰 영향을 미치는데, 부정적인 평가를 자주 하게 되면 아이에게 정말 나쁜 영향을 미친다. 또 부정적인 것이 아니더라도 아이를 어떠한 틀에 얽어매고 거기에 맞춰 재단하는 것도 매우 좋지 않고 위험한 행동이다. 고정관념을 갖고 어린 학생을 대하게 되면 그들이 무엇을 잘하는지, 못하는지 이분법적으로 판단하게 되고, 결국 점수화·등수화로 이어지기 때문이다. 즉, 우리 부모들은 우리 아이가 영어를 잘하는지 못하는지, 수학 점수가 좋은지 안 좋은지만 가릴 것이고, 좋지 않으면 유능한 학원과 고액 과외를 찾게 되는 뻔한 원인-결과 구조로 이어질 것이 자명하다. 교육이 바보인 아이를 천재로 만들진 못하더라도 최소한 천재 아이를 바보로 만들지는 말아야 할 것이다. 그보다 더 중요한 것은 즐거운 아이들을 우울하게 만들어서는 안 된다. 초등교육이 가야 할 바가 일찍이 진로·적성을 찾아주는 것이지만, 그렇다고 조급하게 서두를 필요는 없다. 이제부터라도 하나씩 바꾸어 나가면 된다.

다음은 아이들의 성장과 학습욕구를 방해하는 기성세대들이 버려야 할 고정관념 유형들이다. 이런 것들만 사회에서 사라져도 우리 아이들이 숨쉬기가 훨씬 쉬울 것이다.

- 뚱뚱하다고 움직이는 것 싫어하고 맨날 밥 먹을 생각만 한다고 오

해하지 마라. 마음만은 박지성이다~

• 촌스럽게 생겼다고, 사투리 좀 쓴다고 교양 없다 생각하지 마라. 내 장래 희망은 영어 잘하는 '뉴욕커'다~

• 키 작다고 배포도 작고 남 생각하는 마음도 작다고 생각하지 마. 내가 베푸는 마음은 '롱다리'들보다 더 크고 길다~

• 말 좀 더듬고 재미없다고 너무 놀리지들 마. 내 꿈은 대한민국 개그맨이다~

• 부모가 돈 많고 자기 집이 좀 산다고 너무 으스대며 살자 마라. 그러다 네 마음과 주변은 홀~쭉해진다~

• 어려서 선행학습 많이 한다고, 초딩 때 전교 1등한다고 인생 1등하는 거 아니다. 그러다 가장 먼저 골로 간다~

• 운동부라고 해서 공부 못 한다고 생각하지 마라. 요즘은 운동 잘하는 애가 공부며 음악도 다 같이 잘 한다~

• 요즘 개천에서 용나기 힘들어졌다고 시골사람 함부로 무시하지 마라. 말년에 도시 사람들이 거꾸로 시골로 이사 와서 산다~

• 어려서 미국·캐나다 조기유학 간다고 인생 성공 장담하지 마라. 될 놈들은 그렇게 안 가도 자기가 알아서 국비 유학생으로라도 나간다~

다소 농담처럼 얘기했지만, 세상이 실제 이럴 수도 있다고 생각하며 써봤다. '미스에이'의 노래처럼 "나를 잘 알지도 못하면서 겉모습만 보고서 배드걸·굿걸을 판단해서는 안 된다"는 얘기다. 고등학교 때 춤 잘춘다고 다 날라리고, 대학교에서 짧은 치마입고 섹시하게 다닌다고 현

모양처감이 아니라는 편견도 이제 버려야 한다. 초등학교에서도 요즘 학생들이 어떠어떠하길 바라기 전에 먼저 내면에 어떤 특성이 있고, 무엇 무엇을 좋아하고, 또 누구누구의 지시·잔소리 따위를 싫어하는지를 파악해야 할 것이다. 이렇게 어른들과 사회의 딱딱하게 고정된 시각이 바뀐다면 아이들의 욕구는 얼마든지 자발적으로 성장할 것이다. 그런 다음에야 제대로 공부할 맛이 나지 않겠는가?^^

이제 우리가 갖고 있는 잘못된 고정관념들을 과감히 깨야 할 때이다.

몸과 얼굴의 골격이 큰 여자가 강남 최고의 외과에서 성형수술을 한다면 예쁘고 날씬한 여자 탤런트의 길을 갈 수 있을까? 물론 조금 다른 얼굴이 되더라도 예뻐져서 만족해할 순 있겠지만 연예인이 되기는 힘들 것이다. 그리고 중요한 것은 이런 인위적인 방법은 보통 일회성으로 끝나지 않는다. 그래서 그 맛을 한 번 보게 되면 계속해서 같은 방법을 찾게 되고, 점점 더 의존하게 되며, 그러다가 자신의 본 모습을 잊은 대가로 나중에 큰 고통을 감내해야 할 수 있다. 여성들이 조금이라도 예뻐지려고 하는 욕구와 성형수술 욕심이 대단히 나쁘다기보다는, 자기 자신의 본 모습과 장점을 파묻고 자신에게 전혀 없는 것을 계속 찾음으로써 생기는 자아 상실감과 되돌릴 수 없는 극심한 부작용들이 나쁘다는 것이다. 예전에 미국의 유명 댄스가수나 여배우가 계속 성형을 하다가 좋지 않은 최후를 맞게 된 것을 우리는 직접 목격했고 그 폐해를 잘 알고 있다. 성이란 것이 원래 아름다운 것이지만 남자들이 억지를 부리면 추행이나 범죄가 되듯이, 여자들의 아름다움도 억지로 만들면 성형 중독이 되고 겉모습과 허상에만 매달리다 끝나는 가짜 인생이 되는 것이다.

요즘 세상은 무엇이 진실이고 옳은 일인지, 또 사실과 조작, 진품과 짝퉁 사이에서 정말 혼란스럽기 그지없다. 인내심 있고 우수한 인문 사회학자들이 이런 부분에 대해 전수조사를 통해 시원하게 파헤쳐서 꼭 알려 주었으면 좋겠다. 그래서 물질·외모·조기 만능주의에 철퇴를 내릴 수 있는 결과를 발표해 주었으면 하는 자그마한 바람을 가져본다.

그리고 우리나라가 숫자에 점점 더 민감해지는 것 같다. 경제가 발전하여 전세계에서 경제대국으로 자리 잡으면서 경제지표가 매우 중요해졌다. 특히 정부 관료나 정치인들은 그들의 목표나 공약을 숫자로 제시하기도 하고 나중에 성과로 내세우기도 한다.

컴퓨터와 통계학의 발달로 이런 지표들은 정확성을 더해 가지만, 실제 국민들의 생활과는 거리가 있을 가능성도 상당하다. 그리고 수치들은 필요한 것만 뽑아서 내세우고 좋지 않은 건 사장시킬 수 있기 때문에 불완전한 면이 있다. 모두가 좋은 수치들만 갖고 자신의 공으로 자랑한다면, 좋지 않은 결과는 과연 누구의 책임인가? 우리나라에서 GDP 몇 만 불·수출액 몇 천억 불 등 좋은 성과는 서로 자기 공으로 삼으려 하겠지만, 세계 최고의 자살률·이혼율과 밑바닥에 머물고 있는 취업률·출산율과 청소년 행복지수 등은 누구도 책임지려 하지 않는다. 좋은 지표를 달성하면 딱 그 당시 대표자의 치적이고, 좋지 않은 결과가 나오면 역시 어느 한 사람의 잘못 때문인가? 필자는 그렇게 생각하지 않는다. 연속하는 곡선에서 어느 한 점의 단순 점수뿐만 아니라 상승·하강하는 추세도 같이 따져야 할 것이다. 이처럼 숫자나 통계란 것이 단순하고 명료한 것 같지만 꼭 그렇지만은 않다. 그래서 좋은 것만 취해 자기 공으로 내세우는 단세포적인 발상을 버려야 하며, 지금 딱 나오는 숫자·지표만을 갖고 초등학생 산수처럼 계산하고 평가해서는 곤란하다. 특히 정치인 등 나라를 움직이는 분들이 숫자를 지나치게 정략적으로 이용해 먹지 않았으면 한다.

또한 사회적으로 많이 활용되고 있는 각종 여론조사나 각종 정책 결정시 활용하는 데이터에도 오류나 허점이 생길 수 있다. 통계의 근본적인 오류라고도 할 수 있는데, 마음을 정하지 않은 부동층이 매우 많아 조사의 유의미함이 떨어지거나 특정 집단이 여론조사 자체를 불신해 아예 응하지 않을 때에는 그 결과가 전체를 대변할 수 없는 오류가 생기는 것이다. 뿐만 아니라 복지 정책에서 수급자를 선정할 때 무조건 급여나 정기소득 등 눈에 보이는 수치만을 가지고 일괄적으로 따지다 보면 기계적인 오류가 발생하고 형평성이 깨질 수도 있다. '심슨의 패러독스'가 생기는 것과 비슷한 이치다. 더 큰 문제는 그 숫자를 조작하거나 가족 등 주변 사람의 것을 도용하는 등의 인간적 오류도 생길 수 있다는 것이다. 경제 정책에서 물가·주가·환율 등 거시 지표만 바라보다 보면 실제 서민들의 삶은 잘 모르게 되고, 최고·최하 사이의 양극화가 커지는 문제를 간과하게 되어 나중에는 큰 사회 문제로 대두될 수 있다.

숫자는 숫자일 뿐, 숫자가 인간과 그들이 속한 사회를 다 대변할 수는 없다. 디지털 사회로 계속 진화해가고 있는 지금, 숫자와 데이터를 사용하는 것은 결국 인간이라는 것을 먼저 알아야 할 것이다.

예전에 프로야구를 보다가 선수 간에 벤치 클리어링이 일어나면 '지들끼리 야구하다 열 받으면 처박고 싸우는구나~' 또는 '아, 볼 만한 집단 패싸움이다~'라며 혀를 찼는데, 그런 행동에 자기 동료를 보호하고 팀의 단합도 단단히 하는 뜻이 숨겨져 있다고 한다. 정말로 그 세계에 들어가서 찬찬히 들여다보기 전에는 쉽게 판단한다는 게 정말 어려운 일이다. 또 어려워야 당연한 것이다. '열 길 물속은 알아도 한 길 사람속은 모른다'고 하지 않던가?

이제 우리 사회도 예전부터 무조건적으로 믿어왔던 고정관념과 시각을 버리고 다양한 가능성들을 열어놓는 것이 자라나는 새싹들을 밟지 않고 무럭무럭 커나갈 수 있도록 하는 것임을 명심해야 한다. 그래야 우리의 미래에 세종대왕, 아인슈타인, 스티브잡스가 다시 나오지 않겠는가?^^

칭찬은 고래도 춤추게 한다며?
그거면 다 돼?

어른들의 역할은?
: 제대로 된 칭찬과 격려, 잘못에 대한 적절한 코칭

앞에서 아이들이 스스로 힘을 키우는 것이 중요하다고 했는데, 자기 힘을 키울 수 있는 좋은 방법 중 하나가 바로 어른들의 칭찬이다. 그러나 대부분의 어른들은 "칭찬은 고래도 뛰게 한다"며 칭찬의 힘을 인정하면서도 실제로는 "그거 하면 안 돼~", "이거 많이 하면 공부 못한다~", "너 이런 것만 좋아하면 나중에 훌륭한 사람 못 된다~" 등 부정적이고 반칭찬적인 말을 더 잘 하는 것 같다.

초등학교 즈음의 어린이들은 가정과 학교에서 부모나 담임교사의 말이나 반응을 스펀지처럼 쭉쭉 빨아들이는 성향이 있어 칭찬의 중요성이 다른 어느 때보다도 중요하다. 즉, 많은 칭찬과 격려를 받은 아이는 그렇지 않은 아이에 비해 긍정성과 도전 의식 등의 면에서 훨씬 우수한 양상을 보이게 된다.

우리시대 최고의 물리학자 아인슈타인도 초등학교 시절에는 집중력이 매우 떨어지고 성적도 형편없었다. 학교 성적표에는 '이 학생은 장차 어떤 일을 해도 성공할 수 없을 것으로 판단됨'이라고까지 적혀 있었다. 그러나 그의 어머니는 아인슈타인에게 "너는 남과 아주 다른 특별한 능력을 지녔단다. 남과 같아서야 어떻게 성공할 수 있겠니?"라며 자주 격려했다. 결국 어머니의 예리한 통찰력과 돌려 말할 줄 아는 센스 있는 칭찬이 아들을 긍정적으로 유도할 수 있었고 결국 시대의 과학자를 만들었던 것이다. 칭찬의 중요성을 보여주는 단적인 예다.

그러나 칭찬의 효과가 아무리 좋다고 해도 잘못하는 걸 보고도 칭찬을 해서는 안 된다. 아이가 잘못했을 땐 앞서 얘기한 것처럼 어른이 적절한 충고를 해주고 그래도 안 될 땐 과감히 사랑의 매를 들어야 한다. 그래야 아이가 무엇을 잘못했는지를 느끼고 같은 잘못을 반복하지 않는다. 그리고 상황에 맞지 않게 칭찬을 하는 것보다는 "그걸 이렇게 생각해 보면 어때?" 하는 식으로 긍정적 인식을 유도할 수 있는 노련함이 필요하다.

또 헤브루타 교육에서 강조한 것처럼 일의 결과보다는 과정을 칭찬하는 것이 훨씬 효과가 크고 바람직하다는 것을 명심해야 한다.

아이들 스스로 공부에 빠지려면?
: 꿈과 목표를 갖게 해줘야지~

어른들이 아이들을 잘 칭찬하고 격려하여 아이들이 안정되고 긍정적인 정서 상태가 되었다면 그 다음에는 아이들에게 목표 제시와 동기부여가 필요하다. 저학년 때에는 칭찬과 매, 또는 상과 벌처럼 외재적인 동기를 강화하는 것이 효과적이지만, 시간이 갈수록 한계효용이 급격히 감소하고 나중에는 부작용까지 유발할 수 있다. 따라서 아이들이 꾸준히 성장하기 위해서는 스스로 즐기며 무엇을 하고 싶어 하는 내재적인 동기가 필요하며, 내적으로 동기가 생기면 아이들은 스스로 잠재력을 이끌어내 자기 발전의 계기를 만들 수 있다.

내적 동기를 부여하는 가장 좋은 방법은 바로 목표를 만들고 성취하도록 하는 것인데, 아이들은 어떠한 목표가 생기면 왜 공부하는지 그 의미와 이유를 알게 된다. 그렇게 되면 자연히 공부하는 것을 즐기게 되며, 공부에 흥미와 자율성이 더해지면서 성취도 자연히 높아진다. 이것은 자발적으로 즐기는 아이의 뇌에서 '세로토닌'이라는 호르몬이 분비되어 하는 일에 몰입할 수 있기 때문인 것으로 과학적으로 밝혀졌다.

그러나 반대로 아이들이 스스로 공부를 하려고 했을 때 부모가 잔소리를 하게 되면, 아이는 짜증이 나고 맥이 탁 풀리면서 긍정 호르몬도 사라지게 된다. 즉, 부모가 자기 자식에게 '공부해라, 공부해라~'고 공부를 강요하는 것은 아이의 자발적인 공부 의지를 감퇴시키고 방해하는 것으로, 결국 아이가 타성에 젖어 살아가도록 만드는 것이다. 그래서

공부는 억지로 못 시킨다는 것이다.

따라서 우리 부모나 교사들은 아이들에게 "이거 이해했어?"보다는 "이것에 대한 네 생각은 어떠니?"라며 아이 스스로 탐구할 수 있도록 물어보면서 자발성을 유도하는 것이 좋다.

올림픽에서 메달을 딴 국가대표 체육 선수들에게 물어보면, 하나같이 "태릉선수촌에서 운동하는 것이 죽을 것 같이 힘들었다"고 대답한다. 그런데 그들은 어떻게 단내가 나고 힘들어 죽을 정도의 힘든 훈련을 매일매일 참을 수 있었을까? 바로 '올림픽 금메달'과 '세계 최강'이라는 꿈과 목표가 있었기 때문이다. 이와 같이 사람에게 목표 의식이 있는 것이 매우 중요한데, 학생 단계에서의 가장 확실한 목표는 진로와의 연계, 즉 직업적 꿈을 갖는 것이다.

KBS1-TV의 '스카우트'란 방송을 보면 보통 실업계 고등학교 학생들이 유망 기업에 취직하는 자신의 꿈을 실현하기 위해 혼신의 힘을 다하는데, 방송과 기업이 협력해서 학생들에게 꿈과 비전을 제시하고 자아발전 의욕을 북돋우는 아주 좋은 프로그램 같았다.

초등학생의 경우 직업과 직접 연결시키는 것은 조금 힘들지만, 미래의 꿈을 꾸며 자신이 하는 공부에 의미를 부여하는 것과 그렇지 않은 것 사이에는 엄청나게 큰 차이가 나기 때문에 역시 중요하다. 그러나 초등학생의 꿈이 반드시 끝까지 같을 필요는 없다. 한때 꾸었던 꿈이 나에게 맞지 않는다면 그 꿈 대신 다른 꿈으로 바꿀 수 있다. 다만 한 가지 꿈을 포기하더라도 꿈을 실현시키기 위해 값진 경험을 해본 아이와 한 번도 꿈꿔보지 않은 채 크는 아이 사이에는 과정과 결과 모두에서 엄청난 차이가 생기는 것이 자명하다. 당연히 부모와 선생님이 옆에서 조언하여 잘 이끌어 주어야 한다.

꿈과 목표의 중요성을 알려주는 일화가 있다.

어렸을 때부터 수재란 소리를 들으며 서울대 재료공학과에 입학한 한 학생이 의미 없이 고시에만 도전하다가 몇 년의 시간을 날렸다. 자신이 무엇을 좋아하고 무엇을 하고 싶은지 몰랐던 그는 그렇게 방황만 하다 결국 학교를 그만뒀다. 그러나 33살의 나이에 취업과 실무 중심의 한

국폴리텍대학에 재입학하고 전체 수석으로 졸업한 후 중견 기업에 취업하게 됐다. 뒤늦게 적성과 희망을 찾은 그는 "서울대를 다닐 땐 꿈도 없고 무작정 고시나 보자는 생각으로 허송세월을 보냈다"면서 꿈과 적성 발견의 중요성을 강조했다.

예전의 한 신문기사에서 "미국의 한 연구소가 특정 시기의 하버드대 졸업생들의 졸업 후 인생을 추적한 결과, 성공해서 잘 사는 사람들도 많은 반면, 자살한 사람도 14%에 육박한다"고 보도한 적이 있었다. 아무 목적 없이 죽어라 공부해서 1등하는 것이 오히려 인생에서 독이 될 수 있음을 실감할 수 있다.

최근 우리나라에서도 경북지역의 자립형사립고에 다니며 전교 1등까지 했던 학생이 겉으로 잘못된 것이 없어 보이는데도 자살한 사례가 있다. 꿈의 부재나 잘못 설정된 목표는 이렇게도 무서운 결과를 초래할 수 있는 것이다. 그러나 아이들에게 이런 사례를 아무리 얘기해 줘도 한 번에 알아듣고 깨우치기란 쉽지 않다. 따라서 서서히 이런 것들을 이해시키면서 자신의 생각과 행동을 조금씩 다잡도록 인도해야 한다. 조금 내려간다고 비통해 하지 않고, 좀 잘 되어 간다고 우쭐대고 나태해지지 않도록 습관과 매무새를 조금씩 고쳐나가야 한다. 그러기 위해서는 목표를 잘 설정하는 것이 중요하며, 그 다음에는 아래와 같이 몸에 좋은 습관을 하나하나 들이는 것이 자신이 원하는 일들을 차례로 이뤄나갈 수 있는 비결이 된다.

'2013 〈조선일보〉 신춘문예' 시상식에는 아이 엄마가 밤에 애들 재우고 작업을 하였고, 현역 군인이 복무 중에 짬짬이 글을 쓰기도 했으며,

시골에서 농사짓고 나서 혹은 직장에서 일하고 퇴근하다 카페에서 틈틈이 작품을 써서 당선된 사람들이 많았다. 이들 모두 본업과는 별개로 글을 창작하여 당선된 것인데, 이는 일을 하고 싶은 열정과 즐거움이 밑바탕에 깔려 있었기에 가능했던 것이다.

또 '슈퍼스타K'나 '위대한 탄생' 등의 공개 오디션 프로그램들은 인기가 식지 않고 계속해서 새로운 스타들을 배출하고 있다. 왜 이런 종류의 음악 오디션 프로그램들이 인기를 끌고 있을까? 한 프로그램에서는 가난하고 너무 평범한 외모의 출연자가 우승하였는데, 언론에서는 이를 보고 서민도 꿈을 펼칠 수 있는 무대가 마련되었다면서 '공정 사회'가 구현되었다고 보도를 해 화제가 됐었다. 이처럼 음악은 생활 어디에나 있고, 요즘 젊은이들에게 좋은 목표이자 방향타로 작용하고 있다. 그리고 평범한 사람이 꿈을 이루게 된 배경은 돈이나 명예가 아닌 음악과 노래에 대한 재능과 열정, 딱 두 가지뿐이었다. 허각, 백청강, 울랄라세션, 악동뮤지션이 모두 그랬다. 건강이 매우 좋지 않거나 악보조차 읽고 쓸 수 없었지만, 그들은 그것을 극복하고 우승의 자리에 오를 수 있었다.

이처럼 방송에서 음악이 가진 순수한 힘을 보았기 때문에 필자는 다른 모든 분야에서도 충분히 가능하리라 확신한다. 아이들에게 꿈과 미래를 보여주어 그들의 끼와 열정을 살릴 수만 있다면 그들은 자신들의 재능을 마음껏 펼칠 것이다. 앞으로는 더욱 더 그런 시대가 열릴 것이다.

장기적인 관점에서 꼭 필요한 것은?
: 즐거움과 휴식은 필수~

이처럼 사람이 스스로 무언가를 하고 싶게 만드는 것이 바로 최고의 가치이며 창의성의 원천이 된다.

공자는 논어에서 "知之者(지지자) 不如好之者(불여호지자), 好之者(호지자) 不如樂之者(불여락지자)"라 하여 "아는 자는 좋아하는 자를 이길 수 없고, 좋아하는 자는 즐기는 자를 이길 수 없다"고 하셨으니, 이제 의무감으로 하는 공부보다 즐기고 놀면서 훨씬 효과적으로 학습하는 방법을 깨우치는 것이 중요하다. 이것은 비단 초등학교뿐만 아니라 인생 전체에서도 성공하는 비결이라는 것을 알아야 한다. 즉, 아무리 인생의 꿈과 의미가 크다 하여도 주변에서나 스스로가 그 과정을 강요하고 구속한다면 즐겁지 않을 수밖에 없다.

골프여왕 박세리는 자신이 슬럼프에 빠졌을 때 아버지에게 "다른 건 다 가르쳐줬는데, 왜 노는 건 안 가르쳐 줬나요?"라고 물었던 일화를 이야기하면서, "무조건 연습과 훈련을 반복하는 것보다 여가와 휴식을 병행하는 것이 장기적인 관점에서 슬럼프에 오랫동안 빠지지 않고 장수하는 비결임"을 역설했다.

자동차왕 헨리 포드는 "일만 알고 놀 줄 모르는 사람은 브레이크 없는 자동차"라고 하여 취미와 놀이의 중요성을 말했고, 최근 시대를 풍미했던 스포츠계 제왕들도 모두 본업 이외의 취미생활을 강조하였다.

골프의 제왕 잭 니클라우스는 낚시광, 유명 프로골퍼 필 미켈슨은 비행기 조종가, 전설적 F1선수 미하엘 슈마허는 축구 달인으로 유명하다. 바야흐로 일만 아는 '개미의 시대'가 가고, 일과 놀이의 조합 속에 창의력과 지속성을 추구하는 '베짱이의 시대'가 오고 있는 것이다.

호모루덴스란 말처럼 인간은 유희적인 존재로서, 문화와 예술을 즐길 줄 알아야 하며 삶에 대한 향기가 있어야 한다.

오늘날 유대인들은 그들만의 철학과 종교, 교육방식으로 세계를 주도하면서 여러 면에서 주목받고 있는데, 그 중 놀라운 것은 그들의 노동 관념이다. 그들의 노동관은 의외로 근면과 성실이 아닌 휴식에 바탕하고 있다. 6년을 일하면 7년째는 안식년으로 쉬어야 하고, 이렇게 7번을 돌면 50년째는 인간의 모든 관습을 쉬도록 한다. 땅도 매년 풍년이 들기 위해서는 중간에 한 번씩 쉬어야 하듯이 사람도 마찬가지라는 것이다. 그래서 《탈무드》는 "영혼까지도 휴식이 필요하다"고 강조한다.

예전 CF 광고에서 "열심히 일한 사람은 떠나라~"고 했던 것처럼 열심히 생활하고 공부한 아이들에게도 중간 중간 적절한 휴식을 가미하는 것은 매우 중요하다. 이것도 일종의 보상으로서 아이들의 공부나 정서에 큰 영향을 미치며, 이런 것이 자연스럽게 체득되면 평생 동안 도움이 된다.

사람은 누구나 무기력과 슬럼프를 겪게 되는데, 이것을 극복하기 위해서 더 열심히 더 세게 달릴 수도 있겠지만, 이것은 길게 보면 정답이 아니다. 잠깐 쉬면서 여가를 즐기며 반추해 보는 것이 훨씬 더 효과적일 수 있다. 그래서 음악 악보뿐만 아니라 공부나 인생에서도 쉼표가 절대적으로 필요한 것이다. 하루 중 단 30분, 한 달에 단 하루라도 공부나 일을 하다가 쉬면서 정리하는 것은 그때까지의 성과를 마무리하고 일의 효율을 높일 수 있다. 대한민국의 어른들도 유대인들의 좋은 관습을 배워 아이들을 채근하고 닦달하는 채찍 이외에 달콤한 휴식이나 여가와 같은 당근도 충분히 제시할 줄 알아야 한다.

이제는 아이들의 미래를 위해서 학교에서는 공부와 놀이·여가가 균형을 이루고, 사회에서는 그동안 강조해 온 성취와 함께 여유와 휴식, 사람 간의 좋은 관계까지도 조화를 이룰 수 있도록 해야 할 것이다.

제3의 학교,
'알랑가 몰라.'^^*

대안학교는 왜 대안이 안 되지? : '제3의 학교'란 무엇인가?

현재를 모두 부정하고 새로운 출발이 가능할 순 없다. 그렇다고 세상의 심각한 문제들을 모두 현재라는 틀을 유지하면서 개선하는 것도 분명 한계가 있다. 특히 문제가 아주 많은데 복잡하게 얽혀있거나 근본적인 부분에 치명적인 모순이 있을 때는 문제 해결이 매우 쉽지 않다.

현재 우리나라에는 지나치게 역할과 위상이 커져버린 사교육과 아이들의 즐거움과 개성을 무시하는 공교육에 대한 불만 등으로 많은 대안학교가 생겨났다. 하지만 사교육은 인성교육에 맹점이 있고, 대안학교는 비인가된 곳이 더 많으며 그들 학교 간에는 공통분모나 연합된 움직임이 없어 단지 탈공교육 또는 탈현실교육 수준에 머물고 있는 형편이다. 현 교육의 문제들로부터 살짝 벗어날 수는 있어도 그것을 개선하거나 해결하는 차원에서는 대안이 될 수 없는 것이 현실이다. 문제를 근본적으로 해결하기 위해서는 현재의 모순과 문제점들을 회피하지 않고 해결책을 찾아야만 하는데, 그러기 위해서는 새로운 패러다임의 제시가 반드시 필요하다. 필자는 그런 의미에서 '제3의 학교'를 새로운 대안으로 제시하고 싶다.

요즘 제3세계·제3세력·제3병원 등 '제3의' 무엇 무엇이라는 말이 자주 잘 쓰이는데, 여러 가지 의미가 있다. '제3의'란 말은 '첫 번째나 두 번째가 아니다'는 말로 '기존에는 별로 부각되지 않았지만 새롭게 떠오르는'이라는 의미가 있다. '이것 아니면 저것'식의 이분법적 사고에서 벗어나서 기존의 관습·관행을 탈피하는 새로운 유형이나 방식을 말한다. 또는 두 개의 주요 세력에 포함되지 않는 다수의 포괄적인 세력으로서 양측 세력 간의 진위나 시시비비를 가릴 수 있는 중도·중립적인 세력을 말하기도 한다.

한편 우리나라에서는 전통적으로 '3'이란 숫자를 좋아해서 많이 쓰곤 한다. '많다'·'조화롭다'·'완전무결하다' 등의 의미가 있고, 삼세판·삼심제·삼권분립처럼 특별히 중요하거나 신중을 기하는 일에는 대부분 3이라는 숫자를 이용했다. 이렇게 3이란 숫자의 근원적인 의미처럼 우리 학교 교육에서도 새로운 패러다임을 제시하여 기존의 문제와 좋지 않은 관행들을 개선하고, 이견이 있는 양 집단·세력 간의 조화와 균형이 잡힐 수 있도록 중심 역할을 해야 한다. 건전한 제3자 역할을 통해 정규 교육과 비정규 교육, 공교육과 사교육 사이의 공생을 모색하고, 단절돼 있는 사람이나 개념 사이를 연결하는 사다리 역할을 하면서 그 세력들을 포용하며 이끌고 가야 한다. 즉, 현재 거의 연결되어 있지 않은 A와 B 양단의 교육 사이에서 '교집합'으로서 의미가 있으며, 가급적 교차되는 영역을 크게 하기 위해 양 쪽을 중재하는 역할을 잘 해야 하는 것이다.

그래서 '제3의 학교'는 공교육의 문제점을 지적하고 개선하려 하지만, 그렇다고 기존 교육의 부작용만 인지하여 정반대의 방향으로 나아가려는 탈정규적인 대안학교와는 다르다. 제3의 학교는 양 교육 사이의 접점을 찾으려고 하지만, 그 평균은 아니다. 교육의 가장 핵심적인 문제들을 현실 속에서 해결하는 것을 시도해 봄으로써 기존 틀과 장점을 다 깨뜨리지 않도록 하는 것이 가장 큰 특징이라 할 수 있다. 즉, 이것이 우리 교육부가 대안학교로 정의한 '정상적으로 학교생활을 하기 어려운 학생, 학업을 중단한 학생, 개인 특성에 맞는 교육을 받기 원하는 학생 등을 위해 설립한 학교'나 일리치가 제창한 '탈학교 교육'과는 다른 측면이다. 정부가 이런 부류의 대안학교들에 대해 점차 설립인가를 확대하고 있으나, 아직까지는 많은 학교가 학력을 인정받지 못하고 있다.

필자가 그리고자 하는 학교는 공교육과 끈이 연결되어 있다. 그래서 내 아이가 아프거나 문제가 있어 공교육에서 이탈해 제3의 학교로 왔다 하더라도 다시 공교육으로 복귀하는 것이 가능해야 한다. 교육부로부터 인가도 받고 지원금도 받아야 한다. 무조건 정부를 싫어하고 배격하지 않는다.

필자가 주장하고자 하는 바는 1960년대 후반 미국에서 일어난 자유·개방학교와 가까운 면이 있으나, 우리나라의 교육 현실과 이념·관습 등을 반영하고 문제를 해결해 보자는 취지가 중심이기 때문에 좀 다를 뿐이다. 하지만 '작은 학급 운영'에 의한 인간성 회복, 학생의 수 업계획에 대한 적극 참여, 능력·경쟁주의 원리의 약화, 시민의 광범위한 지원 등 네 가지 특징은 이상적이면서 필자가 추구하고자 하는 학교와 도 유사점이 매우 많다. 그리고 독일의 발도로프학교나 영국의 써머힐 학교, 또 최근 우리나라의 혁신학교처럼 좋은 취지와 함께 현실적인 성 과를 정식으로 인정받아서 설립인가와 재정 지원을 받는 것이 일단의 목표가 될 것이다. 선진국형 학교 모델이면서도 우리가 원하고 우리 실 정에도 잘 맞는 학교를 세울 수 있기를 너무나도 희망한다.

근래 우리 사회가 '이것 아니면 저것'하는 식으로 이분법적으로 나누 어 해석하면서 그에 따라 사회가 분열되고 양극화되어 하나로 통합되지 못하는 현상들을 쉽게 볼 수 있다.

요즘 우리 사회에 '갑을(甲乙)관계'란 말이 유행이었는데, 우월한 사회 적 지위를 점유하는 사람이나 기업이 하부구조에 있는 사람 등을 관계 를 이용해 구속하거나 이득을 취한다는 것이다. 이제 이런 구조적인 모 순을 해결하고 그간 피해를 본 사회적 약자들을 배려한다는 좋은 취지 에는 충분히 공감이 가며, 이런 분위기가 더 유지돼야 함은 마땅히 인 정한다. 하지만 이런 사고방식의 배경에는 갑(甲)은 항상 착취하고 우월 적인 지위를 남용하는 사람으로, 을(乙)은 늘 그들로부터 피해를 당하 는 사람으로 보는 편향적인 시각이 깔려 있다는 것을 꼭 알아야 한다. 이것은 오히려 갑의 기본권을 침해해 자칫 자유 민주주의의 헌법 정신 에 어긋날 소지도 있다. 갑이 우월적인 지위에 있는 것 자체는 그 사람의 노력에 의한 것이므로 그 자체가 문제가 되는 것은 아니다.

그러나 이보다 더 큰 문제는 항상 사회 내에서 갑과 을로 나누고 순서를 매기는 이분법적인 해석인데, 이는 사회를 대립적이고 소모적인 관계로 몰아간다는 것이다. 우리 사회에는 갑과 을 외에도 병(丙)과 정(丁)도 존재하며, 내가 갑이었다가 을이 될 수도 있다. 좀 더 넓고 포괄적인 시각에서 바라보고 판단해야 부작용을 줄일 수 있다.

어쨌든 최근에 일련의 사건·사고들이 계속되는 걸 보면 아직은 우리 사회가 자신의 권위나 권력을 사적으로 이용하는 게 당연하게 여겨지는 사회이기 때문일 것이다. 사회적 성공을 위해 노력하여 높은 지위나 권력을 갖게 되면 은연중에 자신을 갑이라고 생각하고, 주변의 사람들은 자연스레 모두 을로 보는 독선적인 시각이 나올 수 있다. 늘 자기 위주로 보기 때문에 자기만의 편협한 사고와 독선에 빠지기 쉬우며, 그것이 고착화되면 피해를 주고 죄가 될 수도 있는 것이다.

대한민국 최고의 '슈퍼 갑'인 정치인들의 행동을 보면 정말 그런 생각이 든다. 국민과 민의를 대변하도록 하기 위해 뽑았지만, 실상 국민 위에서 군림하는 경우가 많다. 국민을 위한다는 대의명분으로 행동하지만 실제 따져보면 그렇지 않은 경우가 많다는 얘기다. 쉬운 예로 그들이 군부대를 방문한다고 하면, 과연 그게 군인들에게 큰 격려와 도움이 될까? 물론 격려금을 받으면 회식도 한 번 할 수 있고 부식도 더 많이 지원받을 수 있겠다. 하지만 예전의 군생활 경험을 비춰보면 도움보다는 오히려 사열 준비로 피곤함만 부를 수 있다. 군대에서 제일 '빡센' 것 세 가지를 꼽으라 하면 ① 선임병 얼차려 ② 유격·혹한기 훈련 ③ 스타급 이상 지휘관의 부대 방문이다. 물론 갑들은 진짜 도움을 주려 하는 의도에서 한 행위일 수도 있겠지만, 가장 밑에 있는 을들의 상황을 경험해보지 못했기 때문에 그들의 진짜 마음은 잘 모를 수 있다.

이처럼 우리 사회의 갑들은 그간 많은 혜택과 자기만의 시각으로 사회를 불편하게 했던 것이 사실이다. 그러다 최근 인터넷과 언론 등을 통해 사회가 점점 개방되면서 사건들이 터져 나오고 있는 것이다.

필자는 여기서 매우 궁금한 것이 있다. 왜 정치인들은 쉽게 바뀌지 않고 '관행화된 잘못'을 되풀이할까? 왜 여당과 야당은 서로 헐뜯고 깨물어야 하는가? 정당 이름이 수없이 바뀌어도 왜 그 대결구도는 한 번도 바뀌지 않을까? 이게 정당정치의 한계인가, 아님 우리나라 실정에는 양당제 비슷한 체제는 맞지 않는 것인가? 또 그들 왜 자꾸 고(故) 박정희 대통령을 놓고 왈가왈부하나? 돌아가신지 얼마 되지도 않은 분에 대해 역사적인 평가를 내리는 것은 성급한 게 아닐까? 적어도 3대 정도는 지나야 객관적인 평가가 되지 않겠는가? 다른 누구를 공격하고 싸잡아 내리기 위해서 비난하는 것은 아전인수에 불과할 뿐이다. '잘한 것은 잘했다, 못한 것은 못했다' 인정해야 되는데, 우리 풍토는 그렇지가 못하다. 독재를 한 것도, 획기적인 경제발전의 토대를 구축한 것도 분명한 사실이다. 그 시대는 그래야만 했던 상황이었고, 독재가 오히려 민주화를 앞당기는 결과를 낳았다고 볼 수도 있을 것이다. 본인 의도가 아니었을 수는 있겠지만, 분명 그는 역사적으로 큰 계기가 되었다. 고(故) 노무현 대통령도 마찬가지이다. 조선시대 임금님을 민주 정치의 관점에서 잘못됐다 비판할 것인가? 우리 역사의 흐름 속에서 단면을 이해하는 것으로 충분하며, 과거 정치권 잘못을 거울 삼아 부끄러운 부분을 이제라도 떨쳐낼 수 있으면 그만이다.

그러나 우리 정치의 현실은 아직까지 성숙하지 못하다. 왜 그토록 능력 있고 똑똑한 사람들은 인사 청문회에만 나오면 기어 다니나? 병역이나 부동산 투기, 위장전입 등의 문제 전력이 없는 사람이 많지 않다. 과거에 아무리 그랬다 할지라도 이제부터 과감히 악순환의 고리를 끊고 변신해야 한다.

우리 사회 보수의 단점은 자기가 고생하고 어렵게 자리에 오른 만큼 좋은 처우나 특권을 계속 유지하려 한다는 것이다. 자기가 많은 대우를 받는 것을 당연하게 여기지만, 잘 내려놓지 않고 심지어 자기 자식들에게까지 대물림하려 한다. 또 자기들끼리 이너서클을 만들고 벽을 두껍게 치면서 반대 입장이나 새로운 사람들을 잘 인정하지 않는다. 그래서 '회전문 인사'가 되고 '그들만의 리그'가 되는 것이다.

반대로 진보의 단점은 지금의 체계와 기득권 세력들을 무조건 싸잡아 비난하고 부정하는 것이다. 모든 기득권 세력이 모든 단점을 다 가진 것처럼 취급하며 장점은 전혀 인정하지 않는다.

그래서 우리 사회의 보수와 진보는 창과 방패의 관계처럼 무조건 공격하고 대립하는 관계로만 치달아 왔다. 사람 중에는 오른손잡이도 있고 왼손잡이도 있지만, 그들이 서로를 공격하고 못 잡아먹으면 안달이 나는 대립 관계에 있는 것은 아니다. 그들은 모두 똑같은 사람이고 서로 돕고 살기에도 바쁘다. 그러나 그들이 이념만 갖고 덤벼들면 싸움이 끝이 없다. 사람에게 있어 이념을 갖고 살아가는 것은 너무나도 중요하지만, 그렇다고 이념이 현실을 바라보지 않거나 평행선이 되어버리면 본말이 전도되어 차라리 없는 것만 못하다.

우리 사회가 제대로 굴러가려면 흑과 백의 소모적인 이념 구분과 다툼을 없애고 좀 더 균형 잡히고 발전적인 새로운 이념들이 자리 잡아야만 가능할 것이다. 보수는 매일 큰 틀의 논리나 역할만 강조할 것이 아니라 다른 환경에 있고 부수적인 역할을 하는 사람들도 이해하려고 노력해야 하며, 진보는 기득권의 속사정도 모르면서 그들의 역할을 하나같이 부정하지 않아야 하는 것이다.

그리고 정치인이나 대기업 CEO, 공공기관 수장 등 이미 사회적인 성공을 거두고 높은 지위에 오른 사람이 반드시 많은 급여와 물적 보상을 받아야 되는 건 아니라고 생각한다. 그들의 능력이나 노력만큼 보상은 저절로 따르는 것이지만, 가질 만큼 갖은 사람들이 그것을 사회에 환원할 수 있을 때 '노블리스 오블리제'라는 문화가 정착할 될 수 있다. 재산은 줄고 지위는 그대로일지 모르지만, 사회적인 존경을 받을 뿐만 아니라 우리 사회에 참다운 트렌드를 형성하는 데 기여할 수 있는 것이다.

우리나라에 자기만의 기부나 나눔으로 모범을 보이며 그들의 인기를 사회에 환원하고 있는 유명 연예인들이 많이 있다. 션·정혜영 부부는 자기 자식만 4명이 되는데도 아동 교육기금으로 5년간 5억 원을 기부하는 등 전세계 불우아동 후원에 주력하고 있다. 이들은 잉꼬부부로서 연예인답지 않은 소박함과 나눔 정신으로 많은 사람들의 귀감이 되고 있다. 가수 김장훈 씨는 장가도 안 갔지만 많은 금액의 기부와 독도 찾기 운동·세계평화콘서트 연출 등을 통해 그만의 특별한 삶을 살고 있고, 국민 여동생 문근영 씨는 아주 어릴 때부터 통 큰 기부로 예쁜 외모만큼이나 많은 칭찬을 받아왔다. 방송인 현영 씨는 1억 이상 고액 기부자 모임인 '아너소사이어티' 회원이며, 최근 수년간 뇌성마비복지회를 위해 재능기부·봉사활동을 펼치고 있다.

이렇게 사회공인들의 기부 활동은 단지 가난한 사람에게 돈을 적선하는 데 그치는 것이 아니라, 다양한 유형으로 자신의 개성을 발휘하고 꿈을 실현할 수 있는 길과도 연결되어 있다. 무엇이 이들을 기부와 나눔 활동으로 이끌었는지는 모르지만, 이것이 우리 사회 갑들이 할 수 있는 진정한 노블리스 오블리제이자 우리가 꿈꾸는 사회로 다가갈 수 있는 밝은 길이란 사실만은 확실하다.

사회에 대한 영향력이 막강한 연예인과 청소년들의 우상인 아이돌이 먼저 나서 바른 사회를 만든다면 너무나도 이상적인 사회가 될 것이다. 연예인들은 흔히 처음 시장에 나와서 인기를 얻기 위해 노력하고, 그러다 뜨게 되면 방송 출연을 많이 하다가, 최종적으로 CF를 많이 찍는 것으로 귀결되는 경우가 많다. 그러나 이러한 'CF 킹'·'CF 퀸'의 최종 단계 다음에 '나눔 짱'·'선행 짱' 등으로 한 단계 더 올라갈 수 있는 문화가 형성되었으면 하는 간곡한 바람이 있다.

갑들이 변해야 사회가 변한다. 너무나 길고 장황한 '갑을관계'에 대한 단상(斷想)이었지만 정말 이제는 사회와 교육 모든 면에서 바뀌어야 할 때가 되지 않았나 싶다.^^

제3의 학교로 가는 길? : 선진학교 벤치마킹과 미래적 대안 마련

1. 21C 개혁교육의 성공 모델로 평가받는 독일 발도르프 교육

발도르프 교육은 사회 공정성의 원리를 학교 분야에 실현한 것으로, 수평적·공동적인 교육을 강조한다. 수업은 인간의 발달 단계에 맞춰 실시하며, 1학년 때부터 다양한 예술과목을 배우면서 창조적인 능력과 체험 능력을 발달시키는 것이 특징이다. 학생들은 수업을 통해 나무·동물·시냇물 등의 자연을 접하고 자연스럽게 정서적인 교류를 함으로써 자연을 사랑하는 법을 배운다. 또 일정 학년에 이르면 '에포크 수업'이라 하여 국어·역사·수학·과학·외국어 등의 주요 과목을 집중적으로 공부하여 학습 효과를 극대화한다. 일반적인 성적제도를 제거하는 대신, 성적표에는 학생들의 개별 과목에 대한 노력과 성과의 발달 정도, 재능의 상태 등을 표기한다. 교사가 담당하는 모든 학생들에 대해 지속적으로 관찰하고 관심을 유지해야만 가능하다.

발도르프 교육의 특징과 장점은 이보다 훨씬 더 많지만, 이미 다른 책에서도 많이 소개되었고 국내에도 자유 발도르프 학교들이 설립되어 운영되고 있으므로 더 열거할 필요는 없을 것이다. 다만 위에서 얘기한 요소들만이라도 우리가 새 교육에 접목을 한다면 새로운 유형의 학교 만들기에 많은 도움이 될 것이다.

2 창의력을 높일 수 있는 교육법과 명상·운동의 힘

창의성의 개념은 반드시 무언가를 새롭게 창조하는 능력만을 뜻하는 것은 아니다. "하늘 아래 새로운 것은 없다"라는 말이 있듯이, 발명과 발견은 조금 다른 것이지만 모두 창의적인 고민과 노력에서 나오는 것이다. 일례로 요즘 도로 위의 자동차 뒤 유리창에 붙인 '운전 조심' 알림 문구를 쉽게 볼 수 있는데, 그런 것에서도 창의성을 발휘할 수 있다. '왕초보 운전, 밥은 하고 나왔어요~'·'3시간째 직진 중~'·'까칠한 아이가 타고 있어요~' 등 자기 입장을 잘 대변하면서 차로 꽉 막힌 갑갑한 시내에서 그나마 운전자에게 순간의 미소를 줄 수 있는 이런 문구들이 창조가 아닌가 싶다. 재미있으면서도 자기만의 개성을 잘 담아낸 독창적인 것이라면 그것이 바로 창의성을 살린 것이다. 그래서 모방을 잘 하는 것도 창의력을 키우는 비결이다. 즉, 주변에서 쉽게 지나치는 것들 중에서도 무엇을 새롭게 해석하고 재배열하고 조합하는 과정에서도 새로운 창조물이 나올 수 있다. 어떤 사물이나 대상을 잘 관찰하고 흉내 내다가 자기만의 스타일을 찾을 수도 있다. 대신 남의 것을 쉽게 베껴서 한탕 해먹으려는 '표절'만 아니면 된다. 연습 차원에서는 충분히 가치가 있다는 말이다.

실제 창의성을 높이는 교육법이 따로 있을까? 토론과 논쟁의 수업방식 '헤브루타' 수업과 집중력·실천력을 높이는 '2a-Think' 수업모델이 창의성 교육의 좋은 사례가 될 것이다. 헤브루타는 제1단원에서 자세히 설명하였고, 후자는 학생이 1주일 동안 뉴스·신문·다큐 등의 미디어에 나온 내용을 스스로 찾고 토의·토론을 통해 사고·학습하게 하는 방법이다. 헤브루타 수업이나 NIE 활용교육과 비슷한데, 학생 스스로 과제를 찾고 사고하도록 한다는 것이 요지이다. 또 이와 비슷한 '피어티칭(peer teaching)'이란 교육법도 요즘 유행하고 있다. 교사가 사회를 보고 학생들끼리 자신이 잘 아는 주제나 문제에 대해 서로 가르치고 배우는 것인데, 이것은 '브레인스토밍'과 같이 동료 간의 자발적인 참여에 의한 장점이 많은 교육법이다.

이뿐만 아니라 과학·교육 강국인 이스라엘에는 교육에 활용할 만한 창의적인 사례들이 많다. 과학자들이 정기적으로 술집과 카페에 모여 손님들 앞에서 과학 강연을 하고 함께 토론하는 '과학의 밤'을 보내는데, 거기에서 뜻밖의 성과들을 얻는다고 한다. 항생제를 비롯한 많은 의약품들이 어떤 실험의 뜻하지 않은 부산물로 얻어진 것처럼 말이다.

이런 예들처럼 창의성은 생각보다 별 것 아닌 과정 속에서 얻을 수도 있다. 정말 대단한 아이디어는 아주 우연히 0.1초 만에 지나가는 영감에서 나올 수 있기 때문이다.

명상은 앞서 얘기했듯이 스트레스 해소와 면역력 증가를 통한 힐링 효과가 있으며, 알파파가 증가하고 세로토닌을 분비하여 아이들에게 학습 동기를 고취하고 성적을 향상시키는 것으로 이미 증명되었다. 혜민 스님이나 아잔 브라흐마 스님 등 수도자·철학가들은 "명상을 통해 고통을 멈추고 업무 효율을 몇 배로 끌어올릴 수 있으며, 창의적이고 기발한 아이디어는 우주에서 떨어지는 것으로 명상을 해야만 창의력이 높아진다"고 명상의 중요성을 강조한다.

또한 운동도 학습의 효과를 배가시킨다. 하루 종일 딱딱한 책상에

앉아 무식하게 책들과 씨름하는 것보다 공부 중간에 달리기나 구기 종목, 산책 등을 잠깐씩 해주면 공부에 대한 집중력이 높아지는데, 이것은 운동을 하면 기분 전환이 되고 뇌 혈류량이 20% 증가하기 때문이다. 특히 우리 뇌는 온도에 매우 민감하여 두뇌 운동을 지나치게 많이 하면 뇌기능이 현저히 저하된다. 뇌를 혹사시켜 온도가 많이 올라가면 염증이나 스트레스 반응이 심해져서 뇌세포가 손상되기 때문에, 중간에 운동이나 휴식으로 뇌를 쉬어주는 것이 매우 중요하다. 학교에서 시간표 구성에 적극 활용해야 하는 부분이다.

3. 나를 객관적으로 바라보는 '왓칭(watching) 효과'

《왓칭》이란 책을 재미있게 보았는데, 내용이 상당히 신선하면서 수긍할 만한 것들이 많아 대안교육의 한 방법으로 소개하고자 한다. 중심 내용은 내가 만물을 어떤 시선으로 바라보는가에 따라서 사물이 변화한다는 것이다. 생각의 힘은 거리에 상관없이 대상을 변화시킬 수 있는데, 감사와 사랑의 마음으로 음식을 먹으면 영양분의 흡수율이 높아지고, 청소할 때마다 살이 빠져나간다고 생각하면 실제로 살이 빠진다는 것이다. 물질과 우주를 구성하는 미립자가 사람의 생각을 읽을 수 있고, 물질은 물론 사람의 몸과 마음, 지능까지 바꿀 수 있다고 전한다.

《시크릿》이란 책에서 우리가 간절히 마음을 먹게 되면 그것을 우주로부터 끌어들여 이루어진다고 한 것과 비슷한 얘기다. 필자도 살면서 그런 경험들을 해 보았다. 어려서 전자오락실에 갔을 때 옆의 아이가 오락하는 모습을 보면서 '나도 저렇게 잘 했으면…' 하고 염원했는데, 며칠

후에 필자는 그 이상으로 오락 게임을 잘 하고 있었다. 또 고등학생 시절 농구를 좋아하게 되면서 '농구 바이블'이었던 '슬램덩크'에 나오는 모습을 머릿속으로 되새기곤 했는데, 몇 달 뒤에 필자가 비슷한 장면을 연출하고 있는 것이 아닌가? 진실하게 무언가를 원하고 노력하면 언젠가 그것을 얻게 되는 것이다. 물론 내가 이루고자 하는 일의 비중과 그걸 바라는 내 마음의 간절한 정도에 따라 소원이 이뤄지는 시기나 완성도에 차이가 있을 수는 있겠지만, 그런 마음으로 인해 내가 과거의 나보다 훨씬 발전해 있었다는 것은 분명했다. 조금 지나면 아이들에게 이런 것들을 잘 가르치고 활용할 수 있는 교사나 교육법이 많이 나오게 될 것이고, 내가 꿈꾸는 제3의 학교에서도 실천될 것으로 믿는다.

이에 덧붙여 '관찰자 효과'도 무시할 수 없다. 나의 감정과 상태를 내가 아닌 남이 되어 바라보게 되면 감정을 조절할 수 있다는 것이다. 초등학교 초반부터 이런 것을 잘 가르쳐서 체화시키면 아이들이 긴 슬럼프에 빠지지 않고 본인이 하고 싶은 공부에 집중할 수 있을 것이다. 나를 남의 시각에서 바라보면서 좋은 모습을 계속 그리고 상상하면 부정적인 생각을 꺼버릴 수 있기 때문이다.

끝으로 학교에 자연 채광이 잘되는 통유리를 설치하면 좋다고 추천하면서, 그것이 학습 성취율 향상으로 이어지는 것을 실험 결과로 제시하였다. '자연은 그 자체로 위대한 스승이다'라는 말처럼, 아이들이 자연과 너무 떨어지지 않은 채 자연을 느끼며 공부에 전념하게 되면 아이들의 감성과 이성이 조화를 이루어 영성까지 고루 발달할 수 있다는 것이다. 그렇게만 된다면 진정한 대안 교육으로 자리 잡게 될 것이다. 더 자세한 내용과 방법을 알고 싶다면 관련 도서를 꼭 한 번 참조하기 바란다.

TIP : '입학사정관제'의 의미와 숙제

'입학사정관제도'란 대학이 각자의 기준을 정하고 전문 채용관을 통해 학생을 선발하는 제도이다. 기존의 내신·수능 성적 위주가 아닌 학교에서의 성실성과 인성, 향후 발전 가능성까지 포함하는 사람의 가치를 종합적으로 평가하며, 심화 면접 위주로 학생을 선발하는 방식이다. 그러나 실제 운영상에는 학생부·자기소개서·추천서·외부활동 보고서 등 지나치게 복잡한 전형 요소에다 각종 스펙까지 반영하면서 오히려 사교육을 조장하는 것으로 비판받기도 한다. 필자의 생각에는 지금은 도입 초기라서 시행착오가 생기는 것일 뿐, 입학사정관제 취지 자체는 옳은 것이며 잘 정착되어야 할 제도이다. 그래서 정부도 대안을 마련하고 잘못을 바로잡고 있다. 이 제도가 이상적으로 자리 잡는다면 학생 선발 시 100% 활용해도 좋을 것이나, 현실상 물리·시간적인 제약이 크고 주관이 지나치게 개입될 수 있어 비리의 여지도 있다. 이를 차단하는 것도 중요하지만, 여기서 제일 중요한 것은 아이들의 개성과 장점을 최대한 끌어내려는 취지를 잘 살리는 것이다. 그러기 위해선 정부가 기본 틀만 정해주고 나머진 대학에 일임해야 한다고 생각한다. 그리고 전문 채용관이 학생들을 면접·평가할 때 가장 중점적으로 봐야 할 것은 학생들의 인성과 인생에 대한 진실함 두 가지이다. 아이들이 스펙을 조작하거나 학원 등을 통해서 미리 맞춤형으로 연습한 경우는 주도면밀하게 꼬리에 꼬리를 잇는 질문을 통해서 반드시 걸러낼 수 있어야 한다. 그래야 인사 전문가라 칭할 수 있지 않겠는가? '슈퍼스타K'의 메인 심사위원 정도면 실력과 진위를 가려내기에 충분하지 않을까 생각한다.^^

입학사정관제도에서 자신의 경력을 조작하거나 대리로 스펙을 차곡차곡 쌓아놓는 것은 프로스포츠에서 승부조작을 하고, 교사가 촌지를 받고, 의사가 허위 진단서를 발급하는 것과 같이 그 제도가 생긴 근간 자체를 흔드는 악랄한 행위이기 때문에 철저히 분별하여 확실한 벌을 주어야 할 것이다. 만약에 이러한 대입제도와 학생 평가 방법이 제도로서 잘 정착만 된다면, 누구나 다 초등학교 때부터 미리미리 준비들을 해나갈 수 있으리라 생각한다.

그리고 한 가지 덧붙인다면 수시 입학·입학사정관제 등의 대입전형이 너무 복잡한 것이 문제다. 학생·학부모를 힘들게 하고 사교육을 조장하기 쉽다. 좋은 제도는 쉽고 간단해야 하는 만큼 정부가 잘 고쳤으면 한다. 필자는 객관식 문제를 5지선다로 출제하는 것도 많다고 본다. 5개나 되는 항목을 억지로 끼워 맞춰야 하는 것은 문제 만드는 사람이나 읽는 사람이나 다 피곤하다. 문제 보기를 3~4개로 해도 정답 개수를 정해놓지 않으면 충분히 어렵게 하여 변별력을 키울 수 있다. 갈수록 복잡해져 가는 세상 속에서 해보는 푸념들이었다.

어쨌든 6·25전쟁 이후로 우리나라 교육은 엘리트 중심으로 운영돼 왔다. 체육교육도 가능성 있는 인재를 잘 조련하고 육성해 전문가와 국가대표를 만드는 체제였다. 그러나 시대가 변해 교육과 체육활동 자체가 일부만을 위한 것이 아니라 우리 구성원 전반에 고루 필요하다는 것을 알고 초점이 바뀌어 가고 있다. 이제 엘리트 철학과 평균의 미학이 잘 조화되어야만 진정한 가치를 발현할 수 있는 시대가 온 것이다. 우리 교육이 앞으로 명심하고 지향해야 할 바라고 생각한다. 그래서 초등학교에서도 아이들이 꼭 배워야 할 것은 공통으로 배우고, 개인적으로 필요한 것은 선택하여 집중·심화 학습으로 배우면 되는 것이다.

제1단원에서 말하기 놀이, 대화와 질문식 수업 등은 반드시 해야 한다고 언급한 바 있는데, 한 발 더 나아가 5~6학년에서 반드시 배워야 할 과제가 있다. 바로 '자기표현과 발표' 수업이다. 미국의 링컨·오바마 대통령은 탁월한 연설 능력을 바탕으로 대통령에까지 오른 대표적인 인물이다. 반면 우리나라는 성인들 중 많은 수가 대중들 앞에서 얘기하고 발표하는 걸 매우 어려워하고 부담스러워 하는데, 초등 단계에서 이런 수업들을 단계적으로 배움으로써 누구나 당당하게 자기 생각을 발표할 수 있을 것이다. 또 수업이 제대로 이루어진다면 위에서 말한 입학사정관제에 대비한다고 하여 따로 사교육을 받지 않아도 기본적인 대비가 될 것이다.

수업은 다음의 세 단계로 이루어진다.

① 발표의 방법과 기술 습득 : 발표 능력은 학교 선생님이나 외부 학원의 PT·스피치 전문가에게 맡길 수 있다. 조맹섭 카이로스 PT연구소장은 대인 앞에서 발표할 때 가장 중요한 것은 메시지 전달이라고 강조한다. 대외소통 능력과 PT 기술도 중요하며, 심리학·인체공학·커뮤니케이션학·색채학 등을 접목하면 독창성을 발휘할 수 있다고 한다. 초등 단계에서는 전문적인 수준까지는 조금 어려울 수 있지만 꾸준한 교육을 통해 충분히 가능할 것이다.

② '스타트업 위크엔드' : 개발자·영업자·기획자·디자이너 등 모든 사업 주체가 2박3일간 합숙을 하며 창업을 위해 협업하는 것으로, 이를 교육에 적용한 것이다. 아이들이 최종 발표 전에 담임교사 및 발표 전문가, 학부모와 같이 모여 집중적으로 교육하는 시간을 갖는다. 이런 교육을 통해 아이가 전문 기술을 습득하고 발표 내용을 충분히 논의하는 것은 물론 자기 자신에 대해 성찰할 수 있는 기회를 갖게 된다.

③ 졸업 발표 : 졸업 작품 발표회처럼 모든 학생이 시기를 정해 일괄 발표한다. 주제는 '자기 자신과 꿈, 미래'에 관한 것이며, 발표 전에 교사와 함께 내용과 방법을 상의한다. 방법으로는 예비 창업자가 투자자를 대상으로 3분 내 설득하는 '로켓피치'방식이나 실리콘밸리 벤처 기업인들이 100초 이내에 아이디어를 어필하는 '엘리베이터 피치'법 등을 적용할 수 있다. 이 발표 과제는 모든 학생이 졸업할 때 완수해야 하는 필수 과정인데, 아이들이 초등학교 단계에서 반드시 익혀야 하는 말하기 능력과 많은 사람들 앞에서 담대하게 발표하는 능력을 체득할 수 있다.

대안만이 대안이라고 해서 다 같은 대안이 되는 것은 아니다. 여태까지 교육에 있어 제3의 대안을 열심히 찾아보았다면 이제는 그것을 실천하는 길로 나아가야 한다. 대안적 교육이 잘 실현되는 사회가 된다면 우리 아이들은 더 이상 남과 경쟁하지 않고 자신만의 신성을 찾고 발현하는 데 집중하며 살게 될 것이며, 대한민국의 미래와 지구 전체가 밝아질 것이다.^^*

우리 아이를 의대·법대에 어떻게 보낼까?

김연아·박태환·최나연을 만들고
싶은데, 좋은 방법이 없을까?

제5단원

신성 :
"못 가본 길이 더 아름답다"

아이가 정말 하고 싶어 하는
일을 하면서 살 수는 없을까?

"성공한 사람이 되려하지 말고
가치 있는 사람이 되려고 하라."

– 아인슈타인

늦었다고 생각할 때가
가장 빠른 때이다

성공과 가치, 같은 것인가?
: 다르다. 패러다임의 전환이 필요!

남들의 대안이 과연 나의 대안이 될 수 있을까? 교과서대로 살아가고 지름길로만 가려는 것이 정말 행복한 길일까? 지금 우리 학교는 물론 사회 전체가 불행하게도 너무나 한 길만을 좇고 있다. 영어·수학 등 중요 과목을 포함한 전체 성적이 1등이면 본인과 부모, 교사까지 모두 만족해한다. 그것이 타고난 영리함에 의한 것이든 학원·과외를 통한 선행학습에 의존한 결과든 간에 상관이 없다. 또 나의 적성과 흥미, 즐거움과 크게 연관이 없어도 그만이다. 내 길을 발견하고 도전하는 것보다 남들이 다 인정하는 분야에 취직해서 편안하게 보장된 삶을 사는 것이 꿈과 목표라니 참 서글픈 세상이다.

공부를 잘하면 영재 과정을 거쳐 외고나 과학고를 가야 하고, 그 다음엔 의·치대나 법대·경영대 등 취업이 보장되고 돈 잘 벌 수 있는 곳으로 가는 것이 정도(正道)로 통한다. 그러려면 실력과 성적, 스펙까지 잘 갖춰야 하며, 여기에는 부모의 경제력과 지원 정도가 관건이 되어가고 있다. 이제 개천에서 용 나기는 낙타가 바늘구멍 찾는 것 이상으로 어려워졌으며, 잘 사는 집의 아이가 공부도 더 잘하는 '부의 대물림 시대'가 되었다고들 말한다.

이게 사실일까? 그렇다면 재벌총수의 자식들은 모두 확률적으로 보장된 행복한 삶을 살아야 할 것이다.

과연 그럴까? 필자의 생각엔 오히려 그들이 부자유롭고 불쌍할 가능성이 더 크다. 왜냐하면 그런 사람들은 삶의 기준이 재화와 물적 풍요에 맞춰져 있는데, 많은 것을 갖고 시작해서 더 높은 단계로 올라가지 못하면 불행할 수 있기 때문이다. 그래서 그들의 인생이 더 힘들거나 공허할 수도 있는 것이다. 어쨌든 이러한 대한민국의 현실과 성공에 대한 관념은 필자가 알고 있는 진리나 이상향과는 너무나 다르고 괴리되어 버렸다.

인간은 저마다 개성과 장점, 나아가 소명을 갖고 태어났고, 이를 잘 살릴 때만이 신성한 길을 걸으며 진정한 삶을 살 수가 있다. 모든 인간은 생김새나 손금, 목소리 등 타고난 모든 것이 다르듯이 저마다의 개성을 갖고 있고, 꼭 1등이 아니어도 자기만의 길을 즐겁게 갈 수 있다. 다만 자기 개성과 길을 쉽게 찾지 못하는 것뿐이다. 메이저리그나 NBA 등 세계 최고의 프로스포츠를 보면 선수마다 갖고 있는 폼이 모두 다르고 개성이 넘친다. 또 국내의 유명 가수들은 모두 다 노래를 잘 하지만, 저마다 음색과 특징이 다르다. 고음을 엄청나게 잘 올려서 인기 있는 가수도 있지만, 감칠맛 나는 중저음으로 팬들을 사로잡는 가수도 있다. 자기 개성을 잘 알고 충분히 살린다면 그게 바로 일등형 인간이다.

그래서 그리스의 대철학자 소크라테스는 "너 자신을 알라~"고 했다. 인생의 정답은 이미 인간 내부에 있는 것이며, 외부 환경은 단지 내면의 꿈을 실현하는 과정으로 작용할 뿐이라는 것이다. 조병화 시인은 "결국 나의 천적은 나였다"고 표현하였고, 국민 마라토너 이봉주 씨도 "마라톤에서의 우승은 내 싸움을 이긴 것"이라고 말하였다.

결국 인생은 자기 자신과 싸우는 과정 속에서 스스로를 알아가는 것이다. 남들의 시선과 기준을 버려야 하며, 그러기 위해서는 우리 모두 인식을 전환하고 행동으로 실천해야 한다. 그래야만 자기를 알고 신성을 찾을 수가 있다. 물론 힘들고 외롭거나 세상이 불공평하다고 생각될 때에는 신성이니 나만의 가치니 하는 것들을 믿기 싫을 수도 있다. 그러나 그럴수록 그 자리에 멈추어서 서서히 호흡하며 자신을 더 관찰해야 한다. 그것이 바로 앞서 얘기한 '힐링'이자 '나를 찾는 길'이 될 것이다. 지금처럼 '개인의 가치'가 돈 많이 벌고 높은 지위에 올라가는 '사회적 성공'과 같은 의미로 취급돼선 안 된다.

이제는 더 이상 기존의 시각에 묶여 있어서는 안 되고, 제3의 인생철학과 기준을 만들어 변화해야 한다. 더 머뭇거리거나 늦어선 안 된다. 내 인생은 물론 이 세상 사람들의 인생도 더 이상 무의미하게 흘러가게 할 수는 없다. 사회 곳곳에 모순과 골칫덩이 문제들이 꽉꽉 들어찬 지금이 오히려 변화할 수 있는 최고의 적기다. 다 같이 바꿔보자.

특별한 계기를 통해 단점을 극복하고
자기 길을 걷고 있는 사람들

우리 주위에는 주변의 시선을 의식하지 않고 자신의 길을 훌륭하게 가고 있는 사람들이 많다. 평범한 사람에서부터 유명 연예인, 또는 장애를 갖고 있는 사람들까지….

뇌병변 2급의 장애가 있는 정원희 양은 장애를 뚫고 서울대학교 경영학과에 입학하였다. 그러나 명문 대학에 입학했음에도 불구하고 학교에서 정상의 몸을 갖고 생활하는 다른 여학생들을 부러워하는 자신을 발견하였고, 더 나아가 자신의 몸을 싫어하기까지 한다는 걸 깨달았다. 그러나 그녀는 남들이 취업을 걱정하는 시기에 자기 자신을 있는 그대로 받아들이기로 마음먹었고, 연극을 새롭게 시작하게 되었다. 그녀는 연극 활동과 함께 장애를 가진 자신을 조금씩 있는 그대로 받아들이게 되었다. 그리고 현재도 자신을 사랑하기 위해 끊임없이 노력하고 있고, 점점 나아지고 있다.

김효진 썬코아 대표는 '전통적으로 남성의 분야로 여겨지는 용접·설계 분야에서 단신의 여성이 하기 힘들다'라는 고정관념을 깨고 직접 특수용접 로봇을 개발해 대표에까지 올랐다. 그녀는 처음 직장에 들어가서 신체적인 콤플렉스와 편견으로 많은 손해를 보았지만, 이를 극복하려는 각고의 노력을 통해 기술전에 출품하여 당선되었고, 결국 자기만의 길을 개척했다.

폴 포츠는 휴대전화 판매사원에서 유명 파페라 가수로 대변신에 성공한 의지의 영국인이다. 가난과 질병, 못생긴 외모와 왕따 경험을 노래에 대한 열정과 오디션 프로그램 출연으로 극복해낸 후 "성공은 무형의 가치로 따지는 것"이라고 말했다.

결국 이들은 남들의 시선과 이목에 굴하지 않고 자기만의 방식으로 갖고 있던 단점과 삶의 시련들을 이겨낸 사람들이다. 특히 거기에는 자신이 좋아하는 것에 대해 포기하지 않는 끊임없는 열정과 반전시킬 수 있는 계기를 만드는 능력이 결정적인 역할을 하였다.

결국 '하늘은 스스로 돕는 자를 돕는다'는 말이 세상 누구에게나 통용될 수 있음을 보여주는 것이다.

가치 있는 삶을 사는 방법은?
: 나만의 시각으로 나만의 길을 찾아야~

옛 중국의 《장자(莊子)》에는 '불균수지약(不龜手之藥)'이라 하여 '손 안 트는 약을 팔아 장군이 된 사나이'의 얘기가 있다.

송나라에 대대로 빨래만 전문으로 해서 먹고 사는 집안이 있었는데, 찬물에도 손이 트지 않는 약을 만들어 겨울철에도 큰 어려움 없이 빨래를 할 수 있는 남다른 경쟁력을 가지고 있었다. 우연히 그 사실을 알게 된 한 사람이 그 약과 비법을 큰 거금을 주고 사게 되었는데, 세탁소 집안은 그 돈으로 큰 농토를 사서 농사를 짓고 살게 되었다. 대신 약을 산 사람은 오나라 왕에게 약 만드는 비법을 갖고 찾아가서 장수가 되기를 요청했다. 이때가 마침 한겨울이었고 옆의 월나라가 오나라를 공격한 시점이어서 그는 운 좋게 장수로 임명되었다. 그리고 자신의 병사들에게 손 안 트는 약을 대량으로 만들어 바르게 하여 혹한의 추위에서 강한 전투력을 이끌어 내서 월나라 군대를 물리치게 되었고, 결국 왕의 신임을 얻어 제후에까지 오르게 된다.

이 고사의 교훈은 바로 똑같이 손에 바르는 약이라 하더라도 그 쓰임에 따라 가치가 천차만별로 달라진다는 것이다. 이것은 단지 남의 재능이나 업적을 가로채 인정받으라는 뜻이 아니라, 자기만의 개성과 시각으로 인생을 사는 것의 중요성을 말한다. 그래야만 창의성과 경쟁력이 생기고 즐거움도 따른다는 얘기다.

어린이들에게 전기를 많이 읽으라는 것도 같은 이유에서다. 필자가 '이순신 장군' 또는 '발명왕 에디슨' 전기를 읽었다고 해서 요즘 시대에도 똑같이 거북선을 만들어 왜군을 무찌르거나 계란을 품고 학교를 자퇴하고 전구나 라디오를 만들겠다고 생각하라는 말은 아니다. 그들이 어떤 성격이고 어떤 장점이 있었으며, 어떤 교육을 통해 장점을 키우고 전문가가 되었는지를 배우라는 것이다. 또 필연적으로 맞게 되는 어려운 환경을 어떤 식으로 이해하고 극복하여 자신만의 인생 여정과 철학을 만들었는지, 또 백성과 나라의 미래를 위해 어떻게 대비했는지를 연구해 자신에게 적용시켜 보라는 것이다.

앞서 '창조를 위한 모방'을 얘기한 것처럼 '롤모델'은 있는 그대로 따라하는 것이 아니라, 그 방식을 본떠 자신만의 캐릭터를 창출해 내는 것이다. 아르헨티나의 축구 천재 메시도 자기만의 길을 찾아 성공적으로 걷고 있는 인물이다. 성공한 사람들만 들먹이는 것은 어찌 보면 누구나 할 수 있는 것이지만, 자꾸 얘기를 꺼내는 것은 이들에게 배울 점이 분명히 있기 때문이다. 이들의 성공 자체만 볼 것이 아니라 그렇게 될 수 있었던 인생사를 보아야 한다. 메시는 어려서 축구를 처음 시작했을 때 골을 넣기 위해 '알파호르'란 과자를 생각했으며, 아이마르란 우상을 통해 플레이를 관찰하고 자신의 스타일도 생각하게 되었다고 한다. 알파호르 과자는 《마시멜로 이야기》의 교훈처럼 내가 좋아하는 것을 위해 지금 힘든 것을 조금 참고 해야 할 일에 집중하도록 만들었고, 롤모델은 자신의 미래 모습을 현재에서 형상화시켜주는 강력한 의미로 작용했다. 즉, 롤모델이 큰 방향타 역할을 했다면, 과자는 그때그때 자극을 주는 지느러미나 촉매 역할을 한 것이다. 결국 이 두 가지가 메시를 매우 단신임에도 세계 최고의 축구선수로 만든 것인데, 우리 초등교육·학교가 해야 할 역할이 바로 아이들에게 알파호르와 아이마르를 만들어 주는 것이다.

이처럼 위인이나 우상을 롤모델로 삼고 그들의 삶을 좇다보면 자신의 길이 열리는 경우가 많다. 그리고 더 나아가서 롤모델을 뛰어넘기도 한다. 아이들에게 위인전을 읽혀야 하는 이유가 바로 여기서 나오는 것이다.

요즘 한국에서 롤모델로 방송에 자주 등장하는 수능 만점자나 골프·빙상대회 우승자들을 상대로 한 인터뷰에는 공통점이 있다. 그들은 인터뷰에서 "기본에 충실했다" 또는 "다른 사람 의식하지 않고 나만의 경기를 했다"고 말한다. 그렇다. 기본에 충실한 채 자신만의 길을 찾으려 하는 것이 바로 신성으로 향하는 과정이며, 동시에 성공하고 시대의 위인까지 될 수 있는 최상의 방법이기도 하다. 절대 쉬운 일이 아니고 단 번에 되기도 힘들지만, 가치 있는 삶을 살 수 있는 가장 간단한 방법이다. 그래서 자신의 개성과 즐거움, 장점과 가치를 알지 못한다면 평생 1등만 하고 서울대·하버드대를 수석으로 나온다 해도 소용없다고 입이 닳도록 얘기하였다.

요즘 청소년들이 가장 선망하는 직업이자 대중의 인기를 한 몸에 받는 '스타 연예인'들이 최고의 자리에서 인기가 갑자기 떨어지거나 스캔들에 휘말리면 모든 것을 잃고 추락하는 것을 볼 수 있다. 그들은 공황장애 등 정신질환에 시달리기도 하며 심지어 자살이라는 극단적인 선택까지 하기도 하는데, 이는 공허한 인기만 좇아온 결과로 자기 중심이 단단하지 못하기 때문이다. 그래서 청소년들은 잘하는 것보다 왜 해야 하는지, 또 인기 있는 것을 좇더라도 그것이 왜 하고 싶은지 이유를 아는 것이 매우 중요하다. 무작정 남들의 시류에 따라가다 자신의 길을 찾지 못하면 막연하고 답답해지는 것이다. 그러나 자신의 길을 잘 찾아가고 있다면 좀 돌아가더라도 끝까지 중심을 잃지 않는다. 그래서 필자는 고 박완서 작가의 책 제목인 《못 가본 길이 더 아름답다》란 말을 청소년들에게 꼭 해주고 싶다. 사람은 누구나 1등을 해서 능력을 인정받고 싶어 한다. 그것을 무조건 부정하는 것이 아니라, 꼭 남들이 많이 하는 분야, 인기 있고 선호하는 직업이 아니더라도 괜찮다는 말이다. 1등 못하고 크게 성공하지 못하더라도 남들이 가지 않은 길에 도전하는 것은 그 자체로 아름답고 위대하다.

요즘 우리 청소년들이 창업보다 안정적으로 취업하는 것을 훨씬 더 선호한다고 하는데, 참 불행하고 안타까운 현실이다. 오지 탐험가이자 국제구호 전문가인 한비야 씨도 《지도 밖으로 행군하라》고 외치며 대안을 제시하고 있다. 단지 청소년들만 탓할 것은 아니다. 그들이 미끄러져도 다시 일어날 수 있고, 실패해도 받아줄 수 있는 성숙한 사회를 다 같이 만들어야 할 것이다. 그래서 필자는 그냥 덤덤히, 그리고 과감하게 자신만의 길을 걸어볼 것을 추천한다.

몇 해 전 국내외를 가리지 않고 사회적으로 빅히트를 쳤던 말이 있다. '블루오션!' 이것이 바로 위에서 말한 내용들을 한마디로 압축한 말일 것이고, 신성을 찾는 것과도 일맥상통하는 신조어다. 꼭 학교 1등, 사회적 인정, 보장된 높은 연봉 등 획일적인 기준이 아니더라도 자신만의 색깔을 나타내며 성공할 수 있는 분야는 무궁무진하게 많다. 앞서 얘기한 '약을 빌어 성공한 중국의 장수'처럼 남이 노력·개발한 것이라도 충분한 대가를 지불하고 나라와 국민을 살리고 더 좋은 쪽으로 쓸 줄 아는 것도 자신의 선견지명과 지혜를 잘 활용한 블루오션의 좋은 사례인 것이다. 그리고 그것이 바로 창조이다. 다만 그 공을 가로채거나 대가를 지불하지 않고 속였다면 그건 단지 사기꾼·브로커·표절꾼에 속할지도 모르겠다.

법정 스님의 여러 좋은 말씀 중에 "삶에는 정답이 없습니다"란 말이 별 뜻 없는 것 같지만 잘 생각해 보면 마음속에 깊게 남는다. 오늘날 사람들은 정해진 답을 찾아 헤매는 것이 습관이 되어버렸고, 그렇게 매번 정답과 오답을 구분하기 때문에 자신의 삶이나 행동을 계속 후회하고 길을 헛갈리게 된다. 원래 우리 삶에는 늘 변수가 있고 선택의 순간이 있으며, 그래서 인생이 재미있고 의미 있는 것이다. 그리고 자신의 사고방식을 정리하고 행동을 좋은 방향으로 변화시켜 행복한 삶을 사는 것은 어디까지나 자신의 몫이다. 학교에서 이런 좋은 교훈을 우리 아이들에게 잘 가르쳤으면 좋겠다.

이제부터는 필자의 과거와 그를 통해 얻은 필자의 길 얘기를 조금 해보고 싶다. 개인적인 회상으로 들릴 수도 있겠지만, 이 장에서 얘기하고자 하는 주제와 닿아있기에 창피함을 무릅 쓰고 얘기해 보려 한다.

나는 누구인가?
: 파란만장한 인생에서 얻은 삶의 가치와 교훈들

필자는 1977년 7월 일년 중 가장 뜨거운 날 가장 뜨거운 시간에 청풍명월(淸風明月)의 고장 청주에서 태어났다. 어머니께서 "넷째를 출산하는데도 가장 힘들게 낳았다"고 고백하실 정도로 엄청나게 더운 날에, 게다가 머리와 몸통도 큰 사내아이로 태어났다.^^ 필자가 태어난 그 해를 살펴보니, 국내에서는 우리나라가 수출 백억 달러·1인당 국민소득 천 달러를 달성하며 '한강의 기적'을 이룩한 성과가 있었던 해였으며, 밖으로는 미국에서 로큰롤의 전설 엘비스 프레슬리가 작고하고 보잉747기 두 대가 충돌해 543명이 사망하는 사건이 발생한 불운한 해이기도 했다. 더불어 필자가 태어난 그날은 필자에게 삶이라는 긴 축복의 여정이 시작된 인생 최고의 날이면서, 동시에 삶의 고통이 동반된 박복한 날이기도 했다.

필자는 현재 38살로 5급 공무원이다. 나라의 녹봉을 받으며 생활하고 있는데, 요즘 경제는 불안하고 경쟁은 점점 치열해져 취업은 갈수록 어렵고 취업해도 조기 퇴직하기 일쑤다. 그래서 그런지 공무원이 '철밥통'이라며 인기가 천정부지로 올라가고 청소년들로부터도 가장 각광받게 되었다. 어려서부터 공무원을 꿈꾼 것은 아니었지만, 덕분에 필자는 스스로를 대견하게 생각하며 사회에 큰 불만 없이 잘 살아왔었다. 평소 크게 호강은 못해도 즐거우면 그만이었고, '여우같은 마누라 만나서 토끼 같은 자식 낳고 사는 게 꿈~'이라고 할 만큼 평범한 보통의 삶을 동경했다. 필자는 몸을 움직이기 시작한 때부터 부지런했고 크면서도 밖에서 뛰어놀고 운동하는 것을 특히 좋아했다. 매일 해가 떨어질 때까지 놀기 바빴고, 그래서 '운동선수나 스포츠스타가 됐으면 좋겠다'고 자주 생각했다. 나도 즐겁고 남들에게 재미와 짜릿함을 주며 돈도 벌 수 있기 때문에, 그보다 더 좋은 것이 있을 수 없었다. 그래서 태어나서부터 30년 가까이를 엄청난 활동력과 승부근성으로 무장한 채 몸 쓰기에 집중하며 즐거운 삶을 살았으며, 그 결과 운동 신경이 남들보다 좀 좋은 편이 되었지만, 대신 필자의 몸은 머리끝부터 발끝까지 모든 부위에 영광의 상처가 생기고 말았다. 이런 걸 보면 필자는 이성적이기보다는 직관적이거나 감성적인 측면이 강했고, 중요한 결정에 있어 본능이나 직관을 써서 판단·행동하는 경향이 컸던 것 같다.

그러나 필자는 즐거움 일변도의 방식만 고집하진 않았다. 스스로 운동 반·공부 반, 즐거움 반·의무 반의 중도(中道)를 최대한 지키려고 노력하며 살아왔다. 중3때는 공부하기가 싫어 상고(商高)에 진학하려다 부모님과 선생님의 만류로 결국 남들처럼 인문계 고등학교에 입학했다. 고교 때에는 되지도 못할 농구선수를 꿈꿨지만, 신체 조건도 부족하고 농구부 있는 학교에 전학 갈 길도 없어 과감히 포기했다. 그 대신 농구를 인생 최고의 동반자로 삼아 아직까지도 취미생활로 하고 있다. 또 재미없는 공부를 계속 해야 하는 상황에서 농구와 당구, 노래방 등 여가를 병행하는 방법을 택했다. 그래도 고등학교 2학년 때부터 운이 좋아지며 성적이 올라가기 시작하더니, 급기야 졸업 전에 이과 1등도 해봤고, 서울대 사범대학에 합격하게 되었다. 그러나 대입수능 보기 3일 전에 아버지가 돌아가시는 큰 아픔을 겪었는데, 이는 대학생활의 낭만과 함께 사회생활의 어려움이 시작되는 신호 같았다. 좋은 대학에 들어갔지만 인생에 대한 설계를 해보거나 '꿈 지도'를 그려보지 않았던 필자는 결국 사회생활의 첫걸음이라 불리는 대학생활에서 새로운 즐거움을 맛보았으나 큰 방랑과 방황을 경험하게 되었다.

사람들은 보통 험난한 인생을 살아가면서 어려움을 이겨내고 그 어려움 속에서 중심을 잡기 위해 성인·위인들의 말씀이나 고사성어 등을 좌우명으로 삼고 살아가는데, 필자도 그랬다. 그 중 어려서부터 삶의 기조로 삼고 있는 말이 '늦었다고 생각할 때가 가장 빠른 때이다'라는 것이다. 필자는 어려서부터 행동을 할 때 주변 이목을 의식해 좀 머뭇거리는 편이었는데, 그렇게 머뭇거리다가 시기를 놓쳐 아예 하지 못하는 경우가 많았다. 그래서 오히려 참다 참다 안 될 것 같으면 조금 늦더라도 "에이! 모르겠다~" 하면서 무작정 시도해 보게 되었다. 그러면서 필자는 어떤 일이나 사건, 사람 등에 대해 호기심이나 관심이 많이 생기면 좀 창피하더라도 끝까지 포기하지 않고 시도하는 쪽으로 바뀌었다. 일례로 지나가다 한 눈에 반할만 한 여성을 봤다면 부끄러운 마음에 가만있다가 후회하기보다 얼굴 붉히더라도 시도해 본다는 것이다. 곰곰이 생각해보니 어려서 차마 하지 못해 후회했던 일들이 많았나보다. 흔히 하는 말로 '결혼 안 하고 후회하는 것보다 결혼해 보고 후회하는 것이 훨씬 낫다'고 하는데, 그 말에 전적으로 공감한다. 그래서 출발이 좀 늦었더라도 정말 해보고 싶은 일들은 꼭 하고야 말았던 것 같다.

필자는 어려서 농구 선수가 되고 싶었지만, 키와 운동능력, 주변 환경

등 모든 것을 고려했을 때 거의 불가능했다. 그러나 농구선수는 포기했을지언정 삶에서 농구를 포기하진 않았고, 미래와 인생의 성공을 먼저 생각했지만 그 와중에도 필자가 즐거워하고 가장 좋아하는 것들을 포기하지 않고 같이 병행하는 방법을 택했다.

어쨌든 대학이라는 새로운 사회에 들어온 후로는 '서울대만 입학하면 인생 끝'이라던 고딩 샘들의 말을 너무 믿어서였는지 아예 처음부터 놀기만 했다. 동기·선배들과 사귀어가며 대놓고 술 마시고, 수업 제치고 농구만 하기도 하고, 꿈에 그리던 미팅·소개팅도 하면서 낭만과 자유 속에서 즐거움을 만끽하는 '원-웨이' 인생을 살았다. 그러나 역시 지속될 것 같았던 즐거움과 자유로움도 잠시였다. 추락하는 성적, 넓어진 인간관계의 어려움, 자유와 의무 사이에서의 갈등·혼란 등으로 힘들어하던 필자는 결국 방탕했던 생활을 정리하고 군대에 입대하게 된다. 더 이상 늦어서 되돌리기 어렵기 전에 결정한 것이다. 무시무시하고 고약해 보이는 고참들과 모든 것이 낯설고 어려운 환경, 가족도 애인도 핸드폰조차도 없는 고독 등 모든 것이 외롭고 힘들었다. 그러나 그 속에서 새로운 가치를 만날 수 있었고 정신적으로 많은 성장을 거두게 되었다. '역시 남자는 군대를 갔다 와야 사람이 된다'는 말이 빈 말이 아니었나 보다.^^ 난생 처음으로 단절된 환경과 길고 긴 고독 속에서 수많은 고민과 과거에 대한 반성, 앞으로 인생을 헤쳐 나갈 방법과 미래 계획 등을 진지하게 헤아려볼 수 있었다.

그래서 군(軍)을 제대한 후에는 거기서 생각했었던, 정말로 하고 싶었던 일들에 하나씩 도전하게 되었다. 2학년으로 다시 복학하여 1년간 체육과 전과 및 스포츠마케팅 전공을 시도했다. 하지만 실패했다. 그러고 나서 1년은 졸업을 위해 다시 돌아온 전공들과의 무식하고 처절한 전투를 벌였고 어느 정도 '선방'했다. 그리고 대학 마지막 1년은 사범대생으로서 교생실습과 학점 올리기, 영어 점수를 비롯한 스펙 관리 등 갖가지 치열한 졸업 준비 속에서 전공과 생판 상관없는 '7급 공무원'에 새로운 도전장을 내밀게 되었다. 하필이면 그 해는 2002년 월드컵이 있었던 때여서 바쁜 와중에도 여의도와 상암벌을 쫓아다니며 응원까지 열심히 했었다. 그러던 중 점차 입사에 피치를 올렸고 마지막까지 대차게 밀어붙인 결과 결국 성공하게 되었고, 인생이라는 고지의 칠부능선을 넘어선 느낌이었다. 그리하여 필자는 가보지 않은 길을 늦게나마 시도하여 통과하는 데까지는 성공했지만, 이때부터 인생의 큰 좌절과 시련이 시작된 것은 알지 못했다.

인생이란 것은 좌충우돌하며 많은 시행착오를 겪게 되어 있다. 그것은 누구나 마찬가지이기 때문에 관건은 너무 오랫동안 방황하거나 포기하지 않고 다른 곳으로 전환할 수 있느냐 하는 것이다. 필자의 인생 얘기를 횡설수설 하였지만, 결론은 조금 늦더라도 제대로 보고 방향을 틀 수 있다면 괜찮다는 것이다. 다만 조금 돌아가는 것에 불과하다.

TIP   인생을 현명하게 사는 법칙, 습관을 바꿔라~

어떤 책 제목처럼 사람은 생각대로 살지 않으면 사는 대로 생각하기 쉬운데, 이것은 사람이 삶을 살아가는 데 있어 가장 큰 영향을 미치는 작동기제 중 하나인 '관성'의 힘을 말하는 것이다. 이는 '모든 물체는 외부의 힘이 작용하지 않는 한 관성이 유지된다'는 뉴턴의 제1법칙으로서 과학적으로 이미 증명된 사실이다. 사람에게 있어 관성은 사람이 살면서 스스로 만들어 놓은 인지나 사고, 반응 패턴 등의 습관을 말하며, 사람은 보통 자기 습관에 따라 사고·행동한다. 그러나 습관은 보통 무의식 속에서 작동하여 자연스럽게 행동으로 나타나기 때문에 스스로 각성하여 바꾸는 것이 매우 힘들고 어렵지만, 그래도 가능하다는 점에서 물리학적 '관성의 법칙'과 차이가 난다. 즉, 뉴턴의 운동법칙에서는 물체의 상태 변화에 있어 외부의 힘만 변수가 된다면, 사람에게는 습관이 내부적인 의지나 노력에 의해 바뀔 수 있기 때문에 다른 것이다. 그래서 과거의 훌륭했던 위인들은 하나같이 자신의 습관을 파악하고 고쳐나가기 위해 노력했다. 늘 자신의 현재 상태와 감정을 세심하게 체크하고 몸과 마음을 새롭게 정리하는 것을 게을리하지 않았다. 이는 최근에 '습관의 힘과 그 습관을 바꾸는 방법'을 강조하는 책들이 뜨고 있는 현상에서도 여실히 알 수 있는 사실이다.

또다시 물리학적 관점에서 뉴턴의 제2법칙인 '가속도의 법칙'을 얘기해 보자. 'F=ma'라는 식으로 대변되는 이 법칙은 어떤 물체에 작용하는 힘이 물체의 질량과 가속도의 곱에 비례한다는 것이다. 여기서 물체를 사람으로 바꿔 대입해 보면 물체의 질량은 사람의 현재 상태나 위상을 말하고, 가속도는 그것을 변화시키는 순간적인 의지나 노력으로 해석할 수 있다. 그래서 큰 힘을 만들어 내려면 자기 몸의 질량을 꾸준히 키워나가거나 아니면 엄청난 순간적인 변화력을 갖고 있어야만 가능하다. 그러나 사람은 외형적 질량을 계속적으로 키워나가는 데 한계가 있고 잘못된 방향으로 향해 있을 수도 있다. 그래서 오히려 순간적으로 질량을 버티고 이겨낼 수 있는 경험과 변화 의지 등이 더 중요하다고 볼 수 있다. 프로야구 선수 임창용 씨도 "인생은 속도가 아니라 방향이다"라고 말해, 인생에서 중요한 것은 얼마나 빨리 가느냐가 아니고 가고 싶은 곳으로 제대로 가는 것이라고 했다. 즉, 가던 방향으로 속도를 내는 것도 어려운 일이지만, 속도를 죽여 방향을 바꾸는 것이 더 어렵다는 것이다. 관성을 깨고 바꾸는 것의 어려움을 강조하는 것이다.

과학잡지 〈네이처〉는 "동물 중에 가장 빠른 치타가 사냥을 잘 하는 것은 빠른 평균속도가 아닌 속도조절 및 방향전환 능력 때문"이라고 발표하였다. 즉, 치타의 생존 경쟁력은 단순한 빠름이 아닌 순간적인 가속력, 즉 순간적인 정지에 이은 방향 전환 능력에 있다는 것이다. 인간도 마찬가지다. 인생 전체를 한 방향으로 올곧게 나간다면 좋겠지만 그것은 거의 불가능하기 때문에, 잘못됐다는 판단이 들면 바로 속도를 죽이고 방향을 바꿔야 인생 전체가 잘못 흘러가는 것을 막을 수 있다. 치타처럼 방향이 틀렸을 때에는 과감히 습관과 행동을 바꿔야 새로운 전기를 마련할 수 있는 것이다. 이것이 바로 인생을 바꾸는 단순하지만 강력한 방법이며, '습관은 제2의 자기'라고 부르는 이유이다. 여기서 한 가지 더 중요한 것은 '지금 일어나는 일의 모든 원인은 나에게 있다'고 생각하고, 나 자신을 바꾸는 것에 집중해야 한다는 것이다. 더 늦기 전에 이것을 알고 위기를 전환점으로 삼아야 하며, 그렇게 한다면 틀림없이 세상도 조금씩 달라질 것이다.

아일랜드에서는 중3 학생들에게 학기가 끝난 후 자유롭게 진로를 탐색할 여유와 기회를 제공한다. 그간 학교에서 배웠던 것들을 정리하고 학교 밖의 사회에서 활용하며 진로와 맞춰볼 수 있고, 봉사활동을 통해 자신의 행적을 뒤돌아보며 삶의 방향을 점검해 볼 수 있도록 한다. 이스라엘에서도 고등교육인 12학년을 마치고 군대를 가게 되는데, 그 사이 지역사회 봉사 프로그램에 참여하기를 권한다. 1년 동안 지역사회에서 특별히 도움이 필요한 곳에서 봉사활동을 하며, 수료하면 경력으로도 인정받게 된다. 이것은 학교를 벗어나 더 큰 사회인 지역 공동체에서 자원봉사 등을 통해 성인들의 역할을 체험해 보는 것인데, 사회적 일원으로서 일체감과 봉사정신을 배우는 리더십 교육으로 자리 잡았다. 이런 교육프로그램이야말로 아이들에게 어른들이 사는 현장과 사회가 굴러가는 모습을 몸으로 느끼게 하는 산 체험이기 때문에 우리 아이들에게도 자신의 인생의 방향을 미리 설정해 볼 수 있는 좋은 장이 될 것이다. 또 이런 경험이야말로 아이들에게 좋은 습관을 유지하고 좋지 않은 것은 변화시켜 삶의 전환점으로 만들 수 있는 최고의 교육이 될 수 있다. 필자도 미리 이런 경험을 했었더라면 군대 가기 전에 내 인생을 크게 그려보고 또 다른 길을 찾았을지도 모르겠다는 생각이 든다.

　빨리 찾는 것이 능사는 아니기에 청소년들에게 적시적기에 좋은 체험을 하도록 하는 것이 방황을 최소화하고 방향 결정에도 큰 도움이 될 것이다. 이 같은 의미에서 요즘 정부에서 추진 중인 '자유학기제'도 좋은 방향으로 잘 정착되었으면 한다.

가화만사성(家和萬事成)

인생의 고통 속에서 얻은 교훈 : 가정과 가족의 소중함

필자 인생의 2막은 사회생활과 함께 시작되어 현재까지 이어지고 있으며, 많은 고통과 내적 변화가 수반된 성숙의 시기였다. 대학생활의 어려움이 30 정도였다면 직장생활의 어려움은 최소 70은 되는 것 같다. 직장 기준으로 보면 필자는 전공을 못 살리고 대학기간 내내 엉뚱한 공부만 한 꼴이었다. 또 신문이라면 제일 먼저 스포츠 면부터 보았을 정도로 인문 상식이나 시사 감각이 없었다. 그러던 필자가 단기간의 벼락치기로 공무원 조직 입성에 성공했지만, 준비되지 않은 채 시작된 사회생활은 그리 호락호락하지도 유쾌하지도 않았다. 입사해 보니 인문·사회 상식이나 문서작성 실력, 평소 대인관계 방법이나 야간의 주도(酒道)까지 직장생활에 필요한 것들 중에 어느 것 하나 내세울 만한 게 없었다. 그때까지 특별히 똑똑하거나 언변이 좋은 편은 아니었어도 주변 환경에 대한 적응력 하나만은 남들 못지않다고 생각해 왔는데, 슬프게도 오산이었다. 필자가 원해서 입사했지만 점차 자신감이 떨어지고, 일터에 있는 시간이 점점 즐겁지 않아졌다. 처음에는 좋은 직장에서 일한다는 자긍심으로 버티고, 퇴근 후 맞는 저녁이나 주말 시간에 쉬거나 운동을 하며 고됨을 달랬지만 시간이 갈수록 한계에 다다랐다. 그러다 문득 '직장을 그만두고 차라리 교사를 다시 해볼까?' 하는 생각이 들기도 했다. 그러나 어렵게 들어간 곳, 남들이 부러워하는 직장을 너무 쉽게 그만둘 수 없다는 집착이 필자를 더 힘들게 만들었고 상황은 나아지지 않았다. 그러다 결국 인생 최악의 시련과 아픔들이 직장 내외에서 집중적으로 계속되면서 필자의 마음속의 울화가 치밀어 올라 폭발하게 되었다. 사람이 아픔이 치유되지 않고 계속 쌓이면 우울해지거나 반대로 폭발하기도 하나 보다. 그렇게 마음의 병을 얻었고, 병원 신세도 져보았다.

'제2의 군대생활'처럼 성찰기에 들어갔다. 많이 슬프고 힘들었지만, 회복은 생각보다 빨랐다. 이 일로 인해 필자는 물론이고 가족들까지 큰 충격을 받았지만, 그래도 지나고 보니 가족의 사랑과 주변 동료들의 도움으로 무사히 회복하여 건강한 삶을 다시 이어가게 됐다. 그리고 하늘의 뜻인지 그 즈음에 한 여자를 만나 결혼까지 성공하게 되면서, 인생의 큰 전환기를 맞게 되었고 힘들었던 내 삶을 잘 추스르고 긍정적으로 이끌 수 있었다. 이것을 자세히 쓴다면 한 권의 자서전이 될 수 있기에 간단히 마치려고 한다.^^

그래서 필자는 '가화만사성(家和萬事成)'이 얼마나 중요한지 잘 안다. 시련 극복의 과정 속에서 가족의 소중함을 절실히 깨달았고, 그들의 사랑과 후원 덕분에 고비를 맞았던 직장생활도 여태껏 포기하지 않았다. 아마 필자가 만약 이 어려움을 극복하지 못하고 모두 포기했더라면, 필자는 예전의 삶을 다 접고 리셋하여 다른 곳에서 새로운 인생을 살았어야 했을지도 모른다. 아마 산으로 들어가서 종교에 귀의했을지도 모른다.^^ 그랬다면 속세를 잊지 못해 매일매일 후회하며 지냈을 것이다.

상황이 잘 정리되고 나서 곰곰이 생각해 보니 그때는 태풍처럼 엄청난 것이 필자를 휩쓸어서 모든 것이 다 부서지고 무너져버린 것 같았지만, 지나고 나니까 그냥 투명했던 자아를 순식간에 뚫고 지나간 것처럼 고요했다. 뭔가 변화는 있었겠지만 다 망가져버린 것은 아니었다. '이 또한 지나가리니~'라는 말이 마음속에 와 닿았다. 그리고 이제는 어떤 시련이 오더라도 다 견디고 이겨낼 수 있을 것 같다. 그래서 청소년들의 영원한 감성 멘토인 김난도 선생님도 그렇게 말했나 보다. "아프니까 청춘이며, 사람이 세 번의 실패는 겪어야만 성공할 준비가 된 것"이라고 말이다. 필자도 그 말처럼 사회 초년병 시절에 아프고 힘든 과정을 겪고 나서 새로운 인생의 길이 열린 것 같다. 아픔을 겪으면서 가족의 소중함을 느꼈고, 필자뿐만 아니라 어려운 사람을 돌보려는 마음이 생겨났으며, 외형이나 물질보다 내적인 것이나 정신문화를 중요시하게 되었다. 또 생전 처음으로 이렇게 책을 쓰는 도전까지 하게 되었다. 인생은 정말로 새옹지마다.

어쨌든 우리 때는 입시 스트레스를 받는 고교 시절이나 사회생활로 간주되는 대학교 때부터 아프고 힘든 일이 시작됐다고 한다면, 요즘은 사회가 워낙 각박하고 경쟁이 치열해져서 중고생은 물론 초등학생들까지도 아프고 스트레스 받는 것이 보편화되었다. 그리고 그들의 고통은 너무나도 큰 데 반해 그 아픔을 혼자서 극복하기에는 그들이 갖고 있는 삶의 즐거움이나 의지처가 너무나 미약한 것이 아닌가 싶다. 그래서 그들에게 너무 아프더라도 무작정 참고 이겨내라고 얘기하기가 안쓰럽다. 우리들 가정이 겨울밤 벽난로처럼 포근하고, 우리네 학교가 요람 의자처럼 편안하다면 어떤 난관이라도 충분히 극복할 수 있을 텐데 말이다.

필자도 가족과 즐거운 초등학교 생활이 큰 힘이 되어 고비를 잘 넘김으로써 전화위복이 되었다고 생각하고 있다. 초등학교는 무조건 즐거워야 나중에 진짜 어려움이 닥쳤을 때 이를 충분히 감당하고 극복할 수가 있다. 또 아이들이 성인으로 클 때까지 부모의 지지와 사랑이 인생 전체에 있어 절대적이고 중요하다. 그렇다고 가화만사성이란 말이 내 집과 내 가족의 평화만 쫓으라는 말은 절대 아니다. 나와 내 가족, 내 집, 내 학교가 화목하고 편안해지는 것이 중요한 만큼 그게 어느 정도 이루어졌을 때에는 우리가 속한 사회와 전체의 안녕과 행복을 신경 쓰고 기여할 수 있어야 한다. 평범한 진리지만 이것이 진짜 가화만사성의 의미이며, 우리 모두가 이 말의 중요성을 잘 알고 실천했으면 좋겠다. '내 가족만 잘 먹고 잘 살자'는 편협한 개인주의와는 많이 다를 것이다.

동양문화란 무엇인가?
: 동양철학에 대한 새로운 접근이 필요한 때

바야흐로 현대 세계는 과학기술과 컴퓨터·인터넷의 시대이며, 우리나라도 요즘 창조 경제의 원천으로 ICT를 강조하고 있다. 우리는 개화기와 일제 식민지, 6·25전쟁을 거치면서 현대 사회로 진입하였고, 그 과정에서 미국의 많은 지원을 받으면서 그들의 과학적 사고방식이 대세로 자리 잡았다. 서구식 사고방식은 이성과 분석 중심이며, 그래서 사람들은 확실하고 분명한 걸 좋아하고 증거가 없으면 잘 믿지 않는다. 대상을 분석하기 위해서는 잘게 나누어 접근하며, 사람들은 다른 사람의 행동이나 지식, 대상이나 외부 환경이 자신에게 도움이 되는지 아니면 해를 주는지를 이분법적으로 판단하는 경향이 있다. 또 사람들은 거시와 미시의 세계가 있다는 것을 인정하면서도 실제로 판단을 할 때는 자기에게 편한 관점 하나만 선택하려고 한다. 이러한 서구식 사고방식과 가치관은 어느덧 우리에게 매우 익숙해지고 중심이 되어 보편적인 가치관으로 자리 잡았지만, 다른 한편에서는 새롭게 융합·통섭 마인드가 강조되기도 한다.

그러나 다수의 사람이 믿고 행동한다고 해서 그것이 모두 절대적인 진리는 아니다. 그간 우리가 절대지식이라 믿어온 과학 이론들은 시간이 지나서 더 새롭고 완벽한 이론이 나오면 자동으로 폐기되거나 대체된다. 과학 이론은 수정되거나 새 이론이 나오기 전까지만 유효한 것인데, 사람들은 그냥 현재의 관점에서 절대 불변의 진리로 착각한다. 지금 집안에 없으면 이상하게 생각되는 텔레비전이란 전자제품은 에디슨이 전구를 발명했던 그 시대에는 상상도 하지 못했던 허구나 거짓에 불과했다. 또한 지나치게 국소적으로 보는 것은 전체적인 관점에서 비합리적인 것도 알 수 있다. 병을 치료하기 위해 항생제를 자주 복용하다 보면 나중에 내성이 생기는 것이 대표적인 예이다. 그래서 우리가 현재 옳다고 믿는 관념이나 이론들도 한 쪽 시각에서만 보고 100% 옳다고 확정해서는 안 되는 것이다.

필자가 여기서 주장하고자 하는 바는 요즘처럼 과학기술과 효율성만 강조하다 보면 결국에는 획일화와 적자생존, 두 가지만 남게 될 것인데, 이는 매우 위험한 발상이다. 물론 서양의 이성과 분석, 과학 중심의 사고가 우리에게 많은 물질적 풍요와 안락함을 제공한 것은 사실이다. 그러나 우리 사회가 갈수록 외형적·기능적·부분적 관점에서 바라보는 쪽으로 시각이 경도되어 가면서, 지구 환경은 날로 황폐화되고 있고 사람들은 병들어 가고 있다. 특히 사람들은 소통 부재 등 감성적인 문제로 인해 다치고 아파하거나, 스트레스로 각종 암에 걸려 죽는 확률이 높아지고 있다. 암의 여러 유전적·환경적 요인들을 밝혀내고 있지만, 가장 큰 원인을 스트레스라는 무형적인 것으로 돌리고 있다. 병원에서는 여러 병의 원인과 치료법을 찾아내고 있지만, 새로운 병이 나타나는 속도를 따라잡지 못하고 있다.

과학기술과 정보통신의 영향으로 우리가 아는 지식은 점점 늘어나고 있지만, 오히려 그것으로 규명되지 않는 것들이 점점 더 많아지고 있다. 첨단 전자제품은 기능이 더 좋아져도 가격이 점점 내리는데 반해, 파블로 피카소나 빈센트 반 고흐 등의 예술작품의 가치와 NBA·프리메라리가의 스포츠 스타들의 몸값은 변치 않거나 오히려 천정부지로 올라가고 있다. 참 아이러니하다.

사람은 모두 영혼이 있고 대부분 그 존재를 믿으며 신앙도 갖고 있다. 설령 종교가 없다 해도 간절한 순간에는 속으로 기도를 하고, 때로는 자기 팔자나 징크스 혹은 운명을 욕하거나 탓하기도 한다. 여자의 육감이나 인간의 직관이 증명되지 않았다고 해서 무시하는 것은 중세시대의 기사가 방패는 버리고 창만 움켜쥐는 것처럼 이치에 맞지 않고 인생을 무모하게 살아가도록 만든다.

이와 같이 이 세상과 그 속에서 살고 있는 사람들의 삶은 단면적이지 않고 다양성을 지닌다. 그래서 요즘 과학기술의 발달과 함께 인문 철학과 예술적 감성이 같이 강조되고 있는 만큼, 사람에 대한 시각도 편협하거나 획일적이지 않고 다양성을 인정할 수 있어야 한다. 그리고 자신의 미래에 대해서는 좀 더 직관적으로 길고 멀게 볼 필요가 있다. 하이젠베르크 원리에서 한 입자는 어느 한 곳에 정지해 있지 않기 때문에 단지 확률로만 나타낼 수 있다. 사람도 마찬가지로 매 순간순간 똑같지 않고 변하고 있으므로 고정되게 바라봐서는 안 된다.

그러나 최근 한국 사회는 이와 반대로 흘러가고 있는 것이 아닌가 싶다. 기성세대는 자신이 살아온 시절과 경험만을 생각하고 아이들에게 학습과 지식, 이성적 사고가 욕구나 감정, 본능보다 중요하다고 지나치게 강조하고 있다. 그러나 정작 어른들은 감성이나 직관에 의존하며 몸에 좋지 않은 술과 커피에 중독돼 있거나 스포츠나 레저로 이성적 일상에 지친 자신을 달래는 데 집중하곤 한다. 그래서 필자는 이런 의문이 든다. "이성과 직관 둘 중에 하나를 택하라면 무엇을 택할 것인가?" 나라면 일초의 망설임도 없이 직관을 선택할 것이다. 몸을 감각적·직관적으로 쓰고 표현하는 연예인이나 스포츠 스타가 요즘 가장 잘 나가고 인기를 끌고 있다는 사실이 이를 뒷받침하고 있다. 류현진이 메이저리그에서 150km의 강속구를 던져 삼진을 잡고, 박인비가 정교한 퍼팅을 통해 메이저 대회를 연달아 제패하며 골프의 여왕이 될 수 있었던 것은 감각과 직관을 잘 살려 몸을 잘 쓴 것 때문이지 머리를 잘 써서가 아니다.

사회가 더 치열해지면 질수록 머리로 따지고 계산하는 것은 늦을 수 있고, 대부분 아이들이 머리 쓰는 데 더 익숙하기 때문에, 먼저 직관을 알고 쓰는 법을 배우는 것이 훨씬 유리할 것이다. 그래서 아이들 스스로가 직관적으로 뭐가 즐겁고 뭐가 재미없는지를 알고 선택하도록 해야 한다. 물론 직관이 중요하다고 해서 이성적인 부분을 모두 무시하라는 얘기가 아니다. 다만 요즘처럼 하나를 반으로 갈라 이것과 저것으로 나누지 말고 조화롭고 균형 잡힌 시각으로 전체를 봐야 한다는 얘기다.

최근 심각하게도 우리나라의 전통과 과거 문화들이 이성적 잣대에 의해 터부시되고 있다. 우리나라 사람들은 요즘도 신년이나 앞으로 중차대한 일이 있을 때 사주팔자나 토정비결 등의 운세를 본다. 유력 정치인이나 재벌 총수들의 상당수는 이를 잘 활용해 큰 덕을 보고 있다. 한편 큰 실패를 하거나 인생의 쓴 맛을 보면 "팔자가 그런데 어떻게 하겠어?" 또는 "내 팔자가 그렇지 뭐~"라고 하면서 신세타령을 한다. 그러면서 누가 사주 보러 간다고 하면 "그런 건 뭐 하러 봐? 미신인데…"라고 한다. 사주 같은 건 믿지 않는다면서 부모는 자식들의 사주를, 또 부인은 남편 사주를 묻고 다니고, 자식이 결혼할 때 남녀의 궁합을 맞춰본다. 물리적·정신적으로 안 좋거나 힘든 일이 있을 때 점쟁이나 철학관을 찾아가 상담을 받기도 하며, 갑자기 아무 병명 없이 아파서 이성적·과학적인 방법으로는 도저히 답을 찾기 힘들면 용한 무당이라도 찾아가 굿을 하고 치병을 하거나 신내림을 받기도 한다. 그러나 이러한 전통들은 다시 정상의 생활로 돌아오면 다시 야박하게도 까맣게 잊히거나 무시된다. 조상 묘를 쓰거나 집을 구할 때 명당을 찾으면서도 풍수지리가 학문이라고 얘기하면 웃는다. 참 우스운 일이다. 물론 사기꾼 무속인과 저질 역학인들의 잘못된 공로와 서구 물질문명의 보편화로 사주와 같은 동양철학의 신뢰도가 많이 훼손된 것은 사실이다. 그러나 우리나라는 동북아시아에 위치한 동방예의지국임에도, 동양권 문화나 우리 고유의 문화들은 과학에 밀려 모두 미신으로 치부되고 있다. 겉과 속이 서로 다른 것처럼 불편하고 가슴 아픈 일이 아닐 수 없다. 외부에서 들어온 사상이나 문화를 무조건 무시하고 깎아내리려는 것은 아니지만, 그래도 우리 고유의 그것이 한국인 본연의 성품과 고유한 기질에 더 잘 맞고 편하지 않을까 생각한다. 문화란 '신토불이(身土不二)'란 말처럼 당연하고 자연스러운 것이다. 이제 색안경을 벗고 그간 잘못 쌓인 전통문화에 대한 사회적인 통념들을 깨야 할 때가 되었을 것이다.

필자는 원래부터 사주니 운세니 하는 것들을 좋아했다. 미신이라 불리기도 하고 무속이라 불리기도 하는, 그도 아니면 역학이나 동양철학이라 불리는 이런 류의 전통사상들이 그냥 좋았다. 이런 얘기를 밑도 끝도 없이 갑자기 꺼내는 것은 필자의 인생에 있어 빼놓을 수 없는 많은 부분을 설명하였고, 복잡한 문제로 힘들어하는 사람들에게도 도움과 위로가 되는 사례를 많이 보았기 때문이다.

이와 함께 국선도는 나에게 새로운 습관과 변화를 만들어 주었다. 한민족 고유의 명상 수련은 올바른 호흡을 통해 심신을 편안하게 이끌고 인간의 건강과 그 내면, 어떤 현상의 근본적인 원인을 성찰하는 데 많은 도움을 주었다. 결국 지금 필자 인생의 '시크릿'이 되었다.^^ 그러나 왜 우리나라 사람들의 다수가 이런 고유의 문화들을 믿지 않고 터부시하는 걸까? 첨단문명의 시대에 이런 건 미신이라서 부끄러운 것일까? 그럼 언제부터 미신으로 치부되어 왔을까?

어쨌든 동양적이고 한국적인 문화·원류에 대한 필자의 원초적인 호기심과 그 이후 만나게 된 인연들은 굴곡 많은 필자의 인생을 이해하는 데 많은 도움이 되었으며, 그것을 바탕으로 결국 정신적인 어려움을 알고 극복하게 되었다. 앞서 말한 것처럼 필자가 겪은 고통과 시련은 물적·외형적인 기준에 맞춰져 있던 필자의 삶의 기준을 정신의 세계로 인도하게 되었다. 이제 필자는 30대 후반의 사회인이자 가장으로서, 큰 성공은 아니어도 중산층으로 정착해 어느 정도 성공했다고 말할 수 있다. 여기까지 오는 과정에서 사주는 필자가 살아가는 이유와 목적, 방향을 결정하는 아주 중요한 갈림길에서 결정적인 모티브로 작용했고, 국선도는 터닝 포인트를 만들어 주었다.

좀 더 부연 설명을 하자면, 사주는 음양오행에서 출발하는 동양적인 학문으로, 개인의 현재를 이해하고 미래를 예측하는 측면에서 삶에 큰 도움이 된다. 역학(易學)이라 불리기도 하는 동양철학은 현재 우리가 중시하는 물질 이외에 기(氣)라는 것을 중요하게 보는 것인데, 서양 과학이나 철학이 보지 못하는 면을 이해할 수 있다는 데 큰 의의가 있다. 손쉬운 예로 임진왜란 시 이순신 장군이 소수의 아군으로 수십 배의 왜군을 무찌르며 여러 전투에서 전승을 거둔 것은 단지 거북선의 위력과 배의 진영, 물길의 흐름을 읽은 것 때문만은 아니었다. 그 당시의 기운과 공수(攻守)의 유·불리를 일일이 헤아려 작전을 실행했던 것이 결정적인 역할을 하였다. 이런 사실은 '난중일기'에 보면 잘 나와 있기 때문에 이를 미신이라고 치부할 수는 없으며, 동양철학의 합리성과 실천적 측면을 제대로 안다면 더더욱 무시하지 못할 것이다.

34

己 戊 丁 丁 乾　癸

未 寅 未 巳　　卯

이게 필자의 사주팔자다. 사주(四柱)와 팔자(八字)는, 태어난 연월일시(年月日時). 이것이 바로 네 개의 기둥이고, 기둥은 위아래로 2개의 글자(天干과 地支)로 되어 있어 8개의 글자가 된다. 결국 사주와 팔자는 같은 것이다. 위에 나온 필자의 사주에는 위에서 말한 필자의 인생 굴곡과 재능·적성 등 많은 정보가 담겨 있다. 필자는 미월(未月)에 태어난 무토(戊土)로서 오행 중 현실적인 토(土)의 기운이 왕하고, 정인격과 양인격 두 가지의 세계를 지향하고 있으며, 34살부터 계묘(癸卯) 대운이 들어와 영역이 생기거나 확장되지만, 인생무상을 느끼고 공부도 많이 하게 된다.

필자는 힘들거나 궁금한 일이 생겨 점쟁이·역학자 등을 찾게 되었는데, 필자의 과거와 현재, 미래에 대해 묻고 매우 근접한(필자의 기준에서 70~80% 정도) 답변들을 듣게 되었으며, 필자가 아는 인생의 단면 이외의 부분들, 이를테면 오행적 성향이나 무의식의 세계 등에 대해서도 설명을 들을 수 있었다. 특히 유난히 굴곡이 많고 힘들었던 20대 후반부터의 시기를 사주를 통해 이해하게 되면서 '아, 동양철학에 이런 심오한 면이 있구나!'라고 생각했다. 그래서 필자는 이런 것이 다른 사람에게도 잘 맞는지 궁금했다. 그리고 '그렇다!' 쪽에 훨씬 가깝다는 결론을 내렸다. 만약 사주가 필자뿐만 아니라 100명, 만 명의 사람들에 대해서도 똑같이 맞는다면 여러분도 이를 인정해야 하지 않을까? 꼭 미신이라 치부할 필요가 있을까? 또 이를 종교의 영역으로 해석하지 않고 학문이나 현실상의 단순 도움이나 보조제로 생각한다면 교회를 다닌다고 반드시 무시할 필요가 있을까? TV나 방송에서 실험자들을 모아서 이를 실험해 본다면 정말 재미있고 유의미한 결과가 나올 것이다.

물론 그런 것들이 잘 맞는다고 해서 그게 인생을 대신 살아주지는 않는다. 또한 단지 '맞냐, 안 맞냐'만을 따지려 하는 성향이나 안 좋은 일을 피하려고 거액을 주고 부적 등을 팔고 구입하는 행동이 문제이다. 이런 것들에 너무 집착하게 되면 스스로 인생을 잘 살 수 있는데도 그것이 오히려 방해하는 꼴일 수도 있다. 그러나 '한반도'라는 지정학적 위치 속에서 동양의 기운과 철학을 물려받은 우리 한민족이 지나치게 서양 중심의 시각과 사고방식에 함몰돼 있는 것은 문제다. 우리 아이들을 대할 때 선입관이나 고정관념을 갖지 않아야 하는 것처럼 우리나라 사람들도 다양하면서도 개방되고 균형 잡힌 의식과 관점을 갖도록 노력해야 한다. 초등학생들의 사주를 통해 그들의 특기나 적성 파악에 도움이 된다면 혹여 미신이라 생각이 들더라도 한 번 시도해 보는 것도 좋지 않을까? 그 적중률이 60%만 넘어도 확률·통계적으로 많은 의미가 있는 것이며, 처음부터 애써 외면하는 것보다는 효율적이고 합리적이라 생각된다. 사주가 아이들의 모든 것을 결정하는 것은 절대 아니지만, 사주를 초등교육에 접목해 보려는 시도가 대한민국만의 독자적인 코드를 만들고 세계 속의 중심으로 꽃피울 수 있는 길이 될 수도 있을 것이라고 강력하게 느낀다. 그런 길들이 우리 민족의 블루오션이자 신성을 찾는 길이 될 수도 있을 것이다.

가만보면 우리나라 사람들은 스스로 약하다고 평가하는 경향이 있다. 우리는 전통적으로 '백의민족'이라 하여 깨끗하고 온화하게만 생각한 측면도 있고, 과거 역사에서 일본이나 여진·몽고·만주족 등 이민족에게 끊임없이 침입을 받아왔기 때문이다. 그럼에도 우리는 다른 나라나 민족을 먼저 공격한 사실이 없어, 좋게 말하면 평화의 민족, 나쁘게 말하면 배알도 없고 힘도 없는 것으로 비하할 수도 있다. 그러나 단지 일부분만 보고 우리 역사의 전체와 민족의 강하고 약함을 판단할 순 없다. 어느 누구도 외세의 침략 속에서 굴하지 않고 반만년 역사와 고유의 문화를 지켜온 한국인을 약하다고 평가하지 못한다. 또 외세에 의해 일시적으로 침략을 받긴 했어도 오래지 않아 반드시 더 강하게 부활했는데, 이는 과거 역사나 일제 식민지 이후 발전한 우리나라의 현재 모습을 살펴보면 분명히 증명된 사실이다.

우리 민족은 먼 옛날 중국으로부터 동이(東夷)족이라 하여 '동쪽의 활 잘 쏘는 민족'으로 불렸으며, 삼국시대 고구려는 중원의 대국 수·당나라를 윽박지르며 동북아 절대 강자로 군림하기도 했다. 또 개화기 우리나라를 경험한 외국인들은 병인·신미양요 때 맨몸으로 외국의 군함을 격파하는 모습을 보며 절대 약하게 평가하지 않았다. 전란의 위기가 생기면 농사를 짓다 말고 나아가 의병 활동을 하고, 안살림을 하다가도 행주를 차고나가 돌덩이와 뜨거운 물을 퍼 나르는 부녀자들이 있는 나라다. 예나 지금이나 경제 위기가 오면 패물을 모아 국채를 갚고 금모으기 운동으로 나라 살림에 보태는 민족의 저력을 누가 무시하겠는가? 이처럼 우리는 남에게 피해 주는 걸 싫어하지만 누가 먼저 건들면 절대 항복하지 않고 본때를 보여주었고, 국가적 위기가 오고 민중의 고통이 커지면 무서운 집중력을 보이며 우리의 숨은 저력과 잠재력을 내뿜었다. 원래 점잖고 너그러웠지만 때로는 끓어오르는 열정이 있었고, 여유와 유순함 속에 격정적인 피가 흐르는 민족이었다. 우리 후손들에게 너무나 자랑스럽고 떳떳하게 얘기해 줄 수 있는 우리만의 민족적 기질이었다.

그러나 요즘에 들어 이러한 민족성이 바뀌고 우리만의 장점들이 묻혀가고 있는 것 같아 안타깝다. 유순하고 점잖은 모습들이 점차 사라져 가고, 시기·질투가 많아지고 잘 참지 못하는 민족으로 변질되고 있는 것 같다. 빨리빨리 문화에 냄비근성이 더해져 가볍게 행동하고 쉽게 흥분하는 사람이 많아졌다. 오늘날 뉴스를 보면 사람들의 유순한 모습보다는 난폭하고 잔인한 모습을, 남을 칭찬하기보다는 헐뜯고 끌어내리려 하는 모습들을 쉽게 볼 수 있다. 왜 언론이나 여론은 잘 나가는 사람의 사생활을 억지로 들추어내고 스캔들을 파헤치려 하는지 모르겠다. 예전의 협동정신·공동체 의식은 이기주의·님비현상과 함께 사라지고 있다. 이러한 현상이 심화되면 사회·국가적으로 큰 위기가 올 가능성이 크다. 그래서 우리는 태초의 근본 기질을 버려서는 안 되며, 다시 찾는 데 모든 노력을 쏟아야 한다. 천성은 쉽게 못 버린다 했으니 우리가 조금씩만 더 노력한다면 원래의 온화하고 너그러운 모습, 남과 상부상조하는 모습, 다 같이 하나가 되는 모습을 되찾을 수 있을 것이다. 그래서 우리 민족을 천손(天孫)이라 하는가 보다.

필자는 '2002년 월드컵'이 벌어졌던 그때가 아직도 눈에 선하다. 선수들은 하나로 혼연일체가 되고, 시민은 시민대로 모두 붉은 악마가 되어 대한민국 전체에 붉은 물결이 흐르는 것을…. 시합이면 시합, 응원이면 응원, 시민의식이면 시민의식, 이렇게 훌륭한 우리 민족의 기질과 저력을 세계에 떨칠 날이 또다시 올 것이다. 더 이상 늦기 전에 한 번 다 같이 해보았으면 좋겠다. 우리 아이들·가족의 즐거움과 평화를 위해, 그리고 우리 민족 본연의 꿈과 신성을 찾아 이루기 위해 다시 바꾸고 도전해 보자.

한편 일본인들은 유전적으로 우리와 가장 비슷해서인지 우리처럼 양단의 기질을 갖고 있는 것 같다. 필자가 아는 나카무라나 마사코는 어떤 외국인이 일본에 놀러가더라도 늘 친절하고 상냥하게 알려주고 인도해 주는 사람이다. 실제 일본에 가보면 그들은 '선하다'나 '상냥하다'라고 표현할 수밖에 없다.

반면 하시모토나 아베와 같은 소수의 일본인들은 정반대의 성향을 갖고 있다. 자신들의 침략적 일대기를 반성하지 못하고, 자신과 주변국 등의 역사를 왜곡하고 있다. 그들은 상냥하지 않고 무례하고 뻔뻔하다. 그들은 과거처럼 국수주의·제국주의를 부활시키려하는 것 같다. 일본 이란 나라는 자연의 혜택을 가장 많이 본 나라이면서 동시에 자연 재해를 가장 두려워하는 나라이기도 하다. 가라앉는 열도를 국토로서 갖고 있기에 일본인들이 그렇게 유순하면서도 공격·생존 본능이 강한 민족이 되지 않았나 싶다.

그러나 필자는 거꾸로 그들의 최근 공격적인 기질과 행동이 일본 열도를 점점 더 흔들리고 가라앉게 만드는 것이 아닌가 생각해 보기도 한다. 그들이 원인과 결과를 착각하는 것일 수도 있다. 뿐만 아니라 역사를 잊은 민족에게는 미래가 없다. 우리나라와 마찬가지로 자기들 본연의 품성에 대한 성찰과 반성을 잘 하지 못하면 큰 민족적 재앙이 반드시 도래할 것이다.

꿈은 이루어진다

나만의 스타일 : 싸이와 '강남스타일'의 강력한 트렌드

2012년 전세계 최고의 이슈와 유행가는 누가 뭐래도 싸이와 '강남스타일'이었다. 2012년 12월 31일 미국의 중심 뉴욕 매디슨스퀘어에서 공연을 하고, 반기문 UN사무총장과 미국 오바마 대통령에게 말춤을 가르치고, 옥스퍼드에서 강연도 했다. 왜 그렇게 떴을까? 단지 '유튜브'라는 매체를 통해 몇 억 명이 보았기 때문인가? 그것만은 아닐 것이다. 싸이 본인은 "단지 사람들을 신나게 하려는 의도였다"고 했지만, 단순하면서 신나는 곡과 노랫말, 또 유튜브를 통해 전 지구인에게 전파된 말춤 때문에 온 지구를 열광의 도가니로 만들었다.

그는 2001년 '새'라는 타이틀곡을 갖고 데뷔했다. 그 당시 엽기적인 가사와 춤, 의상으로 놀라움을 선사했는데, 그때부터 줄곧 즐겁게 즐

기는 류의 댄스곡을 고집했다. 그는 여느 가수처럼 목소리가 감미롭거나 고음이 쭉쭉 올라가거나 잘 생기지 않았다. 자신의 끼와 열정, 둥글둥글한 몸매와 외모를 합쳐 자신만의 강점으로 만들었다. 혹자는 그냥 '니나노'가 아니냐고 하기도 했지만, 그는 사람들의 흥을 내기 위해 늘 노래와 춤을 고민했다. 단순 인기를 좇는 것 같지만 추구하는 색깔이나 이상향이 분명하며, 약간의 썩소(썩은 미소^^) 뒤에는 숨은 열정과 똥배짱, 사람에 대한 따뜻한 애정이 숨어 있다.

싸이의 콘서트에 가보았는가? 무조건 즐겁고 후끈후끈 덥다. 즐거움과 유쾌함을 추구하는 그의 음악은 그만의 코드를 만들고 그를 댄스가수 장인으로 만든 데 이어, 대중문화 아이콘으로 자리 잡게 만들었다. 보스턴대를 중도에 그만두었지만 그의 인생은 충분히 훌륭하다. 강남스타일로 대박이 나지 않았더라도 언젠가는 터졌을 것이다. 한때 연예·국방 뉴스를 떠들썩하게 하는 우여곡절과 고비가 있었지만 자기만의 강점에 몰입하고 스스로 즐김으로써 이를 승화시켰다. 남들이 인정하는 정도(正道)를 포기하더라도 자기 길을 가려는 의지가 바로 자기만의 캐릭터와 세계를 만들도록 한 것이다. 그것이 바로 신성으로 가는 길이다. 남들과 다른 비주류의 길이라 하더라도 끝까지 자신을 믿고 노력하면 유행을 만들고 사람을 감동시킬 수 있는 것이다. 게다가 남들을 웃게 하고 즐길 수 있도록 만드는 길이란 얼마나 보람 있고 행복한 길이겠는가? '포기하지 않는 꿈은 결국 이루어진다'고 하지 않던가?

같은 해 같은 동물 세 개를 연달아 맞추면 팡팡 터지는 게임 '애니팡' 열풍도 대단했었다. 게임은 간단하고 유치한데 왜 이천만 스마트폰 사용자들이 열광했을까? 일단 게임이 쉽고 단순하지만 시간 내 미션을 완수해야 하는 긴박감이 있어 누구나 좋아했다. 거기에 앙증맞은 동물들이 화면에서 아른거렸으며 귀여운 배경·효과음이 재미를 더했다. 특히 스마트폰 메신저 '카카오톡'과 연동돼 번호가 저장된 가족이나 친구와 점수 경쟁을 벌이도록 했고, 게임을 시작할 때 쓰이는 '하트'를 서로 주고받게 만든 전략이 주효했다. 이는 절친한 주변인들과 경쟁과 협력을 동시에 하게 만드는 극적 장치였기 때문이다.

애니팡이 대박을 터트리는 걸 보면서 이렇게 게임이나 놀이 하나만 잘 만들어도 가족끼리, 친구끼리, 직장 동료끼리 같이 어울릴 수 있다는 사실이 놀랍기만 했다. 게임 개발자들은 그냥 만들고 싶은 게임을 만든다고 생각을 했단다. 이것이 바로 자기만의 개성과 인간의 감성을 잘 버무려 만든 또 다른 '나만의 스타일'일 것이다. 자기만의 길을 꾸준히 추구하다 보면 생각보다 어렵거나 복잡하지 않게 성공할 수 있다. 단순함이 최고의 무기가 될 수 있다.

김성근 '고양 원더스' 야구감독은 한국 프로야구에서 입지전적인 인물로 평가받는다. 그는 그만의 선수 조련 방식과 리더십으로 단기간 내 약팀을 최강팀으로 만들었다. 그는 자기 선수들을 혹독한 훈련을 바탕으로 키워냈지만, 단지 그것만이 그를 '야구의 신'으로 만든 비결은 아니었다. '야구가 곧 인생' 등의 김성근 어록이 있을 정도로 그만의 인생 철학이 그를 만든 것이다. '지도자는 아버지와 같아야 한다'는 신념하에 자신을 희생하면서, 선수들에게 믿음을 주고 잠재력을 끌어낼 수 있도록 노력했다. 그래서 그는 훈련장에서 선수들에게 매우 엄격하지만,

직접 마운드에 서서 일일이 타자들에게 야구공을 던져주고 투수들의 투구 폼을 봐주었다. 자신의 몸이 다치고 망가져도 절대 거르거나 마다하지 않았다. 그리고 자신의 야구 철학을 틈날 때마다 선수들에게 교육시켜 마음가짐과 태도를 변화시켜 나갔다. 결국 스타선수 한 명 없었던 SK 와이번스를 2007년부터 항상 우승권에 있는 최고의 팀으로 만들었다. 그는 혹독한 선수 조련과 재미없는 데이터 야구로 세간의 비판을 받기도 했지만, 모든 결과를 책임지는 모습과 선수들 스스로 목표를 갖게 만드는 리더십 등으로 최고의 감독으로 인정받았다.

그렇게 최고로 평가받던 그는 2011년 우여곡절 끝에 SK 감독직을 중도하차한다. 그리고 타 프로야구 팀들의 감독 제안을 거절하고 한국 야구 최초의 독립구단 고양 원더스의 초대감독을 맡아 지도하게 된다. 그의 목표는 단순하고 확고했다. 자신이 선발한 선수들이 프로야구 2군 팀들과 경기를 통해 경쟁하고 경기력이 향상되어 정식 1군 선수로 성장하는 것이다. 더불어 그로 인해 더 많은 독립구단이 생겨나는 것이었다. 그리고 1년여 만에 10명 이상의 선수를 1군 프로야구 무대에 올리며 또다시 야구 선구자·개척자로서의 면모를 유감없이 발휘했다. 무엇이 성공한 야구 노장에게 무모한 도전을 하게 만들었을까? 필자는 그의 야구 신념과 철학, 그만의 스타일과 열정이 바로 그 원동력이라고 생각한다. 야구만이 그의 인생이며, 야구로 인생을 배웠다고 했다. 야구를 정해진 직업이나 해야 할 의무로 보지 않았고, 감독이라 해서 선수들을 아랫사람으로 취급하지도 않았다. 최상의 결과를 얻기 위해 다른 것들은 의식하지 않았으며, 최고가 되기 위해 지금 바로 해야 할 것만 연구하고 고민했다. 그에게는 '넥스트'가 없었다.

영화를 보면 대부분 평범하지 않은 캐릭터가 주인공이나 해결사로 등장하는 경우가 많다. 특별히 재미있는 스토리를 만들려면 어쩔 수 없을 것이다. 그러나 어찌 보면 인생이라는 긴 시나리오를 걷고 있는 우리 모두는 평범하지만 제각기 다른 삶을 살고 있기에 그 어떤 영화보다 더 특별하고 흥미로울 수 있다. 그래서 신성의 길을 걷는다는 것도 생각보다 복잡하지 않을 수도 있다. 다만 성공한 이들은 모두 삶을 치열하게 고민하며 열정적으로 살았고, 개척자 정신을 갖고 남들이 관심 갖지 않는 영역에 도전했다는 공통점이 있다. 이들의 삶이 결과적으로 성공했다고 해서 가치 있다는 것은 아니다. 이들이 대단한 것은 그 길 자체의 험난함보다도 아무도 시도하지 않았던 길을 걸어간다는 불안감을 극복하고 당당히 도전했기 때문이다. 필자는 앞으로 우리 사회에 이런 선구자들이 훨씬 더 많이 나올 것이며, 이들은 자신이 개척한 분야에서 스승으로서 자신의 경험과 철학을 후세들에게 잘 전달하고 이끌어 줄 것이라 믿어 의심치 않는다. 이것이 진정한 재능 기부이자 '제2의 신성 찾기'가 될 수 있을 것이며, 그래서 앞으로는 신성의 길을 가는 것이 더 이상 외롭거나 불안하지 않을 것이라고 생각한다.

필자도 나만의 길을 가기 위해 이 책을 쓰고 있다. 원래 이런 쪽에는 재능이나 취미가 없었지만, 더 늦기 전에 사회에 돌팔매를 던져보고 필자 자신의 에너지를 글이라는 것으로 응축해 보려고 한다. 필자는 이 책을 1년여에 걸쳐 쓰고 있는데, 직장생활을 하고 집에서는 세 살배기 딸과 놀아가면서 겨우겨우 완성해 가고 있다. 책을 쓰면서 잘 될 땐 "좋은 책이 될 거야~", "책 내용이 너무 좋다~" 하다가도, 잘 안 되거나 너무 피곤할 때는 "책이 되겠어? 과감히 관두자~", "에이, 이게 뭐야?"라며 자포자기 하기를 수십 번이 넘었다. 또 원고를 대충 완성하고 여러 출판사에 출간 문의를 했지만 퇴짜를 받기도 했다. 정말로 책으로 나오지 않을 수도 있다. 그래도 끝까지 이렇게 시도해 보고 있는 것은 필자와 필자의 가족, 우리가 살고 있는 사회를 생각하면서 좋게 바꿔보자는 집념이 생겨서다. '열 번 찍어 안 넘어가는 나무 없다'고 했다. 만약 이 책이 정말로 출간된다면 필자의 꿈이 이루어지는 것이고, 필자는 삶의 단계를 하나 더 올라설 수 있는 것이다. 싸이나 애니팡, 김성근 감독의 꿈이 계속 끝나지 않은 진행형인 것처럼, 필자의 꿈도 더 커지고 영글어가게 될 것이다. 그리고 거기에 하나 더 보태 책이 출판된다면 설사 책이 백 권만 팔리더라도, 만 명 이상의 사람이 실제 이 책을 읽어보았으면 좋겠다. 또 사람들이 드라마나 영화를 보면서 공감의 눈물이나 통쾌한 감정을 느끼는 것처럼, 이 책을 보는 단 몇 명의 사람이라도 짜릿한 카타르시스를 느꼈으면 좋겠다. 이 세상에 아주 조금의 변화라도 있기 위해서 말이다.^^

지구에는 수십억 명의 사람이 있고, 그들의 꿈도 제각각 수십억 개가 있을 것이다. 그러나 사람은 크게 3가지에 의해 인생을 살아간다. 첫째는 자기에게 주어진 소임을 하나씩 수행하며 그 능력을 인정받는 것이다. 둘째는 사람 사이의 관계를 잘 유지하면서 사랑하고 사랑받는 것이다. 그리고 세 번째는 하늘의 명이나 기운을 알고 느끼며 그에 맞게 살아가는 것이다. 이 세 가지는 매우 중요한 것이며 경중을 따질 수 없다. 그리고 각각 세 길을 열심히 추구하다 보면 결국에는 한길로 모아진다. 어떤 길이든 자신이 선택하고 노력하여 가다 보면 신성의 길로 통하는 것이다. 우리가 그 길을 알 수 있는 것이 아니라 단지 믿느냐 믿지 않느냐의 차이만 있을 뿐이다.

마하트마 간디는 "당신이 세상에 일어나기를 바라는 변화의 주역이 돼라"고 했다. 지금 인생을 걷고 있는 바로 우리들이 주인공이며, 바라고 희망하는 모습 그대로 계속 생각하고 실천한다면 그 꿈이 곧 현실이 될 것이다. 그러니 이제 우리 모두 자신만의 꿈에 과감하게 도전해 보자.

TIP 미래에 유망할 직업들

앞으로는 이런 직업들이 보람 있고 사회적으로도 인정받는 직업들이 되지 않을까 싶다. ① 폐기·검출·재활용 전문가 ② 인생 컨설턴트 ③ 전인 교육자 ④ 신과학자

첫 번째로 폐기 전문가다. 요즘 세상이 만드는 건 잘해도 없애는 건 잘 못하는 세상이다. 그 때문에 지구 환경을 계속 오염시키고 자원도 고갈되면서 이제 한계치에 거의 다가왔다. 웰빙보다 웰다잉이 유행하듯 환경오염을 최소화하기 위해 폐기·분해 기술자가 뜰 수밖에 없다. 더 이상 쓰지 않는 제품을 잘 폐기시키기 위해서 유해한 물질을 걸러내고 정화하는 기술이 필요하며, 필요한 원소를 분리·정제하는 기술이 있다면 더욱 좋을 것이다. 불필요한 정보를 없애거나 필터링하는 기술도 마찬가지다. 또한 쓰지 않는 구형 제품의 틀을 망가뜨리지 않고 가공하여 재활용하는 것도 대

단한 기술이다. 이제 아파트도 신축 시장은 거의 포화 상태이기 때문에 리모델링이 각광받고 있다.

두 번째는 인생 컨설턴트다. 미국 등 선진국에서는 대기업을 상대로 하는 컨설팅 회사와 문화가 이미 자리 잡았다. 앞으로는 인재가 다른 어떤 자원보다도 중요해질 것이기 때문에 회사나 시스템 컨설팅과 함께 대인간 컨설팅이 대세가 될 것이다. 한 명의 천재만 나와도 온 인류가 잘 살 수 있기 때문에 단 한 사람이라도 잘 성장할 수 있도록 전문적인 상담·지도가 필요하다. 법률·의료·재정·심리·명리 등 인간의 삶과 관련된 모든 분야에서 전문가 네트워크를 구축해 종합적인 조언을 해줄 수 있어야 한다. 그러나 어디까지나 훌륭한 조언을 해주는 것이지 사람을 양복 맞추듯 재단해주는 문화를 말하는 것은 아니다.

세 번째로 전인 교육자다. 교사의 위상은 이제 바닥을 찍고 앞으로 지속적으로 상승할 것이다. 그 대신 전공지식과 인성에다 멘토링·컨설팅 능력까지 두루 갖춘 만능 선생님들이 계속 나와 주어야 한다. 일은 힘들어도 보람과 사회적 대우는 최고가 될 것이다.

네 번째로 신과학을 연구하는 과학도이다. 과학은 계속해서 발전하겠지만, 앞으로는 새로운 개념과 패턴의 신과학이 대세일 것이다. 이것은 과학적 지식에 인문·철학적인 마인드가 가미되지 않으면 불가능하다. 전도유망한 분야로는 모든 식료품과 수공업품 등의 생산지·생산자 이력을 추적하는 시스템을 개발하는 것이 있다. 그리고 거대 자본산업인 전쟁무기 개발과 관련, 무기 개발보다 강력한 무기나 시스템을 무력화하는 기술이 핵심이 되지 않을까 생각한다. 핵무기나 미사일 등 적군의 강력한 무기를 무력화하는 것이 직접적인 공격보다 더 강력할 수 있다. 또 'EMP 공격'처럼 사람에 대한 직접 공격보다는 컴퓨터 기반 시스템을 붕괴시키는 공격도 더 많아질 것이며, 해커도 지속적으로 양성될 것이다. 마지막으로 대체에너지 개발이 중요하다는 것은 누구나 안다. 그러나 기존의 패러다임을 새롭게 바꿀 수 있는 진정한 에너지 혁명이 찾아와야 하며, 그렇게 될 것이라 생각한다.

이러한 세상이 언제 찾아올지 정확히 예견할 수는 없지만, 머지않아 그런 시대가 될 수도 있을 것이라는 느낌이 든다. 그리고 어쩌면 자신의 신성을 찾는 일은 그 일이 이루어지는 시기와는 상관이 없을 수도 있다. 그 과정 자체가 될 수도 있기 때문이다. '놈놈놈'이란 재미난 영화가 있었다. 여태까지는 우리 학교와 사회에서 머리 좋은 놈·공부 잘 하는 놈·나만 아는 놈이 인정받고 통하는 시대였다면, 이제부터는 유별난 놈·개성있는 놈·남도 아는 놈이 더 빛나는 시대가 오고 있다. 묵묵히 자신의 길을 걸어가며 삶의 즐거움을 느낄 때 저절로 자신의 길에서 빛이 나며 신성의 실마리가 보이게 될 것이다. 그 순간부터는 나의 어설픈 도전이 진짜 자신의 꿈과 미래로 연결되는 것이며, 우리 모두의 꿈으로 승화할 수도 있다.

교육이 백년지대계(百年之大計)라는 걸 모두 아는데, 왜 문제들은 하나도 개선이 안 되는 걸까?

멈추면 보이는 것을 알면서도 왜 한 번 멈춰 서서 생각해 보지 못할까?

제6단원

도전 :
"그대, 왜 옳은 줄 알면서
아직도 주저하는가?"

어떻게 도전해 볼 수 있을까?

나 이렇게 살아도 될까요?

나만 혼자 이상한 것 같아요~

나 울어도 될까요?

아무 이유 없이 그냥 슬퍼요~

나 쉬어가도 될까요?

나만 혼자 뒤처질까 두려워요~

나 꿈꿔도 될까요?

한잠 자고나면 헛된 꿈일 것만 같아요~

힘들어도 참아보자~

영화처럼 재미난 세상 될지 모르니.

슬퍼도 힘내보자~

기적이 일어날지도 모르니.

못 생겨도 웃어보자~

동화 속 신데렐라가 되어 왕자님 만날지 모르니.

세상을 믿어보자~

착한 사람 대접받는 세상이 올지도 모르니.

왜 세상이 생각처럼 굴러가지 않을까요?

왜 인생을 남들과 똑같이 살아가고 있을까요?

왜 이렇게 재미없이 살아가야 할까요?

왜 서로 대립하고 싸워야만 할까요?

왜?

왜일까요?

내 인생, 내 세상인데

왜 맘대로 되지 않을까요?

기죽지 마라.

계속 기죽어 살 수도 있으니까.

신경 쓰지 마라.

내가 먼저 성공해서 남의 성공 도우면 되니까.

차가워지지 마라.

한 번도 뜨거워보지 않았다면 가슴이 곧 멈출 수도 있으니까.

단념하지 마라.

꿈이 너무 쉬우면 인생이 가벼워지니까.

- 자작시 -

우물쭈물하다가
내 이럴 줄 알았지

우리는 현재 교육의 문제점에서 출발하되, 보다 전체적이고 창의적 관점에서 문제의 대안이 되는지, 해결 가능한지를 살펴보아야 한다. 왜냐하면 문제가 생길 때마다 하나씩 바꾸고 때우는 방식으로는 상황이 크게 개선되지 않기 때문이며, 이는 최근까지의 교육 현실에서 여실히 드러났다. 따라서 새로운 패러다임의 학교를 제시해 보는 것만으로도 상당한 의미가 있는 것이다.

이 책의 핵심은 '죽은 시인의 사회'의 카르페 디엠이라는 말처럼 현재의 관점에서 아이들이 가장 즐겁고 행복할 수 있는 교육을 찾아야 한다는 것이다. 필자가 주장하는 것들이 정답이 아닐 수도 있지만 그렇다고 실행해 보기도 전에 머리로만 계산하여 안 된다고 해서는 안 되며, 다 같이 의논하여 새 패러다임을 이끌어내는 것이 관건이다. 그러나 새로운 개념의 학교라고 해서 꼭 새로 건립해야 할 필요는 없다. 기존의 학교들을 대상으로 여기서 말한 내용처럼 문제들을 개선해 보고 운영 방식만 바꾸어도 좋을 결과가 나올 수 있다. 그러나 우리 아이들 대부분이 학교생활이 너무나 재미없고 힘들다고 느낀다면 문제가 심각한 것인 만큼 통 크게 제대로 바꾸기 위해 혁신적인 학교를 설립해 보는 것도 괜찮을 것이다.

이러한 혁신의 주체는 학생이나 학부모, 교사가 될 수도 있지만, 이러한 움직임들이 모아져서 '바른교육 운동'이 사회 전체에 새 바람을 불어넣어야만 큰 변화를 이끌어낼 수 있을 것이다. 그렇게 되면 정부도 의미를 두고 이 운동에 동참하거나 지원할 수 있을 것이라 생각한다. 물론 이것은 어디까지나 필자의 머릿속의 상식과 상상력에서 나온 것이기 때문에 "아니 누가 그걸 모르나? 참나, 애들도 그런 말은 할 수 있어~"라고 무시할 수도 있다. 그렇다고 해도 필자는 간절히 필요하다고 느끼는 일을 속 시원하게 추진해 보고 나서 후회를 하더라도 할 것이다.

"우물쭈물하다가 내 이럴 줄 알았다"는 조지 버나드 쇼의 말처럼 다 지나가고 후회하는 것보다는 이렇게라도 해보는 것이 100% 더 나을 것이다. 필자가 이렇게 '제3의 학교'를 만들고 '제3세력'이 중심이 되는 '제3의 운동'을 펼치려는 의도는 '깨진 유리창의 법칙'처럼 우리 학교나 사회 안에서 나쁜 일들이 더 나쁜 일들을 부르고 강화하는 것을 막고자 하려는 것이다. 그래서 거꾸로 좋은 흐름과 운동들이 대세로 형성되면 '사회적 증거의 법칙'이나 '밴드웨건 효과'에 따라 좋은 분위기가 확대·재생산되어 사회적으로 통용될 수 있다고 믿는다. 물론 '무모한 도전'에 그칠 수도 있겠지만 많은 호응을 얻어 '무한 도전'이 될 수 있다고 굳건히 믿는다. '민수기 14장 28절'의 "너희 말이 내 귀에 들린 대로 내가 너희에게 행하리니"라는 말씀대로 말이다.

전문가들은 미래사회가 속도·정보의 시대이면서, 또한 융합과 조화, 균형과 상생의 시대가 될 것이라고 말한다. 변화의 속도가 점점 더 빨라지고 정보가 넘쳐나 복잡해지는 가운데, 인간은 이성과 감성이 조화되어 영성을 찾아야만 할 것이다. 분석·논리적이며 과학·논리·언어를 담당하는 좌뇌와 감성·직관적이고 상상력이 풍부하며 타인의 감정을 잘 파악하는 우뇌가 통섭을 통해 균형을 이루어야 하는 시대이기 때문에, 미래는 예측하는 것이 아니라 창조하는 시대가 될 것이다.

'인생에 있어 가장 긴 여행은 머리에서부터 마음에 이르는 여행'이라는 말처럼, 머리로 생각하고 판단하는 것에 그치지 않고 마음을 움직여야 한다. 그리고 거기서 한 발 더 나간다면 '머리부터 발까지 이르는 것'이 되어야 한다. 냉철한 머리로 생각해서 반드시 따뜻한 가슴으로 내려와야 하고, 머리와 가슴이 다시 식지 않도록 손과 발의 행동으로 이어진 다음 그렇게 느낀 것이 다시 머리로 입력되는 것이다. 생각과 말도 중요하지만 그 사람의 일부분에 불과하며, 선택과 행동이 그 사람 전체를 말한다. 군대 있을 때 읽었던 《바람의 마도사》라는 판타지 소설에 나오는 명언이 생각난다. "문제의 진짜 문제는 그것에 대한 미룸, 또는 두려움이지 그 문제 자체가 아니다. 생각해라! 그리고 행동하라! 사람은 생각하는 만큼 커지고, 행동하는 만큼 이루어진다." 인간은 스스로 타고난 이성과 감성과 영성을 잘 살려서 미래를 만들 수 있는데, 이제 선택하고 실천하는 것만 남은 것이다. "도전 좋아하세요?"

학교 만들기 프로젝트 –
'이렇게 시도해 보면 어떨까요?'

◎ 제3의 학교는 어떻게 만들 수 있나요?

→ 먼저 학교가 설립되려면 3가지의 요소가 구성되어야 합니다.

① 하드웨어에 해당하는 학교 부지와 건물

② 사용자에 해당하는 교사와 학생

③ 소프트웨어에 해당하는 학교 운영에 관한 규칙과 수업 프로그램

첫 번째로 학교 부지와 건물은 기존의 것을 그대로 이용하는 방법과 새로 부지를 마련하고 건물을 건축하는 방법이 있다. 어떤 방법이냐에 따라 재원 규모에 큰 차이가 있을 수 있다. 마련 방법은 ㉮ 펀드 분양을 통한 주주 모집 ㉯ 기부금 및 책 판매 수익금(얼마 안 될 수 있다.^^) 활용 ㉰ 지자체와 협약 등 크게 3가지의 방법이 있는데, 3가지를 병용할 가능성이 크다.

두 번째로 교사와 학생 선발은 재원조달 방식에 따라 이사회가 구성되면 이사회에서 협의하여 교장·교감을 먼저 인선한 후 교사 선발 기준을 마련, 담임 및 과목담당 교사를 선발한다. 학생 모집은 일단 1·2학년 위주로 선발하고, 재정 면에서 여유가 있고 학교가 안정적으로 운영되면 학생을 추가 모집한다. 한 반은 20명 내외로 하여 학년별 정원을 100명 이내로 정하며, 10% 내에서 특별채용도 가능하다.

세 번째로 학생 모집까지 완료되면 이사회 및 교사회, 학부모회가 총회를 구성한다. 이들은 주요 협의 주체가 되어 학교운영과 관련된 제반규칙을 정하되, 수업 관련 사항은 대부분 '제1단원 가치'에서 제시한 내용에 따른다. 이를 바탕으로 실제 학교가 운영되면 교사회와 학생회, 학부모회가 학교 운영과 관련된 세칙 등을 재논의하고 피드백을 반영한다. 관련 내용은 누구에게나 공개되는 것을 원칙으로 하며, 마을·지자체와 지역 공동체로서 상생 방안을 같이 모색할 수 있다.

◎ 펀드를 분양하고 기부금을 받아 학교설립 재원을 마련한다고 했는데, 돈을 많이 낸 사람과 조금 낸 사람 간에 어떤 차이가 있고, 이들이 갖는 권리는 무엇인가요?

→ 학교가 주식회사는 아니지만 펀드로 납입한 돈의 규모에 따라 학교 지분을 확보할 수 있습니다. 기부금은 말 그대로 기부인 만큼 지분을 확보하지는 못하지만 약간의 특권이 생깁니다.

펀드 납입자(기부금 제외)는 학교 재정 기여도에 따라 이사가 되거나 이사 선임에 관여할 수 있기 때문에, 직·간접적으로 의결권을 갖게 되어 학교 운영과 관련된 사항에 참여할 수 있다. 다만 아무리 많은 금액을 납부하여도 이사회 전체 지분 중 33%를 초과할 수 없다.

또한 고액 납부자(기부금 포함)는 자신의 자녀나 지인을 입학시키려 할 때 한정된 인원에 한하여 우선권 내지는 가산점을 받을 수 있다. 보다 구체적인 사항은 이사회 및 총회에서 결정을 한다.

◎ 학교를 새로 만들면 처음에 예산이나 시설, 인력 등 여러 가지 면에서 부족할 텐데, 이런 부분들은 어떻게 하나요?

→ 말 그대로 '제3의 학교'를 만드는 새로운 시도를 하는 것이기에 부족한 면이 많이 있을 수도 있습니다. 이런 부분은 학교와 마을이 더불어 살아가는 공동체 정신을 통해 극복하려고 합니다.

쉬운 예로 예산 부족 등의 이유로 교실 건물 이외에 다양한 시설들을 구비하지 못했다고 가정하면, 놀이터·공원·도서관·향교·농장 등 학교가 위치하고 있는 마을의 주변 장소나 시설물을 같이 활용할 수 있도록 노력할 수 있다. 물론 서울과 같은 도심에서는 쉽게 상상할 수 없는 일일 수도 있다. 그러나 중요한 일에 있어서는 서로 돕고 뭉치는 우리나라 정서나 국민성을 감안할 때 충분히 가능하리라 생각한다.

학교에 대한 신뢰와 공동체 의식을 바탕으로 마을·지자체나 각종 단체·협회 등과 공동 활용방안을 협의하여 피해를 주지 않으면서 서로 도울 수 있는 방법을 강구한다. 아이들에게 평소 강아지를 키워보는 체험을 해 보도록 하기 위해서 '동물사랑실천협회'와 협의하여 유기견을 분양받아 키울 수 있다. 물론 학교 안에나 인근 마을에 있는 수의사 선생님의 관리와 도움이 필요하다. 또 말 타기 체험을 하기 위해서 '마사회'의 지원을 받을 수도 있다. 물론 단지 이런 방법이 있다는 얘기이며 가능할지 여부는 지켜봐야 알 수 있을 것이다.^^*

◎ 교사들에 대한 대우는 어떻고, 실제 어떤 기준으로 뽑나요?

→ 보수는 연봉제와 호봉제를 합친 것을 기준으로 하며, 대기업 수준의 대우는 아니더라도 일반 교사 평균 연봉 대비 1.2~1.3배 정도를 목표로 할 계획입니다.

교사의 보수는 추후 이사회 등과 논의를 통해 확정할 사안이지만, 통상 정식교사에 대해 급료 면에서 좋은 대우를 하는 것이 원칙이다. 정식교사는 처음 면접 후 채용되면 1년을 근무하고, 1년 후 결격이 없으면 3년을 더 근무할 수 있으며, 그 뒤로도 결격이 없고 본인이 계속 희망하면 정년까지 근무함을 원칙으로 한다. 처음(고정)을 제외하고 2번의 연봉협상 기간이 있고, 나머지는 호봉만 따져 받는 셈이다. 교사는 아이들 담임을 맡는 교사 이외에 과목만 전담하는 교사도 있다. 이들도 정식 교사이며, 실제 수업하는 시간과 전문성에 따라 차별적으로 보수를 지급한다.

이들 정식교사 외에도 마을의 퇴직한 여러 분야의 지식인·전문직도 고령자 활용 차원에서 채용할 수 있다. 또 대학생 재능기부단을 멘토나 방학 전문 강사로 활용하고, 퇴직한 국가대표 체육선수, 유명 가수·연주가·연예인, 재능 있는 미술가 등도 가능하면 재능·인생 경험을 기부하는 차원에서 일일 특별교사로 채용할 수 있다. 수업 과목은 직업·인성교육이나 전통놀이 교육, 문화 해설 등 매우 다양하다.

또한 학생의 부모나 지역의 주민들도 아이들의 직업 체험을 돕기 위해 1일 교사로 나설 수 있다. 특별교사 활용 여부는 총회에서 논의하는 것이 좋다. 수업은 학교 교실은 물론 일상생활 현장도 가능하며, 누차 얘기하지만 수업 등 학교와 관련된 모든 것들은 열려 있고 유연하다.^^

◎ 학생은 어떻게 선발하나요?

→ 자기소개서 작성과 간단한 면접을 기본으로 합니다.

반드시 정해진 선발 기준은 없고, 학생의 기본 성향을 알기 위해서 위의 두 가지 절차를 진행한다. 다만 학생이 많이 몰리게 되면 위 2가지를 토대로 합격 여부를 결정하며, 자기소개서와 면접의 평가 기준은 독창성과 진실성 두 가지 위주로 한다.

실제 학생 선발은 순전히 교사들에 의해서 실시하며, 기부 관련자 등은 기여 정도에 따라 가산점을 제공한다. 영재나 장애가 있는 경우에 최대 10%까지 특별전형 대상자로 선발할 수 있다.

'조금씩 다른 사람들이 다 같이 모여서 살아가는 사회'라는 것을 어려서부터 알고 체험하는 것은 행복한 일이다.

◎ 주말이나 여름·겨울방학에는 주로 무얼 하나요?

→ 주말에는 원칙적으로 가족과 함께하는 걸 권장합니다. 다만 토요일의 경우, 평일에 다 못한 생태 체험이나 체육 활동 등을 '방과 후 놀이' 형태로 실시합니다. 방학도 비슷합니다.

주말 교육은 희망자에 한해서 실시하며, 보충수업의 형태로 진행할 수도 있고 자율놀이식으로 할 수도 있다. '제1단원'에서 제시한 내용들을 준용한다.

방학 프로그램은 기간이 길고 여유가 있는 만큼 다양한 활동을 실시하겠지만, 일상적인 교육과 특별활동을 병행하게 될 것이다.

특별활동 중 첫 번째는 최근 많이 활성화되고 있는 '대학생 봉사단' 등과 정기적인 교류를 통해 인생 선배인 대학생들이 아이들 멘토링을 담당하고 부족한 교과를 가르치는 것이다. 두 번째는 국토순례 같은 단체 여행이나 조랑말 타기·양떼 돌보기 등의 체험형 교육 및 태권도·사물놀이 등 전통문화를 배우는 특별 수업들이 있을 수 있다.

◎ 모토나 캐치프레이즈처럼 학교가 표방하고 추구하는 이념이나 이상 같은 것이 있나요?

→ '진리'와 '사랑', '즐거움'이 학교 건립의 큰 이념입니다.

세부 모토로는 '자유 발도로프' 교육이 표방하는 '아이들이 자신 있게 행동할 수 있도록'과 '두려움 없이 배우도록'도 괜찮으며, 아동잡지 〈고래가 그랬어〉와 〈경향신문〉의 공동 캠페인 '아이를 살리는 7가지 약속'도 좋은 캐치프레이즈인 것 같다. 7가지는 다음과 같다. ① 지금 행복해야 한다 ② 최고의 공부는 놀기 ③ 하고 싶은 일 하는 게 성공 ④ 남의 아이 행복이 내 아이 행복 ⑤ 성적이 아니라 배움 ⑥ 대학은 선택일 뿐이다 ⑦ 아이 인생의 주인은 아이

이런 것들과 일맥상통하는 면이 있지만 어쨌든 '제3의 학교'는 아이들이 즐거움을 알아야 하고, 나뿐만 아니라 다른 아이도 사랑할 줄 알아야 하며, 진리가 무엇인지 고민한다는 세 가지 이념을 추구한다. 단 세부 모토는 교사와 학생들이 함께 정해 아이들의 생활 수칙으로 삼는 데 활용하면 될 것이고, 중요한 것은 좋은 이념들을 교사와 학생, 학부모가 학교생활에서 얼마나 실천하려 애쓰느냐이다. 행동으로 옮기지 않는 이념은 허상에 불과한 것이다.

◎ 학교 운영이나 실제 수업 진행에 있어 보통의 공교육이나 여타 대안학교와 특별히 다른 점은 무엇입니까?

→ '제3의 학교'는 공교육과 대안학교의 중도적 교육을 표방합니다.

주로 1·2학년의 저학년에서는 대안학교의 수업과 비슷한 면이 많은데, 주로 말하고 듣기, 자유 토론형 학습, 예체능 즐기기와 환경·생활 체험 위주로 구성된다. 3학년 이후 고학년부터는 교육부가 권장하는 정규교육 커리큘럼으로 많이 구성되는데, 선택형 수업이 많기 때문에 수업 과목에 차이가 있을 수 있고 과목별로 집중·심화학습을 많이 실시한다. 구

체적인 과목구성 방법은 '제1단원'에서 제시한 바 있다. '제3의 학교'는 독일 발도로프학교나 미국 차터학교와 같이 정부로부터 50% 이상 운영기금 지원을 받는 것을 목표로 한다. 그렇게 되지 않으면 아이들 수업료가 너무 비싸지기 때문이다.

학교의 운영 주체가 이사회와 교사회, 학부모회 등 3개로 구성되는 것은 대표적인 대안학교와 유사하다. 학교 운영과 관련된 중요한 안건은 이들 주체가 모여 총회를 소집해야 하며, 세부 기능이나 작은 규칙들은 소위원회를 구성하여 정할 수 있다. 또 감사를 선임하여 운영 전반을 감독한다. 이사회는 주로 학교 설립까지를, 교사회는 학생 선발 및 학교 운영·수업 진행을, 학부모회는 학교·학생 후원 및 학교환경 개선을 주도한다.

◎ 수업 및 주요 학교 운영 규칙은?

→ '제3의 학교'의 이념과 보통 대안학교의 운영 규칙 등을 준용합니다.

학교 성적표에는 아이들 등수는 기록되지 않으며, 평가 척도로서 점수를 기재하는 것은 가능하다. 다만 담임선생님은 주기적으로 아이들의 생활 태도·기분 상태 및 인성·특기 등을 체크하여 기재해야 한다. 보통 노력과 관찰력을 갖고서는 힘들기 때문에 많은 노력이 필요하다. 그래서 담임선생님은 가장 어렵지만 보람 있고 중요한 직책이다.

학생회는 운영회+선도부+오락부로 구성된다. 반장·부반장 등은 운영회에 속하며, 선도부는 '제2단원'에서 설명한 대로 학급 분위기를 조성하는 학생들이며, 오락부는 방과 후 활동 및 취미 개발 등을 이끄는 개성 있는 학생들로 이루어진다. 아이들은 운영회나 선도부, 오락부에 가입하는 것을 원칙으로 한다. 학급을 직접 운영해 보고 학급 분위기를 이끌어 보기도 하며, 자기 특기를 통해 재미있게 놀 수 있는 분위기를 만들 수도 있다.

아이들은 졸업하기 전에 두 가지 미션이 부여되는데, 하나는 '제4단원'에서 얘기한 개인 '졸업 발표'이고, 또 하나는 단체로 하는 '예체능 시범대회'이다. 이것 역시 단체로 졸업 작품을 발표하는 것인데, 6년 동안 갈고 닦은 예체능 및 연기·콩트 등을 그룹별로 공연한다. 팀 구성 및 공연주제 선정은 6학년 초에 반 내에서 또는 오락부 반별로 정하도록 한다.

◎ 이것으로 학교 건립이 충분한가요?

→ 실제 학교를 건립하기 위해서는 정해야 할 것들이 너무나 많고 고민해야 할 것도 매우 많습니다.

그러나 설령 여기서 빼놓은 것이 있다 하더라도 괜찮다. 우선 여기서는 큰 틀과 중요한 것들을 정하는 것이고, 실무적인 것들은 앞에서도 얘기한 것처럼 학교 구성의 세 주체가 모여 집중적으로 실질적인 논의를 해야 할 것이다. 학교 설립 시 교육부 인가를 받으려면 교육환경영향평가를 통과해야 하고, 학교 설립계획서·설립인가신청서 등도 제출해야 한다. 그래서 책 속의 운동이 실제로 실천되고 학교 건립으로 이어지려면 각 분야 전문가들의 도움이 절실하다.

이 책의 취지에 공감하면서 필자보다 훨씬 뛰어나고 실행력이 좋은 분들이 사회에서 나와 동참해 줄 것이라 믿는다. 법률·학교행정·건축·교육·의료·인사행정 등 꼭 필요한 분야의 전문가들이 이사회에 참여하거나 자문위원 형태의 측면 지원을 해야 한다. 또 요즘 폐교 살리기에 나서는 지자체나 학교 관련 캠페인을 전개하는 각종 단체들도 있고, 뜻이 맞는 학부모들끼리 아예 한적한 곳에 학교를 건립하는 사례도 많이 있으니 이들과 함께 연대하는 것도 좋을 것이다.

이 책이 많은 독자의 호응을 얻는 것이 1차 관건이고, 만약 성공하면 실제 학교 건립을 시도하는 것이 2차적인 목표가 될 것이며, 그것까지도 탄력을 받는다면 초등학교와 연계하여 유치원이나 중학교까지 일관된 목표로 움직이도록 하는 것이 3차 목표가 될 것이다. 마지막으로 그렇게 우리 사회 안에 좋은 기류와 자발적인 변화의 노력들이 성과를 거두기 시작한다면 정말 최종의 목표가 이루어졌다고 볼 수 있지 않을까 한다.

◎ 실제로 바람직한 학교가 되기 위해서 무엇이 더 필요한가요?
→ 전반적인 사회 분위기와 인식이 바뀌어야 합니다.

그동안 우리 사회에서는 공부 잘 해서 좋은 대학에 가고, 그래서 좋은 직장에 취직하는 것이 가장 훌륭한 것으로 인식되었다. 그것 말고는 별다른 방법이 없었고, 과거 어느 역사에서나 마찬가지였기 때문에 잘못이라 말할 수는 없다. 그러나 이제 시대가 바뀌어 전통적인 공부 하나로 모든 것을 평가하고 결정하는 시대가 점차 지나가고 있고, 다른 재능, 숨은 끼와 열정을 살리거나 융합형 인재로 성장하는 것이 더 각광받는 시대로 변해가고 있다. 그리고 여기에는 반드시 인성이라는 것이 포함되어야 한다. 이것은 여기까지 오는 과정을 탓하는 것이 아니라, 이제부터 바뀌어야 한다고 강조하는 것이다. 우리 사회가 이런 부분들을 개방적으로 받아들여 바꿔나가지 못한다면, 우리는 또다시 우리만의 울타리에 갇히고 세계에서 뒤처지는 상황에 처할지도 모르겠다.

이러한 분위기 전환을 위해 꼭 하나 바뀌어야 할 것이 있다. 그것은 '영어 교육'인데, 우리 사회가 초등학교 이전인 유치원·어린이집 때부터 원어민 영어교육에 목을 매고 있어 문제가 심각하다. 여러 외국어들 중에서 중요성이 좀 더 크다는 것뿐인데, 영어 하나가 우리 학교와 사회에서 차지하는 비중은 너무 크며 심지어 인간을 평가하는 제1의 기준으로 여기고 있다. '내 아이를 1등으로 키우려면 무조건 영어를 잘해야 한다'는 사대주의적 발상이 은연중에 많이 퍼져있어 참으로 고민이다. 공교육에서는 어느 정도의 공통 교육만 실시하고, 아이를 특별히 영어를 잘하게 만들려면 집중·심화 교육을 하게 해야 한다. 그리고 대입 수능에서는 점수제로 하지 말고 인증이나 통과제로 평균 실력을 키우는 데 집중하고, 특별히 영어 실력이 필요한 대학이나 학과에서는 공인시험이나 별도 시험으로 테스트하면 될 것이다.

현재 가장 많은 사교육비가 들어가지만 기회비용이 가장 큰 것이 바로 영어이며, 학교 교육을 경쟁적으로 만드는 주범이다. '제3의 학교'가 이런 잘못된 교육 풍토를 바로잡는 데 공헌해야 한다.

맺는 말

멈추면 보이는 걸 알면서도
두려워서 멈추어보지 못하는 우리들에게…

필자 주변의 교사와 학부모, 아이들로부터 전해들은 얘기와 미디어에서 접하는 뉴스를 보고 이 책의 큰 줄기를 정리하였고, 거기에 평소 필자의 생각과 의견을 섞어 책 전반을 구성하였다. 그리고 가족과 친한 친구·지인들의 도움으로 책을 무사히 마무리할 수 있었다. 필자는 사회 현상과 인간 심리에 기초하는 아주 쉽고 재미있는 책을 만들기 위해 노력하였다. 신문·잡지처럼 누구나 쉽게 읽을 수 있지만, 읽게 되면 마음속에 무겁게 가라앉아 사람들이 생각날 때마다 자주 볼 수 있고 진지하게 생각해 볼 수 있는 책이 되었으면 좋겠다. 실제 책을 구성하는 데 있어 〈조선일보〉·〈문화일보〉 등의 내용이 풍부하고 잘 짜여진 신문들과 '사랑밭 새벽편지' 등 가슴 따뜻하면서도 교훈이 되는 인터넷 사이트에서 좋은 문구와 많은 내용들을 원용했는데, 책의 흐름과 내용 구성상 불가피한 측면이 있기 때문에 관계자 분들이 이해해 주시길 바란다. 출처와 참고문헌을 별도로 수록하지 못하게 된 점도 송구스럽게 생각한다.

또 필자가 원래부터 좋아하는 스포츠와 게임, 영화와 개그프로그램 등에서 책의 소제목이나 내용에 많이 활용했는데, 저작권을 침해하거나 저작자를 불편하게 만드는 것이 아니었으면 좋겠다. 영화는 필자가 존재할 수 없는 시·공간에서 할 수 없는 판타스틱한 일들을 실감나게 가상 체험할 수 있게 해주기 때문에 좋아한다. 개그프로그램은 네 살배기 딸 때문에 요즘은 자주 못 보지만, 탁월한 창의력과 현실을 가장 빠르게 풍자하는 순발력으로 생활에 활력소가 된다. 스포츠나 게임은 그 긴장감과 치열함 때문에 어려서부터 워낙 좋아했다. 필자가 좋아하는 것들의 특성을 잘 살려 가급적 쉽고 재미있게 책 내용을 꾸며보려 했는데, 끝까지 잘 되었는지 모르겠다. 결론은 부족한 부분이 많지만 참고 잘 봐달라는 말을 하고 싶다.^^

어쨌든 좋은 재료와 양념들 덕분에 필자같이 무식하고 사고력·문장력이 짧은 사람이 이렇게 큰 맘 먹고 책 쓰는 작업에 도전할 수 있었던 것 같다. 그리고 책의 재미와 완성도를 높이기 위해 기본 서술에다가 인용 글·팁 등의 구성을 섞었다. 이 책 안의 판단이나 팁들이 모두 옳거나 당위성이 있다는 것은 아니며, 현실 속에서 실행하기 어려운 탁상공론에 불과할 수도 있다. 그리고 일부는 평소에 생각나는 것들 중에 책의 주제와 조금이라도 연관이 있다 싶으면 무모하더라도 써 보았다.

누차 얘기하지만 이렇게 어려운 길에 뛰어든 것은 요즘 세상이 너무나 답답하고 모순투성이이기 때문이다. 그리고 우리 아이들의 생활이 너무 힘들고 지루하고 재미없게 느껴질 때, 그런 상황이 더 이상 방치되지 않기를 바라는 마음에서 단 한두 가지라도 실천해 바꾸면 어떨까 하는 생각에서 시작했다. 작지만 새로운 시도와 변화로 조금이라도 긍정적인 결과가 나올 수 있다면 그걸로 만족할 수 있다.

또다시 강조하지만 필자는 단지 화두만 던졌을 뿐 이러한 변화 운동의 주체는 학생이나 학부모, 교사가 돼야 한다. 필자는 이 운동에 적극 동참할 것이지만, 일단은 소개자나 안내자에 불과하다. 사람이 비슷한 사고나 감정을 공유하게 되면 파장이 커지게 되고, 외부로 표현하면 훨씬 더 강력한 힘을 내며, 그 영향이 기하급수적으로 커질 수 있다. 모두 필자의 희망사항이지만, 이 책을 계기로 우리 주변의 학생이나 학부모, 교사가 모두 생각과 힘을 모아 우리 학교를 바꿔나가기 위해 노력한다면 정말 큰 일이 날 수도 있을 것이다. 필자는 이제까지와는 좀 다른 시각이 필요하다는 생각을 했고, 그런 차원에서 정부의 변화를 기대하는 것은 조금 힘들다고 판단했다. 물론 필자가 정답을 제시한 것이 아니기 때문에 필자의 생각이나 주장과는 조금씩 다를 수 있다. 여기서 중요한 것은 대의만 같다면 세부적인 이견은 대화와 논의를 통해 그 차이를 충분히 좁혀갈 수 있으며, 허심탄회하게 얘기할 수 있다는 사실이다. 어쨌든 공통된 의견과 움직임이 좀 더 모아져서 새로운 패러다임의 운동이 시작된다면 딱딱한 우리 사회에 새 바람과 활력을 불어넣을 것이고, 그렇게 전반적인 인식이 형성되면 정부도 이전과는 다른 시각으로 이 운동을 바라보고, 동참하며, 지원도 할 수 있을 것이다. 이 책을 쓰는 내내 꼭 그렇게 되었으면 하면서 바라고 기대하였다.

초등학교는 우리 아이들이 부모와 가정이라는 보금자리를 떠나 처음 맞는 사회이다. 사회에 내딛는 첫 발걸음이 얼마나 중요하겠는가? 초등학교가 '동화'같이 아름답고 '영화'처럼 즐거운 세상이 될 수도 있지만, 초등학생이 인터넷에 음란 동영상을 올리는 '아수라장' 같은 세상이 될 수도 있다. 아이들의 사회와 세상에 대한 첫인상이 결정되는 시기는 너무나도 중요하다. 당연히 어른들이 그 모습을 잘 꾸미고 만들어줘야 한다. 그러나 지금 우리 아이들은 입구만 있고 출구는 없는 형국이다. 남들 다 공부하는데 자기만 놀면 바보처럼 생각되고 있다. 아이들은 힘들고 답이 생각나지 않을 때, 쉬거나 즐거운 것을 할 수 있어야 한다. 그것은 어른도 마찬가지이다. 답도 안 나오는데 계속 가기만 한다면 중심을 잃고 다치거나 엉뚱한 곳으로 너무 멀리 가버릴 수 있다. 그건 안 가느니만 못하다. 사회가 이를 알고 멈추고 쉬는 걸, 또 그냥 노는 걸 용인할 수 있도록 어른들이 나서서 분위기를 조성해 주어야 한다.

진짜 마지막으로 최근 역할이 많아지면서 그 위상과 책임감이 막중해지고 있는 언론에 대해 생각해 보았다. 언론이란 것은 태어난 취지 자체부터가 색깔이나 이념을 갖도록 태어났다. 문제점을 찾고 해석하는 작업이기 때문에 어떤 시각이든 갖게끔 되어 있다. 그래서 보수 언론이든 진보 언론이든 매체의 색깔과 성격을 갖고 따라가는 것은 맞지만, 그렇다고 언론 본연의 역할과 임무보다 앞서는 것은 안 된다. 언론 본연의 임무란 첫째는 사회의 흐름을 진단하여 알리는 것이고, 둘째는 사회 현상의 문제나 비리를 고발하여 개선토록 유도하는 것이며, 셋째는 어렵고 힘든 약자의 입장이나 고충을 대변하고 돕는 것이다. 그러려면 언론인 한 명 한 명이 인간에 대한 애정과 책임감, 객관성을 갖고 있어야 하는데, 그렇지 못한 경우가 많은 것 같다. 요즘 언론들은 편파적이다 싶을 정도로 지나치게 색깔을 띠고 있거나 취재·보도가 너무 흥행이나 이슈 위주로 흘러가는 것 같다. 언론사나 기자의 자체 생존 논리와 시청률 대박을 노리는 흥행성을 우선하기 때문이다. 그래서 뉴스가 단순 건수 채우기나 대형 이슈 위주로만 흐르게 되면 정작 인간에 대한 뉴스가 사라지고 뉴스에 의한 뉴스만 남게 되고 만다. 사회정의 구현에 가장 핵심 역할을 할 수 있는 언론이 초심을 잃지 않았으면 하는 마음에서 마지막으로 넋두리를 해 보았다.

이 책을 끝까지 읽은 당신이여, 무엇을 느꼈는가? 변화할 준비가 되었는가? 이 책을 여기까지 읽고도 심장이 더 뛰지 않는 사람은 책을 환불하여도 좋다. 필자에게 오라.^^ 안도현 시인의 '너에게 묻는다'에 쓰인 좋은 시구로 책을 갈무리하고 싶다.

"연탄재 함부로 차지 마라. 너는 누구에게 한 번이라도 뜨거웠던 사람이었느냐?"